中国近代史学文献丛刊

王　东　李孝迁／主编

史学研究法

〔日〕坪井九马三／著

贾菁菁／编译

上海古籍出版社

2022 年度国家出版基金资助项目

上海高校服务国家重大战略出版工程

华东师范大学社会主义历史与文献研究院、
"中国历史学话语体系建设与国际传播基地"资助项目

坪井九马三（1859—1936）

坪井九马三

明治三十八年（1905）东京帝国大学史学科毕业生纪念摄影（沼田次郎所藏）

后排右起：三浦周行、田中义成、荻野由之、坪井九马三、三上参次

东京帝国大学史学科诸教授（朝河贯一藏）

明治三十九年（1906）六月史学科谈话会

二排左起：辻善之助、村川坚固、大森金五郎、黑板胜美、田中义成、
星野恒、坪井九马三、三上参次、村上直次郎、三浦周行

丛刊缘起

学术的发展离不开新史料、新视野和新方法，而新史料则尤为关键。就史学而言，世人尝谓无史料便无史学。王国维曾说："古来新学问之起，大都由于新发现。"无独有偶，陈寅恪亦以为"一时代之学术，必有其新材料与新问题"，取用此材料，以研求问题，则为此时代学术之新潮流；顺此潮流者，谓之预流，否则谓之未入流。王、陈二氏所言，实为至论。抚今追昔，中国史学之发达，每每与新史料的发现有着内在联系。举凡学术领域之开拓、学术热点之生成，乃至学术风气之转移、研究方法之创新，往往均缘起于新史料之发现。职是之故，丛刊之编辑，即旨在为中国近代史学史学科向纵深推进，提供丰富的史料支持。

当下的数字化技术为发掘新史料提供了捷径。晚近以来大量文献数据库的推陈出新，中西文报刊图书资料的影印和数字化，各地图书馆、档案馆开放程度的提高，近代学人文集、书信、日记不断影印整理出版，凡此种种，都注定这个时代将是一个史料大发现的时代。我们有幸处在一个图书资讯极度发达的年代，当不负时代赋予我们的绝好机遇，做出更好的研究业绩。

以往研究中国近代史学，大多关注史家生平及其著作，所用材料以正式出版的书籍和期刊文献为主，研究主题和视野均有很大的局限。如果放宽学术视野，把史学作为整个社会、政治、思潮的有机组成部分，互相联络，那么研究中国近代史学所凭借的资料将甚为丰富，且对其也有更为立体动态的观察，而不仅就史论史。令人遗憾的是，近代史学文献资料尚未有系统全面的搜集和整理，从而成为学科发展的瓶颈之一。适值数字化时代，我们有志于从事这项为人作嫁衣裳的事业，推出《中国近代史学文献丛刊》，计划陆续出版各种文献资料，以飨学界同仁。

丛刊收录文献的原则：其一"详人所略，略人所详"，丛刊以发掘新史料为主，尤其是中西文报刊以及档案资料；其二"应有尽有，应无尽无"，丛刊并非常见文献的大杂烩，在文献搜集的广度和深度上，力求涸泽而渔，为研究者提供一份全新的资料，使之具有长久的学术价值。我们立志让丛刊成为相关研究者的案头必备。

这项资料整理工作，涉及面极广，非凭一手一足之力，亦非一朝一夕之功，便可期而成，必待众缘，发挥集体作业的优势，方能集腋成裘，形成规模。华东师范大学历史学系，在史学理论与史学史研究领域有着长久深厚的学术传统，素为海内外所共识。我们有责任，也有雄心和耐心为本学科的发展贡献绵薄之力。在当下的学术评价机制中，这些努力或许不被认可，然为学术自身计，不较一时得失，同仁仍勉力为之。

欢迎学界同道的批评！

前　言

　　坪井九马三①是日本近代实证史学的奠基者,近代史学理论之父。明治后半期至大正初年,日本历史学界普遍确立了基于实证的史料批判方法,历史教育机关、研究组织、学会得以建制及发展,最终脱离了过去汉学的典范与框架,形成独立的学科领域。这一过程被称为"学院史学"的建立,深受以兰克、伯伦汉为代表的德国史学的影响,在此过程中,坪井绍介、传播、深植德国史学居功至伟。坪著《史学研究法》承继德国史家伯伦汉思想的同时,又立有新说,主张建立在事实调查基础之上考证、研究"纯正史学",强调史学辅助学科尤其是古文书学、历史地理学、考古学的功用,是日本近代第一本代表性的史学理论著作,长期作为东京帝国大学、早稻田大学诸校教本,科学史学的观念、理论、方法由此普及并盛兴。该书亦传入中国,是中国学人认识史学方法论的最早范本之一。②

---

① 关于坪井的研究至今寥寥,目前较深入的研究是中野弘喜:《史学の"純正"と"応用"——坪井九马三にみるアカデミズム史学と自然科学の交錯》,松沢裕作编:《近代日本のヒストリオグラフィー》,东京：山川出版社,2015 年,第 121—150 页。国内代表性的研究参见李孝迁:《坪井九马三与中国现代史学》,《中华文史论丛》2017 年第 4 期;贾菁菁:《坪井九马三与近代日本实证史学》,《学术研究》2021 年第 8 期。坪井研究之薄弱,或与日本历史学科现状有关。佐藤正幸称之为"没有理论和学术史专家的历史研究体制",主要体现为:"第一,日本的大学并不像大多数欧美和中国的大学那样设有历史系。第二,在史学科研经费的细目中,不包括历史理论、史学史学科的基轴关键词。第三点是上述两点的结果,日本几乎没有专门研究历史理论、史学史的大学教授。"即便如《史学杂志》1967 年开始在每年"回顾和展望"专刊中设立"历史理论"栏目,但栏目作者大多是对历史理论有着浓厚兴趣的西洋史教授或思想史教授。参见佐藤正幸:《西洋史学はディシプリンか——母国語による近代化の上に成立した世界的にユニークな学問》,《西洋史学》2015 年第 260 卷。

② 黄人望《史学研究法讲义》柳诒徵《史学研究法》、李泰棻《史学研究法大纲》、梁启超《中国历史研究法》、李季谷《历史研究法》、吴贯因《史之梯》等,在架构、观点、材料方面都不同程度承袭坪著。张玉涛、汪荣宝等学者曾节译片段。

一

1859 年坪井九马三①出生于摄津国西成郡九条村(今大阪府大阪市西区),幼名久米吉、又久马造,后改为九马三;讳信成,后改为长改。年少时在清澄寺受教于叔父道树和尚,曾到洞边郡中野村的山田柳斋私塾学习句读,又到大和国高市郡土佐村游学。14 岁时人生忽逢大变,因父亲坪井与作亡故,被大阪远亲谷义信收养。谷义信的祖父即江户后期有名的兰医学家坪井信道。时兰学犹"滴油入水而布满全池",自荷兰语和现代医学始而渐至各个领域,移变世风。信道是长州藩藩医,开设家塾安怀堂、日习堂,门生众多,其中即有日本近代医学之祖绪方洪庵、化学之祖川本幸民,以及兰学者杉田成卿、黑川良安等。松本良顺后来回忆在坪井私塾的学习:"当时想读欧书的人,一般不得不去医学家中学习。"②信道除以自己写作的《诊断大概》为教材外,也讲授《和兰文典》,兰学于是成为坪井家学,族中英才辈出,在明治知识界名闻遐迩。③ 信道之子谷义信(通称敬三)跟随外交官石桥助左卫门学习英语,维新后在新政府任造币助。九马三被收养后随即接受新式教育的洗礼,就读大阪开成学校、造币寮设立的日进学舍。后义信调职,九马三随之到东京,先后入学东京外国语学校、东京开成学校。是以,坪井早期经历和成长背景以兰学、外语及理化学为主。

---

① 坪井的生平记述可见村川坚固于其病逝次月发表的《坪井九马三先生的故去》(《史學雜誌》1936 年第 47 编第 2 号),同年《历史地理》刊载了由喜田贞吉、大森金五郎、柴谦太郎、伊木寿一、花见朔巳等撰写的一组追忆文章(《歷史地理》1936 年第 67 卷第 4 号)。1958 年《历史教育研究》又组织东大史学科毕业的学者座谈,回顾史学科的诸位先生,其中一组为"坪井九马三·箕作元八"(大類伸等:《シリーズ·近代史學を作った人々——坪井九馬三·箕作元八》,《歷史教育研究》1958 年第 10、11、12 号)。

② 松本順著,小川鼎三、酒井シヅ校注:《松本順自伝·長与専斎自伝》,东京:平凡社,1980 年,第 34 页。

③ 信道之子信友是兰方医,其孙坪井正五郎是日本人类学、考古学开创者。1902 年鸟居龙藏在中国贵阳考察,写信给当时东京帝国大学理学部人类学教室的主任教授坪井正五郎,其中提到读了坪井九马三《铜鼓考》(《東印度諸島及東南アジア大陸の古銅鼓考》,《史學雜誌》1902 年第 13 编第 3、4、5 号)后颇受启发,信件藏于鸟居龙藏纪念博物馆,见吉開将人:《鳥居龍藏と銅鼓研究——鳥居を「民族史学者」へと導いたもの》(《德島県立鳥居龍藏記念博物館研究報告》2013 年第 1 号。1930 年坪井九马三继三宅米吉之后出任考古学会会长直至逝世,此被视为与其远缘坪井正五郎的巧妙联系。

当时日本历史学的发展,同时存在两种对立的趋向,一种基于实践的观点,善于选择主题以探究历史;一种以客观认识历史为目的,"擅长处理严密的历史资料与阐述详细的历史事实,带有考证的色彩"。[①] 学院史学属于后者,在 19 世纪 90 年代以后成为日本史学界的主流。"学院史学"的概念并非不言自明,反而因其是"培养了大部分现代史学家的母体",不易使人看清它本身的历史性质,故根据论者的不同,其概念的界定也不同。一般而言,亦称为"实证主义史学""官学学院史学",指"以旧帝国大学为中心的研究体系和代表这些研究机构的学者的治学方法"。[②] "实证主义"表征其学术门径与学风;"官学"抑或"学院"则昭示着其与国家意志的亲近,与民间史学的"在野"相对。东京大学(1886 年更名为帝国大学)是最早的官立大学,也是学院史学的中心,故而东大史学科的设立、临时修史局的移交、国史科的设立、史学会的成立及其机关杂志创刊发行等一系列事件成为学院史学创立的标识。

坪井被视为"草创期学院史学的巨星",[③]与东大渊源颇深。1877 年东京开成学校与东京医学校合并成立东京大学,原本就读开成学校的坪井顺理成章地考入东大理财科(经济学),1881 年取得学位后又进入理科大学(理学部)修习应用化学。当时文科大学(文学部)设有两学科,第一科史学、哲学及政治学科,第二科和汉文学科。因史学教授难得其人,学生亦少,1879 年第一科削除"史学"字样,改为哲学、政治学及理财学科,但作为科目的史学课程仍在继续。职此背景,经济学出身、应用化学在读的坪井 1883 年被聘任为史学讲师,这是其史学研究的起点。据坪井《逻辑学讲义》自序,他同时也教授逻辑学。[④] 1885 年他获得理学士学位,翌年开始在文学部讲授史学、英

---

① 远山茂树、佐藤进一编,吕永清译:《日本史研究入门》,上海:三联书店,1959 年,第 1 页。
② 日本历史学研究会、日本史研究会编,北京编译社译:《日本史学史》,《日本历史讲座》第 8 卷,北京:商务印书馆,1964 年,第 135、119 页。
③ 鹿野政直:《日本の歴史家》,东京:日本评论社,1976 年,第 2 页。
④ 1886 年第二版序称"本书第一版公开于世是明治十六年(1883)九月,光阴荏苒已三年,余讲授逻辑学亦历经五回,期间涉猎几多新书,又在教授之际自得发明"。参见坪井九马三:《論理學講義:演繹法歸納法》第二版序,岩本三二,1886 年。

语、心理。① 同时教授东京大学预备门(后改为第一高等学校)学生经
济学。

　　至 1887 年,这一年日本史学有两个重要事件,一是 2 月兰克弟子
利斯(Ludwig Riess,1861—1928)②受聘赴日,负责东大西洋近代史的
讲授,9 月正式设立史学科;一是坪井苦于尚不具备专业史家的素养,
为正式修习史学,获得留学德国的任命。同年 10 月坪井出发前往柏林
大学,在此学习到 1889 年 8 月,10 月转学到布拉格大学,1890 年 3 月
退学,获得一年留学延期的许可,同年 4 月进入维也纳大学,7 月退学,
10 月进入苏黎世大学,1891 年 7 月退学,先后学习了制度史、地理学、
经济学等课程,同年 8 月获得文学博士学位。1891 年坪井留学归来升
任文科大学教授。③ 1893 年,文科大学正式导入讲座制,西洋史相关课
程被命名为史学地理学讲座,第一讲座由坪井担任,利斯因其外国人的
身份担任第二讲座。1902 年利斯辞职,回国后其工作由箕作元八接
续。与此同时,史学科虽冠诸通称,其质实却为西洋史,日本的国史即
日本史仍长期归属和汉文学科,按照前近代的研究传统被划归为文学
之一领域。直至修史馆移交东大的次年,1889 年重野安绎、久米邦武、
星野恒共建国史科,日本史才独立出来。1889 年在利斯的倡议下,史
学会成立,机关杂志《史学会杂志》发行,初代会长为重野安绎。最初只
设编纂委员长重野安绎,编纂委员久米邦武、星野恒。1895 年编纂委
员会改为评议员,坪井名列其中。④ 1917 年星野恒去世,坪井继重野、

---

① 東京大學百年史編集委員會編:《東京大學百年史》部局史一,东京:东京大学百年史编集委员
　会,1986 年,第 643 页。东大初期师资不足,第一期第二期毕业生往往甫毕业即被聘为教员;又
　留学风潮浓厚,政府、学校官派教员留学,亦不少人自费深造,因此,教席时常出现临时空缺,各
　学科之间只得相互借调。坪井尚为学生被添为教员时,正值井上哲次郎留学德国辞任(《東京
　大學百年史》部局史一,第 490 页);后政治学科教员空缺,坪井前去讲授政治史(《東京大學百
　年史》部局史一,第 58 页);又梅谦次郎留学时,1885、1886 年由坪井担任英语课程(《東京大學
　百年史》通史一,第 730—731 页)。
② Ludwig Riess(1861—1928),出生于西普鲁士(今波兰),入读柏林大学时正值德国史学蓬勃发
　展,德罗伊森(J. G. Droysen)、蒙森(T. Mommsen)、格莱斯特(Rudolf von Gneist)等硕学并肩
　执教,其深为受益。大学第三年因抄写兰克手稿的契机,倾服于兰克门下。1884 年以论文《中
　世纪英国议会的选举权》获得学位,两年后东大史学科筹建,经由日本驻德国公使馆推荐被雇
　聘,1887 年行抵日本。除东大外,还曾任教于庆应大学及陆军大学。1902 年返归德国,获得柏
　林大学的教职,发表了一系列有关日本的文章。
③ 《敍任及辭令:坪井九馬三外二名(文部省)》,《官報》1891 年 11 月 6 日。
④ 最初当选的八位委员为:星野恒、冈田正之、高津锹三郎、田中义成、坪井九马三、久米邦武、箕
　作元八、白鸟库吉。

星野之后成为评议员长、理事长统率会务。在其"坚实的领导下",《史学杂志》(1892年改名)成为"斯界之木铎,最高之权威"。①

自1883年执教到1923年退职,坪井在学院体系中心之东京帝国大学任职40年,前与利斯、后与箕作元八一同缔建并执掌史学科,奠定了日本近代实证史学的基础。"东大接受了利斯、坪井、箕作与德国史学的洗礼",②三者形成了日本"西洋史学的第一世代"。③ 除东大外,坪井亦常受邀到早稻田大学、专修学校等学校授课,东大退休后又到国学院大学讲学。坪井开设的课程据不完全统计有(史学)研究法、年代学、考古学、政治史、历史地理、欧洲市制史、瑞士建国史、最近世史、蒙古学、逻辑学、经济学等,科系横跨文科、法科与理科。众多课程中,史学研究法、年代学是史学科、国史科、汉学科的共同科目,尤以研究法④课程为学生修习至要。

1901年东京帝国大学西洋史及史学相关课程表⑤

课程（时间）	科·年级	担任
历史地理（二时间）	史学三年	坪井教授担任
欧洲市制史（一时间）	史学二年	
研究法（二时间）	汉史年／国史学年／史学一年	
年代学（一时间）	汉史年／国史学年／史学一年	
台湾史（二时间）	史学三年	利斯讲师担任
欧洲近世史（三时间）	史学二、三年	
英国宪法史（二时间）	史学二年	
西洋古代史（五时间）	史学一年／汉史二年／国史二年	
希腊史（二时间）	（科外）	矶田讲师担任

---

① 村川坚固:《坪井九马三先生の薨去》,《史學雜誌》1936年第47编第2号。

② 酒井三郎:《日本西洋史学发达史》,东京:吉川弘文馆,1969年,第82页。

③ 大野真弓:《西洋史学への道:一旧制高等学校教师的回想》,东京:名著刊行会,2000年,第38页。

④ 里斯亦曾有课程"Methodology of History",见Ludwig Riess, *Notes of a course of lectures on methodology of history*, s.n.1896。坪井的研究法课程与之是否有承继或关联,不得而知。初期史学科课程变动频仍,如1897年文科大学历史讲座安排是坪井给国史科三年级及史学科一年级讲"历史研究法",里斯给史学科三年级讲"历史编纂法",见《文科大學歷史講坐》,《史學雜誌》1897年第8卷第10号。

⑤ 《文科大學歷史の新講義》,《史學雜誌》1901年第12编第10号。

　　东大师生留下许多对坪井的记述，评价两极分化。有两件事鲜明地反映了坪井的性格。一是井上哲次郎升任东大校长时的庆祝会，据三上参次回忆："我想稍稍说一下井上先生和坪井先生之间的关系，坪井先生方面大家都知道，是几乎不注意交际的人，很难参加什么会。当时井上先生成为校长的庆祝会，由学生和教授联合召开。心理学的元良勇次郎先生费了很大力气筹办，坪井先生却对此抨击：用高额会费举办校长庆祝会是怎么回事？"[①]最后欢迎会不得不取消，这体现了坪井性格冷漠而不近人情的一面。另一件事是坪井自己的庆祝会。1917年坪井留学归国任教已25年，文科诸教授为其发起在职25年庆祝会，坪井本人断然回绝。龟井回顾此事，"和先生商量过，但他说'我不想让别人为我做任何事情'"。[②]正因为此，坪井与井上哲次郎、利斯等都留下了关系不睦的传闻。[③]但久而久之，大家也接受了这一点，"坪井先生就是这样性格的人。同为学者的井上先生对于社交上的事情相当努力，与学生和其他教授都有接触。而坪井先生是努力回避的风格，所以人气上也各自不同"。[④]

　　也有一些不同的声音，如大类伸回忆到，坪井虽然并不亲近学生，但"一涉及学问上的问题就非常热心"。他曾多次得到坪井的指导，只是简单请教问题，也会收到极长的回信："坪井先生是非常了不起的人，我现在也非常尊敬这一点。不过与此相反，也有年轻人受到先生的严厉对待而面红耳赤。所以，去坪井先生那里的话，一定要说些学问方面的话，说普通的话不行呢，大概会被说'请回去'而被赶出来。我想在这一点上其他先生绝不会效仿。恭维的话一点也不说，代替不说便写这样的长信，这样的信要写多少都可以。"[⑤]长寿吉经常被坪井邀去聊天喝酒，"感觉就像父亲一样"，"态度就像对待孩子一样可爱"；野野村戒

---

① 三上参次：《明治时代の歴史學界：三上参次懷舊談》，东京：吉川弘文館，1991年，第123页。
② 大類伸等：《シリーズ・近代史學を作った人々——坪井九馬三・箕作元八》上，《歴史教育研究》1959年第10号。
③ 山中、龟井都直言坪井与里斯关系不睦。但1902年里斯任职期满回国，坪井参加了由史学会发起的送别会，并与井上、星野、三上共同号召，筹募资金购买壁挂、香炉、书画等纪念品赠予里斯。见《史學會小史：創立五十年記念》，东京：富山房，1939年，第51页。
④ 三上参次：《明治时代の歴史學界：三上参次懷舊談》，第123—124页。
⑤ 大類伸等：《シリーズ・近代史學を作った人々——坪井九馬三・箕作元八》上，《歴史教育研究》1959年第10号。

三谈及坪井难以骤然亲近,一开始只能聊很短的时间,之后循序渐进至
15 分钟、30 分钟,最后聊 1 小时以上也能非常尽兴,"虽然也有害怕的
地方,但也有不害怕的地方"。①

　　师生记忆中的坪井便是如此枘凿方圆的两面,专注学术而冷淡于
世故人情。只有少数亲近之人谈及与他的日常交往。坪井还曾因较少
培养自己的学生,被戏称为"没有坪井流的人",②其实他与学界后进颇
多往来。内藤湖南 1902 年赴中国之前曾拜访坪井,"谈史三小时"。③
桑原骘藏自述"予侍于坪井、那珂两先生讲筵,直接间接地受裨益不
少"。④ 梅原末治曾收到坪井寄予的资料,"坪井九马三博士提供新资
料并给予了鼓励"。⑤ 创价教育学会创建者牧口常三郎当时寂寂无名
初至东京,没有任何介绍信就冒然拜访,坪井却高兴地接待了他,对他
直截了当提出的疑问一一认真作答。之后牧口又数次拜访商讨地理
学。⑥ 植物学家中井猛之进曾就郁陵岛地名由来请教,坪井"前后三次
致书详细说明"。⑦ 对于坪井的为人处世,村川坚固的评断是,"无论对
谁都不设壁垒也不带爱憎,公平阔达地接触,任何问题都根据条理裁
断,厌恶被感情束缚。因此,往往有人认为先生冷酷无情,那是不理解
先生率直本性的人"。⑧

<h2 style="text-align:center">二</h2>

　　《史学研究法》是坪井受邀到早稻田大学讲学的讲义,1903 年正式
出版,不仅被视为"明治史学所达到的史学理论、研究法论的最高峰,明

① 　大類伸等:《シリーズ・近代史學を作った人々——坪井九馬三・箕作元八》下,《歷史教育研
　　究》1959 年第 12 号。
② 　大類伸等:《シリーズ・近代史學を作った人々——坪井九馬三・箕作元八》中,《歷史教育研
　　究》1959 年第 11 号。
③ 　内藤湖南:《禹域鴻爪後記(清國再遊記要)》,神田喜一郎、内藤乾吉編集:《内藤湖南全集》第 6
　　卷,東京:筑摩書房,1972 年,第 350—351 页。
④ 　《中等東洋史辨言十則》,桑原隲藏:《中等東洋史》,東京:大日本图书,1898 年,第 4 页。
⑤ 　梅原末治:《考古學六十年》,東京:平凡社,1973 年,第 32 页。
⑥ 　熊谷一乘:《牧口常三郎:人と思想》,東京:第三文明社,1971 年,第 51 页。
⑦ 　中井猛之進:《鬱陵島植物調査書》,京城:朝鮮总督府,1919 年,第 4 页。
⑧ 　村川堅固:《坪井九馬三先生の薨去》,《史學雜誌》1936 年第 47 編第 2 号。

治末期至大正时期西方历史研究方法的唯一指导书"，①亦在理论上引领了形成期的学院史学。

在此之前，实际从明治十年代（19 世纪 70 年代）开始，历史应该采取怎样的编纂方针？如何以科学、实证的方法求得客观、真实的历史？这些方法论的问题已经被提出并做了初步尝试。1869 年明治新政府发布《修史之诏》，作为"辨明华夷内外、扶植天下纲常"的手段，计划编修国史。此时以王政复古为理念的修史事业，②修史方针或编纂观念仍以中国正史编年体、纪传体为圭臬。很快，这一方针就受到了冲击。随着基佐《欧洲文明史》（永峰秀树译，奎章阁 1874）、巴克尔《英国文明史》（土居光华、萱生泰三译，宝文阁 1879）的翻译、传播，日本文明史学兴起。1875 年福泽谕吉《文明论之概略》指出，以往的国史只是记载了"政府的历史"，并不是"日本国的历史"，肇由"学者的疏忽，可以说是国家的一大缺陷"。③ 此说不啻于公然批判修史之诏，业已显露出对政府修史计划的改革意识。之后三宅米吉《日本史学提要：气候、人种、古物》（普及舍 1876）与田口卯吉《日本开化小史》（1877）均可视为对文明史体裁的实验，并兼具方法论的尝试。三宅米吉主张史料除书籍外还包括古代的遗迹遗物、冢坟墓碑、寺社、城址、武具、家具、衣服、饮食之器、诗文书画，须谨慎鉴别，判断其真伪加以取舍，更道明该书"是为了向后世指出日本研究历史的主要方法"。④ 与此同时，修史馆内部以重野安绎为中心，也开始了国史的改良运动。1878 年末松谦澄作为一等书记官出使英国，重野安绎委托其利用业余时间考察"英法历史编纂方法"。同年末松提交报告，称"六国史"以下，历代日本史书不过是起居注和实录，直到《大日本史》才开始模仿《史记》《汉书》等，然而作为中国史书的通例，重视皇帝、王侯的功过，或王朝的建立和覆灭，缺乏对普通人民利害得失的记述。"普通人民的利害得失"是指"全国经济之盛衰""风俗宗教之发展""动植物产、农工商贾事业之兴败"，应囊括整个国家

---

① 大久保利谦：《明治時代における歷史理論》，《歷史教育》1956 年第 4 卷第 3 号。
② 1869 年设立国史校正局，1877 年改名修史馆，1882 年以重野安绎、久米邦武等汉学者为中心开始编纂《大日本编年史》。
③ 福泽谕吉：《文明論之概略》卷 5，著者自藏版，1875 年，第 13 页。
④ 三宅米吉：《日本史學提要：気候·人種·古物》，东京：普及舍，1976 年，第 13—14 页。

的经济、社会风俗、宗教、物产、工商业等。基于此末松主张参考欧洲的历史编纂方法。① 同年受末松委托,英国史家泽尔菲(G. G. Zerffi,1820—1892)②撰述 *Science of history*,末松印制 100 册寄回日本,1887年中村正直与嵯峨正作合作翻译为《史学》。根据末松向修史馆提交《史问要目》概述此书要旨,此书旨在提供一种新的历史研究方法,即将文献中的事实和逻辑性的叙述结合起来,揭示事实之因果,探明历史之鉴戒。然而,此书并未公开出版,多数人并不知晓,"也不能认为对实际的修史馆编修工作产生了多大的影响"。③

在这之后,有在晚清史学界非常流行的浮田和民《史学原论》,然而在日本近代史学史上并无地位;④有下山宽一郎《史学原理》,但篇幅较短且未完成。下山宽一郎原本专攻哲学,因对史学的兴趣而转入史学科,成为东大史学科成立以后的第一届毕业生,在史学科建立初期贡献颇多。利斯到东大后提出正式建立学会的设想,由文科大学学生诸君四处奔忙"共同筹备"而成。⑤ 所谓"文科大学学生诸君",史学系毕业生以下山为首,在校生以白鸟库吉、小川银次郎为首,史学会成立大会上下山作为代表发表演讲《史学会设立之由来及目的》。⑥ 之后下山任教于东大、早稻田大学,曾自《史学会杂志》创刊号开始连载《史学史》,并著有《史学原理》。《史学原理》共两篇,第一篇历史材料学原理(一名事实探求编辑法)、第二篇历史批判的原理(一名事实鉴定取舍法)。在历史材料学原理中,下山设置四个问题展开论述:第一问,自己使用的材料是否真实? 第二问,自己使用的材料与其最初相比是否发生了变

---

① 《正七位末松谦澄英仏歴史编纂方研究御下命ノ儀上申》,国立公文书馆所藏,请求番号:公02428100。

② Gustav Zerffi(1820—1892),出生于匈牙利,早年以记者、军官身份投身匈牙利革命,后流亡到英国,转而从事翻译工作。1868 年开始成为皇家艺术学院讲师,关注艺术装饰与历史学,出版《艺术历史发展手册》(*A Manual of the Historical Development of Art*,1876)。史学思想受黑格尔、丹纳(Hippolyte Adolphe Taine)影响,主张根据哲学原则将历史作为整体进行研究,著有《历史科学》(*The Science of History*,1879)、《通史科学研究》(*Studies in the Science of General History*,1887—1889)。

③ 胡加贝:《末松谦澄の近代的な漢学へのアプローチ:イギリス修学による成果を中心とし》,《日本漢文学研究》2023 年第 18 号。

④ 浮田和民讲述:《史学原论》,东京:东京专门学校,1898。东京专门学校政治经济科第 3 回 1 年级讲义。

⑤ 星野恒:《史學會沿革略》,《史學雜誌》1910 年第 21 编第 1 号。

⑥ 冨山房编辑:《史學會小史》,东京:富山房,1939 年,第 22 页。

化? 第三问,自己使用的材料在多大程度上达到了自己的目的? 第四
问,引用书所记载的内容在多大程度上可信? 据其自述,他认为史学的
理论尚不发达,盖因其是一门极其近代的学问,"其部分原则是由当今
德国学者发现的"。① 显然,他的方法论受到了德国史学的影响。可惜
此书篇幅极短,全书总共五十几页,又是未竟之作,序言虽称计划续出
第三章史体篇,但并无下文。

因此,论体系之完整,抑或论述之详备,坪井九马三《史学研究法》
都被视为日本史学理论与方法的开山之作,是"由日本人执笔的最早的
史学概论",②奠定了日本史学研究法的基础。坪著借鉴伯伦汉《史学
方法论》(*Lehrbuch der historischen Methode*, Leipzig, 1889),对于导
入兰克、伯伦汉的学说首居其功,具有示范意义;坪井也被目为"私淑兰
克学统",③"坚持了德意志正统历史学派的学风"。④ 伯伦汉是书 1889
年问世,1905 年又出版了一本更为紧凑的《历史学导论》(*Einleitung in
die Geschichtswissenschaft*, Leipzig)。而直至 1922 年,利斯弟子、京
都大学西洋史学教授坂口昂及经济学士小野铁二才根据该书 1920 年
柏林新改订本翻译出日译本。⑤ 日本本土同类著述则大多出现在昭和
时代。⑥ 也即是说,自 1903 年至 1922 年凡 20 年间,坪井《史学研究法》
是兰克、伯伦汉史学传承的最佳范本,也几乎是史学研究法的唯一教
本。不止于此,正如齐藤斐章指出,该书是"以国史的材料为考证";⑦
今井登志喜称赞是书"多以实例考求国史",⑧坪著历久弥新的生命力
正在于将西方史学理论与方法,与日本历史实例相结合,倾注大量心血
考求国史(日本史)。

过去坪井史学往往被窄化为单一面向,偏重论述其取径西学的地

① 下山寛一郎:《史學原理》绪言,横浜:丸善商社,1890 年,第 4 页。
② 東京大學百年史編集委員會編:《東京大學百年史》部局史一,第 645 页。
③ 礪波護、藤井讓治編:《京大東洋學の百年》,京都:京都大学学术出版会,2002 年,第 53 页。
④ 坂本太郎著,沈仁安、林铁森译:《日本的修史与史学》,北京:北京大学出版社,1991 年,第 177 页。
⑤ 坂口昂、小野鐵二譯:《歷史とは何ぞや》,東京:岩波书店,1922 年。
⑥ 如大類伸:《國史研究法》,東京:国史讲习会,1924 年;野野村戒三:《史學概論》,東京:早稻田大学出版部,1929 年;内藤智秀:《史學概論》,東京:高原书店,1932 年;长寿吉:《新修史學概論》,東京:同文书院,1936 年;今井登志喜:《歷史學研究法》,東京:岩波书店,1935 年。
⑦ 齋藤斐章:《日本國民史》第 4 卷,東京:贤文馆,1935 年,第 1083 页。
⑧ 今井登志喜:《歷史學研究法》,東京:东京大学出版社,1953 年,第 8 页。

位与贡献。然而,近代日本史学除西洋理论与方法之舶来,也有传统学术之延伸。大久保利谦定位学院史学为"新考证主义",以示与传统考证学的区别与联系,指出相较于一代人的对立,超越世代的一体性更应受到重视。[①] 由东大史学科创设时期的重要人物观之,学院史学内在传统实际有二:一是利斯、坪井主持的史学科,移植兰克学统;一是重野、星野等创立的国史科,代表汉学考证主义。两者看似山迢路远,却因内核趋近同一的实证指向而交相作用,"重野、久米、星野等先生以中国清朝的考证学研究历史,与 Riess(利斯)等的 Science 的历史相结合,以此看待历史,《大日本史》即江户时代的劝善主义才迎来巨变"。[②]坪井的思想,于两者兼而取之,既有西方近代史学成分又接受传统考证学传统,这在他的《史学研究法》中得以充分体现。《史学研究法》的史观及实例,恰好集中地回应了修史馆史家聚讼的争议和主张。1882 年以重野安绎、久米邦武为中心开始编纂《大日本编年史》,从南北朝时代起笔,对以朱子学大义名分观为基础编写的《大日本史》提出质疑,批判的对象包括《大日本史》的南北朝记述、作为南北朝史中心史料的《太平记》、作为编修群体的水户学派及其劝惩的历史观。重野安绎在东京学士会上的演讲直指"《太平记》属于物语一类,虚实相杂",[③]自此掀起波澜。星野恒发表《史学考究历史编纂应精选材料之说》,质疑《太平记》的史料价值,久米邦武长篇连载《〈太平记〉于史学毫无益处》,断言"《太平记》是往昔下贱之人拼接的话本",[④]《太平记》的史料价值被彻底检讨并否定。此时的《太平记》,俨然成为研判并确立史料原则的特殊范本。

对照坪井《史学研究法》中考求国史的实例,其议题、主旨、立场与重野等批判的要点首尾相援。坪井多次论及《太平记》,把该书定位为物语,物语则"有的以实际事实为基础,有的完全是架空的笔法,有趣滑

① 大久保利谦:《日本近代史學の成立》,《大久保利謙歷史著作集》第 7 卷,东京:吉川弘文館,1888 年,第 55 頁。
② 三上参次:《明治時代の歷史學界:三上参次懷舊談》,第 59 頁。
③ 重野安繹:《史ノ話(第三回)》,《東京學士院雜誌》1886 年第 9 編第 3 号。
④ 星野恆:《史学攷究歷史編纂は材料を精択すべき説》,《史學會雜誌》1889 年第 1 編第 1号;久米邦武:《太平記は史学に益なし》,《史學會雜誌》1891 年第 2 編第 16、18、20、21、22 号。

稽",因此不能直接引用,只能立足于实证研究。① 论及如何判别史料的确实程度时,也以《太平记》为例,分析其成书时间、编者、场所皆不可靠。反之,对《梅松论》持肯定态度。② 《梅松论》是北朝编写的史书,重野等向以《大日本史》没有采用北朝之史料为据,批驳其只是"私论偏见",而《史学研究法》反复强调《梅松论》等北朝史料的价值,复原镰仓古地理时援引《梅松论》做讨论,剖判楠氏战术时也以之为参考。③ 此外,重野等批判尤为猛烈的是《大日本史》中对楠氏等南朝功臣的美化和虚饰,坪井论述伪造古文书,也以楠木正仪的伪文书为例,参以当时的外史记述、公家日记,用了较长的篇幅精细考证,进而推断"《正仪公事实书》上所写的事,并非当时的事实,而且从正仪本人来看,也不是所谓《事实书》中儒者风度的人"。④ 南朝的另一功臣儿岛高德,重野断定其出自《太平记》作者的虚构,引发学界、民间舆论轩然大波,因此被冠以"抹杀博士"的称号。坪井则在讨论史实之"可疑"时,以儿岛为个案,论证其相关的"确凿的证据物一个也没有"。⑤ 《研究法》出版时,重野、久米因笔祸事件已退走东大,坪井也谈到"今日的史家已经不再议论",但他仍着力于国史,再再考求修史馆史家批判的核心议题,似可视为一种遥相回应。

　　1926 年《史学研究法》由京文社改订再印,坪井自嘲时过境迁,《史学研究法》已是"独活之枯木""樗树之蘖",⑥但其开启之功不能否认。正如时人所谓:"作为'坪井博士的研究法'或'日本的史学研究法'正是本书的真正价值,而发挥其真正价值最有力量的一点在于:追索广博的国史,访求东西两史以为'例证'。这是坪井博士独有的境界。"⑦

---

① 坪井九馬三:《史學研究法》,东京:早稻田大学出版部,1903 年,第 398 页。
② 坪井九馬三:《史學研究法》,第 410 页。
③ 坪井九馬三:《史學研究法》,第 161—164、395 页。
④ 坪井九馬三:《史學研究法》,第 329—346 页。
⑤ 坪井九馬三:《史學研究法》,第 397 页。
⑥ 坪井九馬三:《史學研究法》改版序,东京:京文社,1926 年。"独活的枯木"为日语惯用语,指大而无用之人;樗木之喻出自《庄子·逍遥游》。
⑦ 松田:《增补改订史学研究法》,《史學雜誌》1926 年第 37 号。

三

从明治十年代泽尔菲《史学》，到明治二十、三十年代坪井《史学研究法》，有观点称之为是史学从"没有事实的思想派"向"没有思想的事实派"转移，此论或有失偏颇，但确定无疑的是，"无论是在日本，还是在英国，G. G. Zerffi 的消失，都表明兰克提出的客观的历史学方法论，作为历史学的研究方法被固定下来了"。① 两种方法论的显著区别，除对历史通则与规律的态度不同外，主要在于是否运用"辅助学科"。此一时期的史学，内外煎迫，一面欲与旧有史学划清界限，一面谋求在临近诸学科的竞争中占得一席，坪井谓其危险局势"宛如战国乱离时期群雄割据"。为赋予史学以新生，博得科学之位置，于史学外部，坪井援引辅助学科；于史学内部，坪井切分史学为纯正、应用二端。

坪井"辅助学科"的概念，一方面承袭伯伦汉，《史学研究法》列举语言学、古文书学、地理学、年代学、考古学、系谱学、古钱学，与伯伦汉《史学方法论》大同小异，只省略了古文字学；另一方面则来自里斯的影响，里斯到东大后着手缔建史学科，在其提交的意见书中称"现在欧洲正有一种趋势，培养现在或将来属于史学领域的学科"，建议东方亦当仿效，建立"日本的古文书学""日本的历史地理学""日本的货币学、印章学、系谱学""日本的 Quellenkunde（史源学）"等。② 东大史学科与国史科的课程设置基本上对应了里斯的建议，坪井《史学研究法》、黑板胜美《国史的研究》中也以专章论述"辅助学科"。③ 学院史学史家们达成共识，"辅助学科"是确保史学独立性和科学性的关键要素，借助这些学科，方能使史学与国学、汉学等前近代的学问或文学等邻近领域产生差异。如前所述，坪井开设古文书学、年代学等课程并著书论说。又与里斯开设史学地理学讲座，两者分别担任第一、第二讲座。里斯在柏林大

---

① 鈴木利章：《現代において歴史学は可能か》，参见《平成九年度史学研究大会講演要旨》，《史林》1998 年第 81 卷第 1 号。此间有极少数受泽尔菲史学方法影响的著作，如後藤寅之助：《史学綱要》，东京：东京专门学校，1891 年。东京专门学校邦语文学科第 2 回 1 年级讲义。

② 東京大學編：《東京帝国大学五十年史》下册，东京：东京帝国大学，1932 年，第 1300 页。

③ 黑板勝美：《国史の研究》，东京：文会堂书店，1908 年。第二章《辅助学科及其参考书》分别论述古文书学、历史地理学、年代学、系谱学、考古学。

学时曾跟随德国地理学家基佩尔特（H. Kiepert）学习，坪井留学时也学过地理学课程，其讲座内容参酌德国地理学家拉采尔（Friedrich Ratzel）之著说，①1905 年出版同名讲义。② 坪井与历史地理学会的创立也颇有渊源，据三浦周行回忆："那时受到坪井博士历史地理学启发的年轻毕业生和学生聚集起来，踊跃起来，这是本会创立，杂志发行之始。"③学会初期立场便是将历史地理视作史学的辅助学科，致力于通过对古迹、古地志和古地图的研究，揭示政治、经济诸现象的历史变迁。坪井在会刊《历史地理》上发表不少文章，其中《何谓历史地理》一文④界说历史地理的学科性质与对象，主张历史地理是"史学和地理学的共有领地"，颇具争议，历史地理学家喜田贞吉、大森金五郎等皆受其思想影响。

于史学内部，坪井将史学切分为表里二端，"诸科学皆具二相，史学亦有二相，二相究竟为何，纯正、应用是也，纯正史学是斯学之表面，应用史学是其里面，诸科学皆具此表里两面方为完璧"。⑤ 纯正、应用的分类并不鲜见，一度流行于理化学科。东大成立伊始化学科分设纯生化学、应用化学，坪井即毕业于应用化学科。1886 年森有礼起草《学政要领》，又提出"学问分为纯正学（Pure science）、应用学（Applied science）二门，都是国家的必须之学，纯正之门小即足矣，应用之门则必须为大"，⑥这一概念逐渐由理扩展至文。史学领域，1891 年井上哲次郎在史学会月例会上演讲《东洋史学的价值》，谓"历史大致分为两类，人民一般阅读的历史和学者之间研究的历史"。⑦ 1893 年坪内逍遥将东大毕业生分为史料批判派（考证派）与应用史派。⑧ 系统论述纯正史学、应用史学的是 1894 年坪井发表的《关于史学》一文，此后成为明

① 也有批评者称："史学地理学从一开始就由坪井九马三担当，然而空有其名，内容还是旧的，是史学概论，与地理学无关。"参见石田龍次郎：《明治·大正期的日本的地理学界的思想的動向—山崎直方·小川琢治的昭和期への役割—》，《地理学評論》1971 年 44 卷 8 号。
② 坪井九马三：《歴史地理学》（早稻田大学三十八年度歴史地理科第一学年講義録），东京：早稻田大学出版部，1905 年。
③ 三浦周行：《其本に復れ》，《歴史地理》1929 年第 54 卷第 6 号，第 533 页。
④ 坪井九马三：《歴史地理どは何ぞや》，《歴史地理》1900 年第 2 卷第 9 号。
⑤ 坪井九马三：《史学に就て》，《史学雑誌》1894 年第 5 编第 1 号。
⑥ 大久保利謙编：《森有礼全集》第 1 卷，东京：宣文堂书店，1972 年，第 351—352 页。
⑦ 井上哲次郎：《东洋史学の価值》，《史学會雑誌》1891 年第 2 编第 25 号。
⑧ 坪内逍遥：《史論四派》，《早稻田文学》1893 年第 35 期。

治史学界的共识。

所谓纯正史学，坪井界定为："纯正史学开始于德国兰克（Leopold von Ranke），大约是在七十年前。"[①]《史学研究法》称近代意义诞生的史学，"用德语来说是 Geschehen、Geschichte"，"即按照科学的研究方针进行调查研究，根据其结果而建立的历史"，[②]"纯正史学"与"Geschichte"前后指向一致。兰克虽被立为纯正史学的标杆，但坪井的论述因袭伯伦汉。纯正史学的立身之资在于"社会"的研究，"史学是研究作为社会细胞的人的活动及其发展的科学"。[③] 这里的人是动物，由人类建立的社会是"集合动物"，"作为社会细胞、社会器官的人类新陈代谢、生死不息，社会这一动物体亦往昔今昔赓续不已"。[④] 把人与社会视作动物体，伯伦汉早有界说，"史之为学，在将人类演化上之事实，视人类为社会的动物，就其（单独仅有的、典型的或集体的）动作，加以因果的研究及叙述"。[⑤] 伯伦汉不讳言"史家所用之基本概念，自当征诸科学"，[⑥]此为达尔文生物演化学说应用于史学之结果。坪井亦援之为史学的科学性依据，"查尔斯·达尔文在四面八方的攻击之中毅然鼓吹人的由来，在那之后，社会这一对象才得以被科学地研究，这是距今不久的事情。因此，过去想要写出 Geschehen、Geschichte 也写不出来，既没有写作的资格，亦缺乏进步的思想，充其量只能达到第二种的镜"。[⑦]

伯伦汉之"社会""集体动物"说，实际还蕴藉着两层图谋，一是意欲综合个人"艺术性之描写"与集体"事实之定律性"，扬弃既往的精英人物史观；一是以人类作为"政治的动物"的概念失之过狭，所以取"社会的动物"一词，表面上是批驳 E. A. Freeman、Ottokar Lorenz、D. Schäfer 诸氏之政治史主张，实则为了调和兰克之政治史取向，"不可将政治史视为文化史之附庸，则亦不可将文化史视为政治史之副产

① 坪井九馬三：《史學に就て》，《史學雜誌》1894 年第 5 编第 1 号。
② 坪井九馬三：《史學研究法》，第 31 页。
③ 坪井九馬三：《史學研究法》，第 36 页。
④ 坪井九馬三：《史學研究法》，第 17 页。
⑤ 伯伦汉著，陈韬译，胡昌智、李孝迁整理：《史学方法论》，上海：上海古籍出版社，2018 年，第 3 页。
⑥ 伯伦汉：《史学方法论》，第 5 页。
⑦ 坪井九馬三：《史學研究法》，第 35 页。

物"，"盖政治与文化，固同为人类社会化之产物也"。① 此诉求正契合日本史学发展的趋向，明治初年的文明史学已充分接受基佐、巴克尔的文明史及斯宾塞的社会理论，追求社会集体的文明演化法则，历史由个人本位转向社会本位。至于重野等修史馆史家，为了颠覆《大日本史》的南朝"忠臣神话"，以及批判幕末史论英雄伟人题材的泛滥现象，也对英雄史观持批判态度。久米邦武发表《英雄是公众的奴隶》，认为相比历史上的重大事件和伟人，史家更应该关注同时代的社会及大众的动向。② 值此际会，坪井亦顺时而动，他强调史学研究的必须是社会之中的人，"人要成为史学的研究对象，必须作为社会的细胞器官在社会中生存。即不在社会之中的人，或是在社会中却不作为细胞器官而活动的人，都不能成为史学的研究对象"。③ 虽然他承认"罕见的贤士豪杰则耸动于一世二世"，④但这是极个别的情况，可视作例外，所谓的"万物灵长"或"神的权现"，只是人类的理想，人终归只是动物，而且是"极其孱弱的动物"，需要分工协助，由此形成社会。最终，"史学不会把重点放诸个人的活动，史学的重点是社会的活动"。⑤

　　坪井着重于"必须研究社会"，更深切著明的目的是使纯正史学趋近于科学，成为"具有普遍性的学问"。社会在此与国家相对，是打破国家框架、超越国家视角的必经之途。依坪井之见，诸科学特性各异，"农工艺诸科学"与社会有直接关系，"法学、政治学、伦理学、史学"则与国家有直接关系。特别传统史学与国家关系紧密，其发展"处于国家直辖之下，一举一动皆仰其鼻息，更有如中国者，国家设置史官记录国史，上至天子起居下至孝子顺孙德行。因此，在以一部国史作为政治唯一金科、教育唯一玉条的时代，史学唯有其里面（应用史学），而且其里面没有发展的能力"。⑥ 史家还往往受爱国情感的束缚，革除此弊害则必须

---

① 伯伦汉：《史学方法论》，第 8 页。

② 久米邦武：《英雄は公衆の奴隷》，《史學會雜誌》1890 年第 1 编第 10 号。

③ 坪井九馬三：《史學研究法》，第 37 页。德语"Ogran"一词日语译为"机关""器官"，本意为生物器官，法律用语中指法人，法令用语中指国行政的组织。坪著"社会分子""社会机关""社会器官"，与"自然人"相对，指社会中具有权利义务的"人"。

④ 坪井九馬三：《史學に就て》，《史學雜誌》1894 年第 5 编第 1 号。

⑤ 坪井九馬三：《史學研究法》，第 7 页。

⑥ 坪井九馬三：《史學に就て》，《史學雜誌》1894 年第 5 编第 1 号。

"摈除鲁莽的爱国心和沙文主义"，[①]然而践行非易，罕有史家可及。因此，欲突破国史的视角与限制，唯有通过社会的研究。

万国史的研究亦由此唤出，其旨趣正建立在肯认社会研究的基础之上。"人类社会发展的全相要向社会寻求而不向国家寻求"，过去的社会不过包含两三个国家，"观之今日则已成为包含全世界的一大社会"，因此，要将人类视作一个社会寻求万国史，"纯正史学的发展不在于一国的国史，而是通过万国的国史才得以成立"。换言之，"自万国史开始史学才得以进行科学的研究"。[②] 这一思想显然受到兰克"世界史"的影响。兰克"世界史"贯通时间空间，主张记述"各国家的共同体（Community of Nations）"，关注各国家、民族之间普遍的关系与联结，对日本史学界影响深著。坂口昂将兰克对日本史学的贡献概括为两方面："文献学的批判的方法"及对"世界史的把握"。[③] 箕作元八称要透彻兰克之思想，关键即在于"'Weltlich'（世界的）观点是也"。[④] 利斯在东大开设"普遍历史"的课程，以"实现了全世界结合"的普遍生活（Universal life）作为历史的出发点，课程概要以 *A short survey of universal history* 为名整理出版。[⑤] 坪井亦曾在兰克纪念会发表讲话，主旨即其 Weltlichkeit（世界性）观念，并为生动阐明兰克的思想，亲自朗读泰南（J. E. Tennent，1804—1869）的一段葡萄牙人征服锡兰的记事，引申出葡萄牙人的东亚政策，解读当时处于世界殖民扩张环境之下的日本外交。[⑥]

坪井一度对借由万国史而达到纯正史学寄予厚望，但当时日本题名万国史者多为教科书，量多质劣，实质叙述仍以国家为单位，"几乎都是苦心编纂但毫无价值、极其浅显之物"，[⑦]他不免失望抱憾。1897 年他为宫本正贯《东洋历史》作序，批判世面上的万国史不过各国历史事

① 坪井九马三：《史學に就て》，《史學雜誌》1894 年第 5 编第 1 号。
② 坪井九马三：《史學に就て》，《史學雜誌》1894 年第 5 编第 1 号。
③ 坂口昂：《附錄：ランクの史觀概要》，《獨逸史學史》，东京：岩波书店，1932 年，第 405 页。
④ 箕作元八：《ランケ紀念講話》，《史學界》1904 年第 6 卷别刷。
⑤ Ludwig Riess, *A short survey of universal history: being notes of a course of lectures delivered in the Literature College of the Imperial University of Tokyo*, VOL.1, 2, Fusambō 1899, 1901.
⑥ 坪井九马三：《坪井文學博士の紀念講話：ランケ氏の研究法とり觀たる維新前の外交に就て》，高桑驹吉等著：《ランケ祭紀念講話》，自费出版，第 15—19 页。
⑦ 坪井九马三：《史學研究法》，第 65—66 页。

实的机械胪列,绝非科学的历史叙述,提醒须注意国与国的关联,"蜗牛蛰伏其庐,尚不免受外界气象的刺激,何况社会这一大无形的动物聚合体乎"。① 此外正如兰克《世界史》之偏狭,他的世界史事实上以欧洲为中心,日本蹈袭其失,名为"万国史"而实为"西洋史"。在检视与反思之下,学术的多元路向得以发潜,坪井退而转向区域史,主张先"按国与国关系之疏密,探究几许国家组成的聚合体",譬如东洋史、西洋史。其后在《研究法》中又对南洋史、西域史等提出设想并寄予展望。② 就立论的时间来看,彼时东洋史的研究正愈演愈烈,南洋史则仍在腹中,其说不无推助之功。

四

纯正、应用史学之说,有如后人洞见:"明治时期以来日本主流的历史学范例,在学院里是自兰克以来的实证的、史料的研究,在历史教育中是'国体观念的确立'。或者,借用坪井九马三的话来说,就是'纯正史学'和'应用史学'。"③此语道出坪井二元论的实质:既砥志实证史学,也提倡应用史学,尤其在历史教育领域。他虽然斥责"旧时代的史学都是应用史学,特别以有资于政治、有资于德育(旧时代的教育即是德育)为目的的编纂物占据了其中大部分",从希罗多德、修昔底德到休谟、麦考莱、爱德华·吉本,或以资治为目的,或为自己所属政党倡言,或为宗教背书,从纯正史学的角度而言,此诸人皆是"历史事实的制造家"。④ 但他也主张应用史学在国民教化中的作用,应用史学把"必要的普通知识"传授给普通国民,其先于纯正史学存在,而在纯正史学产生之后,"作为教育之用,这种形式的历史也将长时间地存续下去"。⑤ 学院史学的史家们在考究学术的同时,也要承担使国家思想正当化的任务。1886 年帝国大学令的第一条即规定了:"帝国大学以应国家的

① 坪井九馬三:《東洋歴史》序,宮本正貫:《東洋歴史》,东京:富山房,1897 年,第 6—7 页。
② 坪井九馬三:《史學研究法》,第 75—77 页。
③ 斋藤孝:《歴史の感覚:同時代史の考察》,东京:日本编辑学校出版部,1990 年,第 17 页。
④ 坪井九馬三:《史學に就て》,《史學雜誌》1894 年第 5 編第 1 号。
⑤ 坪井九馬三:《史學卜類似學科ノ區別》,《教育報知》1895 年第 465 号。

需要教授学术技艺及考究蕴奥为目的。"坪井尝试将史学作用于国民教化的内容单独切分出来，使应用史学与纯正史学分则两美，兼顾学术与政治。纯正史学"只叙述事实的真实"，"本来就不是伦理学的随员，不能为伦理学手提灯笼"；[①]让应用史学来承载史学的致用功能，合理化地服务于政治与国家。

　　早期的东大教授都不同程度地参与了中学教育。1894 年明治政府修改普通中学学科课程，出台《寻常中学校历史科要旨》，其中，草案制定者国史为三宅米吉，西洋史为箕作元八，东洋史为那珂通世，委员是坪井九马三、三上参次、高津锹三郎。除两年后才进入东大、当时仍担任中学讲师的那珂通世外，其余皆为东大教授、助教授，多兼任第一高等中学校教授。[②] 1897 年文部大臣西园寺公望委托各学科调查"寻常中学校教授科目细目"，1898 年历史科提交了调查报告，撰写者是坪井、三宅、那珂、箕作。学院史家不仅参与教育内容的讨论议决，也指导教材内容审定，"各个学科的内容由以帝国大学为中心的各专业领域研究人员决定。可以说中学的高等普通教育实际上是由以帝国大学为据点的学院支配的"。[③] 不少学院史家亲自编写教科书，坪井亦贡献不少。[④] 1897 年坪井批判万国史、提倡东洋史后，次年由坪井、三宅、那珂、箕作起草拟定的《寻常中学校教科细目调查报告》中，"万国史"已被改换作"外国历史"，又细分为"东西洋史"，[⑤]在中学领域正式确立东洋、西洋、国史三分科制，可见坪井诸人的观念如何直接地、迅即地影响并左右中学教育。

　　坪井认为应用史学应辅助德育，主张中学历史教育"助修身一臂之力"。[⑥] "修身科"是明治教育中最受教育敕语影响的科目，带有浓厚的国家主义色彩，强调"立德修身"，养成国民"尊皇爱国"之心，尤为汉学者重视。重野安绎便以"道德教育及国民教育必要的德性涵养"而编著

---

①　坪井九馬三：《史學研究法》，第 401 页。
②　茨木智志：《1894 年の〈尋常中学校歴史科ノ要旨〉に対する再検討——その歴史教育史的意義と提唱された"世界史"教育を中心に》，《総合歴史教育》2001 年第 37 号。
③　米田俊彦：《近代日本中學校制度の確立》，东京：东京大学出版会，1992 年，第 264 页。
④　仅 1903 年至 1906 年间，由东京文学社出版了坪著教科书《西洋历史教科书》《西洋史要》《西洋历史地图》《中学东洋历史教科书》《东洋历史地图》等 9 种。
⑤　《寻常中学校教科细目调查报告》，东京：帝国教育会，1898 年，第 49 页。
⑥　坪井九馬三：《史學ト類似ノ學科ノ區別》，《教育報知》1895 年第 465 号。

《寻常小学修身》，每一德目择取一历史人物讲述。① 坪井与修史馆史家立场一致，因袭传统史学偏重道德教化、人伦纲常的观念。兰克、伯伦汉也谈到史学致用，伯伦汉引述兰克之言，"欲使科学能发生影响，必先使其成为科学而后可"，至如何成为科学之途径，则"必先去其致用之念，使科学成为客观无私者，而后可语致用，而后能发生影响于当前之事物"，②讲求史学致用要建立在客观实证的基础之上。坪井的观点与之迥乎不同，他认为："只要达到激起立志于百般事业的感奋目的，不必再问其他，多余的思考是愚蠢的，作为中等教育来说这是适宜的。中等教育者不必堂然发表史论，使山阳先生地下惊起，也不必对细小的问题吹毛求疵穿凿附会，自夸目光如炬，这些对于中等教育来说是无益的。中学教育当教授作为国民应该知道的事，即国民必须具备的知识，爱国忠君仁义孝悌以及此外许多内容，总的来说，要尽力于公共的事业。"坪井将史学的应用完全剥离于实证研究，故纯正史学是实证的，而应用史学可以是非实证的。只要能达到感奋人心的教育目的，则不必考辨真假。美谈、逸话等作为史料并不合格，作为教育素材却是"好材料"。③作为中学教育的应用史学，不问其他，其分内之责"只教授必要的普通知识的一部分，即一个人立足世间必须要掌握的是非心得，只教授这个范围内的事，只讲述目前认为有用之事"。④

　　纯正、应用之说，后世多解读为应对笔祸事件的史学危机，要因坪井将应用史学置于纯正即实证史学的对立面，通过二元论以切割史学与政治、国家之关联，使学院史学退避自保。坪井是否存有此意不得而知，但的确在此前后，学院史学由明治初年的大胆纵脱转向保守克制，虽然愈加强调和凸显实证倾向，却被指其实质是"以惧怕笔祸的少事主义为基础，避免大胆的问题意识和主题设定，专门做一些无关痛痒的小事的精心实证"，⑤从《史学杂志》的刊文来看，复刊之后的确多为"某某考"之类的文章。家永三郎的评论更切中利害："学院史学家在嘲笑文

① 重野安繹编辑：《寻常小學修身》序，八尾新助，1892 年。
② 伯伦汉：《史学方法论》，第 6 页。
③ 坪井九馬三：《史學研究法》，第 357 页。
④ 坪井九馬三：《史學卜類似學科ノ區別》，《教育報知》1895 年第 465 号。
⑤ 岩田忠熊：《日本近代史学の形成》，家永三郎等编：《岩波講座日本歷史》别卷第 1 卷，东京：岩波书店，1963 年，第 93 页。

明史和民间史学的史料贫乏、认识手法粗略时,不知不觉地使自己陷入了思想的真空状态。思想真空很快就被权力钻了空子,无法阻止地被卷入权力所鼓吹的半封建的国家主义潮流中。"①坪井正如所指,他虽以纯正应用二分,以保证纯正史学的纯粹性,冀望纯正史学克服爱国心,超越国史向社会寻求历史之全相;但他在解释为何日本的纯正史学兴起于中国之前时,又以国家政治为前提,称"立宪政体不兴起,则史学的表面不会显露,在本邦,纯正史学渐渐萌生,中国、朝鲜却并非如此,道理显而易见",②前后论述难以自洽。《史学研究法》中牵涉日本国史处,如论及日韩之古史:"应神天皇时,日本人曾到朝鲜治理其国家,相关证据确实存在,但这些事迹只是简单流传,无疑是政府认为没有必要传承,因此缺乏详细的记述。"③亦缺乏实证的精神。

五

坪井所处的时代,日本史学界不仅承接西方的各种思潮,众声喧器,此起彼落,还要应付学院史学内部各种不同思想倾向的分歧,以及民间开化史学派的挑战。④ 坪井既与学院史学内部两种实证谱系声息共通,又独行踽踽,思想趋新而多歧。他很早就关注到了社会主义、无政府主义。明治末期除少数经济学者如福田德三、河上肇等,史学界对社会主义仍是陌生的。1900 年考入东大政治学科的吉野作造回忆,"不幸的是,只有大学课堂,那个时候除此之外没有其他能说明社会主义的东西。在坪井九马三老师的政治史课上,我听到了一点巴枯宁(Bakunin)和克鲁泡特金(Kropotkin)"。⑤ 坪井也留心经济学,倡扬德国新历史学派,"最近经济情况之于社会开始成为极其重大的事情,德国的施莫勒(Gustav von Schmoller)和英国的罗杰斯(T. Rogers)等竭

① 家永三郎:《日本の近代史學》,东京:日本评论新社,1957 年,第 82 页。
② 坪井九马三:《史學に就て》,《史學雜誌》1894 年第 5 编第 1 号。
③ 坪井九马三:《史學研究法》,第 13 页。
④ 永原庆二:《明治维新与日本史学》,北京大学日本研究中心编:《日本学》2006 年第 13 辑,第 307—308 页。
⑤ 松尾尊兑编:《吉野作造集》,东京:筑摩书房,1976 年,第 432 页。

力鼓吹，这一流派的人逐渐增多，吾等深感欣慰"，[1]赞许此学派建立在经济统计资料之上的实证研究取向。1905 年河上肇翻译美国赛里格曼（E. R. A. Seligman）《新史观：历史之经济的说明》，特意将坪井《史学与经济的关系》一文添为附录。[2] 坪井还是日本最早绍介马克思主义的史家，1907 年他在史学会演讲《作为史家的马克思》，[3]称马克思是"第一个制定了以经济情况为基础调查历史事实的史学研究新方针的创始人"。他之所以介绍马克思及其《资本论》，一是作为史家之马克思坚持事实调查的实证方法，并非如同普通经济人一般在桌边空想；二是《资本论》揭示了经济之于历史的解释意义，"其时代其社会的经济情况，对于其时代历史事实的发生是最有效的势力"。坪井对马克思主义与经济学的特殊兴趣，使他在以兰克史学为主流的学院史家中格格不入又独树一帜。[4] 他推崇兰克的史料方法，但在精神层面不认同兰克，"予作为国民主义者，并不崇拜伟人理论（Greatman Theory）；作为真实的崇拜者，不喜欢神秘主义（Mysticism）；作为经济论者也不相信灵感说（Inspiration Theory）"。[5] 坪井杂烩各种历史解释工具，并不在意它们之间是否能共处，这点与伯伦汉颇相似。但不可否认的是，坪井对史学的发展、新变有着敏锐的直觉，在史学研究法、历史地理、考古学发生的若干关节点上留下了开拓者的足印。

　　《史学研究法》目前版本有早稻田大学出版部 1903 年、1913 年版，京文社 1926 年、1930 年版。早稻田大学 1913 年版较之初版仅有少数错漏订正，京文社两版因距离初版时间较长，坪井删减了些许内容。为呈现此书原貌，译本选择早稻田大学 1913 年版作为底本，参校其他版

① 坪井九馬三：《史學研究法》，第 529 页。
② 《附錄：坪井九馬三述史學と経濟との關係》，セーリグマン著，河上肇訳：《新史観：歴史之経濟の説明》，东京：昌平堂川冈书店，1905 年。
③ 坪井九馬三：《史家としてのマルクス》，《史學雜誌》1907 年第 18 编第 9 号。
④ 如里斯对于经济史，"不是完全否定的，只是表现出一种嘲笑的态度"（西川洋一：《ベルリン国立図書館所蔵ルートヴィヒ・リース書簡について》，《国家学会雑誌》2002 年第 115 卷第 3、4 号），坪井反击称蔑视经济者只适合明治维新前的时代，"头脑宛如化石"（坪井九馬三：《史學と経濟の關係》，《史學雜誌》1904 年第 15 编第 1 号）。
⑤ 坪井九馬三：《坪井文學博士の紀念講話：ランケ氏の研究法とり觀たる維新前の外交に就て》，高桑駒吉等著：《ランケ祭紀念講話》，第 15 页。

本。译本需要说明以下几个问题：

原书为讲义编辑而成，多口语体，表述简单直白。译文尽量忠实于原文的语言风格。

书中涉及大量人物、史实、史著，以及日本历史的专有名词，译者以脚注的形式随文注释。一些特殊的文本如"落首"（打油诗），含有大量隐喻、影射，为便于读者阅读，译者亦以注释提供自己的一种理解。

一些词汇已发生变化，如"伊朗"古称"波斯"，1935年巴列维王朝才正式更改国名为"伊朗"。本书写作及出版之时，仍作"波斯"。凡此类情况，为保持语境一致，仍使用旧称。

出自书籍论文的引文，或传统典籍的典故，译者核查之后以脚注注明出处。

原书外语词汇以日语片假名音记，涉及英语、德语、拉丁语、葡萄牙语等多个语种。明治时期日本涌入大量外来新词，译写无一定规范，坪井本人亦曾参与制作《外国地名及人名写法与读法调查表》，①但书中部分译写仍与今日存在出入。如"史学的辅助学科·语言学"部分例举瑞士阿勒曼尼（Alemanni）部落高山牧场经济业，其语言为阿勒曼尼语即德语方言，高山牧场经济业相关词汇又受罗曼什语影响，难以识别，只能按保留原书片假名注音处理。

初版"社会细胞、社会器官"在1913年版中改为"社会分子、社会机关"。日语"器官""机关"一词源自德语"Ogran"，本意为生物器官。作为法律用语的"机关"，指一个或多个代表法人实体做出决定或采取行动的人；亦指国家行政的组织。文中"社会细胞""社会器官""社会分子""社会机关"，与"自然人"相对，指社会中具有权利义务的"人"。译本保留初版译法。

《楠正仪公事实书》采用变体汉文即"记录体"书写，篇幅较长且无句读；本身又是伪造文书，所述内容无法与史实参稽互核，译文不得已省略部分意义不明，或致误解的语句。

---

① 　坪井九馬三、神保小虎、箕作元八、野口保興、磯田良、山崎直方：《外國地名及人名書キ方及稱ヘ方調查表》，《地學雜誌》1902年第14卷第12号。

　　最后,感谢在本书翻译及出版过程中热心提供帮助的每一位朋友。在本书前言的写作中,李孝迁教授、周雨霏研究员帮助寻找相关日语文献,并给予了珍贵的意见和建议,谨在此一并表示衷心的感谢。囿于本人学识、见解,译稿错误、疏漏、偏颇之处在所难免,敬祈谅解,还望方家、读者不吝批评指正。

目　录

丛刊缘起 / 1

前言 / 1

序 / 1

第二版序 / 2

改版序 / 3

总　说 / 4

　序论 / 4

　历史的种类 / 12

　史学的定义 / 18

　历史的分类 / 23

史料编 / 35

　史学的材料 / 35

　史学的辅助学科 / 38

考证编 / 121

　总论 / 121

　外部的批判 / 122

　内部的批判 / 153

　史料的整理 / 184

史论编 / 186

　　总论 / 186

　　解释 / 187

　　综合 / 194

　　复活 / 196

　　史学的根本条件 / 201

　　理论史学 / 211

附　录 / 213

　　关于史学 / 213

　　历史地理是什么 / 218

　　坪井九马三先生的故去 / 221

序

　　史学研究法者，由来已久而成书甚少。英国有弗里曼氏，主张讲史先讲研究法，其论脍炙人口。继之德国有伯伦汉氏，堪称穷尽研究法者，其与法国瑟诺博司氏之祖述师说，每每在本邦人之间传诵。予虽不才，讲述史学研究法爰有数年，对于将科学的研究法应用于史学聊有心得，是以为早稻田大学而著是书，庶几与诸位研究者共登研究法之堂。

明治三十六年十月　　著者识

第二版序

　　史学是一门与人事有关的严肃科学,固不追逐时兴也不奔走于流行,唯夫人事相关,故而要论人。论人以心理为基础,虽然人有灵长、动物两面,但两者不可分离,始终相互依赖以完成工作,是以所谓精神的事业不是纯精神的,所谓物质的事业亦非纯物质的,观其显象宛如刺绣画。予之研究法着眼于对等地观察人之两面,即收集确凿的证物作为研究的钥匙,不刻意追问其精神性和物质性,而是上下求索、广泛搜集、详细调查、审慎选择,此正史学之本职。值第二版正式完成之际,拟以此为弁言。

大正二年八月　著者识

改版序

予公开史学研究法已是二十数年前,其第二版出来后又过了十数年,世人想必视这本书如独活的枯木①,京文社书肆鼓励它出第三版,如此便不是独活的枯木,而成了无何有之乡的樗树之蘖②,实是意想之外。樗树之蘖无法砍来作为木材,即便烧了也不会变成可用的木炭,但如果仅是一文不值之物,生活在这艰难世道中的人们,恐怕也不会再回顾。倘若世人之中,幸而有人没有忘记这个史学的世外乐园,愿意在这樗树树荫下小憩,沐着微风,考察古今之兴亡、国家之盛衰,评骘英杰之功绩,观察学艺之更替,窥测社会之推移,陶然神游不言间,以积累知识为乐,予自当欣喜无措。现在树干尚健全,且去除少量枯枝使嫩芽萌生,树的身姿一如既往任由自然。如蒙俞允,就让此树作为诸君春风骀荡之际游玩的指南吧。

大正十五年四月　坪井九马三

---

① 独活的枯木,此处为自谦语,"独活的大木"为日语俗语,指大而无用之人。
② 樗木之喻出自《庄子·逍遥游》:"惠子谓庄子曰:'吾有大树,人谓之樗,其大本拥肿而不中绳墨,其小枝卷曲而不中规矩,立之涂,匠者不顾。今子之言,大而无用,众所同去也。'庄子曰:'子独不见狸狌乎?卑身而伏,以候敖者;东西跳梁,不避高下,中于机辟,死于罔罟。今夫斄牛,其大若垂天之云,此能为大矣,而不能执鼠。今子有大树,患其无用,何不树之于无何有之乡,广莫之野,彷徨乎无为其侧,逍遥乎寝卧其下?不夭斤斧,物无害者,无所可用,安所困苦哉!'"

总　说

序　论

　　"史学"是一个古老的汉语词汇,在中国,它与"历代史学"即通常简化为"历史"一词的意义相同。但我们使用的"史学",较之单纯的"历史",意义更加复杂,指建立在科学研究方法之上的"史学"。

　　我们所说的"史学",正如人们通常理解的那样,是研究过去社会中的人类活动及其活动成果的学问,征集人类活动留下的各种证物进行研究。因此,证物的留存越充足,对那个时代的历史研究越精细;反之,证物的留存若极其匮乏,就难以获知详细的历史。然而证物留存得多与少,取决于种种情况,各时代的证物都不会均等地保存下来,以至于有的时代我们可以充分了解,有的时代我们却几近一无所知。这实是无可奈何之事,亦无弥补应对之法。不独史学如此,所有科学皆是。

　　如此阐述史学之性质,或有招致误解之虞。要进一步明确史学之性质,必须知道此处的人类、社会究竟是什么。

　　首先从人类开始说明。所谓人类,并非生而平等,天禀这种东西已然各不相同。但若合多数人以观之,应是大同小异。天禀固然有异,相差极大者却极为罕见。所谓优于千人、胜于万人的英杰,不论在哪一段历史都不易出现。由于人类与生俱来的识力大抵都在同等范围,通过总结这些人聚集在一起完成的工作,便可得知一个人有多少识力。非凡之人偶尔会出现,但概率极小,视作例外为宜。更进一步,如果想知道普通人的平均识力,该如何是好?大抵人在出生之初,由于生存的需要,自然而然地同猫狗一样只知进食,其余一无所知。随着渐渐长大,耳濡目染父兄及周围人的风气与习性,模仿这些人的言行。再长大一些,便开始接触其他人,开始了解他人之想法、情感。越是成长,越多接触其他人,越了解知悉那个时代的风潮。即随着成长,人会渐渐成为与同一时代一般社会中的人大同小异之人。因此,给予人躯体的是父母,养育其性情的却是社会。虽说不仅仅是社会,但首先社会是共通的要素,社会养育了人的性情。

　　人是动物之一,这是亚里士多德的定说,人是极其懦弱的动物,实际上也是非常孱弱的动物。首先,人是没有羽毛鳞介的裸虫[①],因而必须穿着衣物。热带的情况姑且不论,总之必须穿着衣物这一点就已经不如猫狗了。身体构造也比其他动物更为纤弱,稍欠注意就会感冒、受伤、染上疾病,情况稍不对劲就会死去。一夜未眠就疲倦乏力,无法做任何事,是必须常常注重养生的易死的动物,是极其孱弱的动物。这样的动物会思考各种事情,思考的来源是食物。人食用食物之后,食物经胃腑消化,变成血液、脂肪及其他各种各样的东西,运送到身体内的各个器官。正因为此,人得以活动,得以对各种事物进行思考。换言之,思考是食物流转到各个器官之后产生的,所以人的思考可以视之为食物的形态变化。哲学家称此为"自由意志",即无论事情如何都有自己的想法,无论考虑何事都不受约束。将这种思想付诸实行会如何呢?如果是野人,不会在山里林间压抑自己,想到什么便自由地实行;如果是社会形成之后生存于其间的人,则会受到社会限度的强烈束缚,其行为不得不在同时代其他人默许的范围之内,所思所想哪怕百分之一也难以自由地实现。这是基于社会组织的不得已,死了倒好,可只要在这世上活着,即使厌恶也必须服从社会的规则。因此,人的确是极其软弱的动物,这方面猫狗反倒更胜一筹,所谓人是万物之灵长,是神之权现[②],不过是虚张声势的说法。

　　所有动物都为了活着,为了延续物种而努力,人类亦为此历经种种

① 裸虫,指蹄角裸现或无毛羽鳞甲蔽体的动物,古时亦用以指人。《晋书·五行志中》:"夫裸虫人类,而人为之主。"即人乃裸虫,与万物同出自然,是动物之一种。日语"裸虫"承袭此意,指没有羽毛鳞介的生物,亦隐喻没有衣物蔽体的穷人或流浪汉。

② 权现,佛教用语,显身之意。

艰辛,所谓"有命才有一切"。人为了活着而奔走,不得不说一些违背本意的话,不得不做一些违背本意的事,这就是所谓的生存竞争,能够适应周围环境者生存,不能适应周围环境者灭亡,人必须遵从动物界这一大原则。因为人毫无疑义是动物,所以无法逃避生存竞争这一动物界的大原则。在此基础之上,社会越进步,所谓的制裁越严厉;职业越细分,人越是必须相互依赖、相互协助。在尚未发达的社会,个人能做的事还很多,因为人口较少,土地充足,一个人的活动范围相对较广;而随着社会进步,人口繁衍,(人均)土地面积渐渐减少,食物逐渐匮乏,若想要过上与从前一般的生活,就必须进行更多的劳作,于是开始分工,人与人开始相互帮助,由此形成社会。这样一来,所谓人的自由意志越来越受到束缚,最终进入所谓的国家社会主义之后,"个人"这一概念逐渐走向消解,这样的时期终将到来。因此,社会之中的人的活动,意义微小,并非我们所想的那么重大。人可从事的工作大致上是固定的,如果做多余的事,又或是说多余的话,便会越权。虽然令人遗憾,但只能被桎梏在自己的职责分内,备受约束。在进步的社会中,仅凭一己之力是无法完成工作的。所以,史学不会把重点放诸个人的活动,史学的重点是社会的活动。如果一个人可以做成一万个人无法做成之事,那么这个人自然会从历史中脱颖而出,不过这是极特殊的情形。一般而言,史学不会将重心放在作为普通个体的活动上。以上是从史学出发,对个人即人类的说明。

接下来,将对史学如何看待社会进行说明。根据目前采纳的观点,社会是指一定数量的人偶然地聚集在一定面积上共同生活的集合。社会由作为社会细胞、社会器官①的个人组成,作为社会细胞、社会器官的个人至少应当抱持维持社会、促进社会发展的希望。不抱持如此希望的人,即非社会细胞、社会器官。换言之,一个人至少必须拥有家庭,或者必须抱持将来建立家庭的想法。社会的要素是人口,社会的发展即社会细胞的繁殖,即人口的繁衍。人口减少则社会衰退,所以要维持

① 此处"社会细胞、社会器官"在 1913 年早稻田出版部的订正再版中改为"社会分子、社会机关"。日语"机关"一词源自德语"Ogran",本意为生物器官。作为法律用语的"机关",指一个或多个代表法人实体做出决定或采取行动的人;亦指国家行政的组织。文中"社会细胞""社会器官""社会分子""社会机关",与"自然人"相对,指社会中具有权利义务的"人"。

社会发展,就必须维持家庭。诸如流浪汉、乞丐等无家庭者,严格意义上来说不能将其列入社会细胞、社会器官的范畴。他们毋宁说是有害之物,与丧家犬、流浪猫无异。日本武家的崛起曾以这些流浪之徒为踏板,正如纯友之乱[①],足以揭示流浪之徒对社会的危害。

社会原本是集合动物,蜜蜂社会、蚂蚁社会、管水母[②]社会、人类社会在共同生活这一点上都是一样的,虽然各社会完全不同,但在这一点上却完全遵循同一规则。细菌在培养基里培养,很快就会繁殖,但细菌的种类不同,培养基也会不同。如果在适应性良好的培养基里培养,细菌就能旺盛繁殖。社会也正是如此,越适宜生存的地方,人口越容易繁衍;即生存阻碍最少的地方,人口繁衍最多。也就是说,在社会繁衍的过程中,组成社会的人们的识力、忍耐力、希望等发挥了重要的作用。更进一步分析,社会的发展归根于两点:人的数量与财富。人的数量若不足,劳力则不足;财富若不足,劳力亦不足;人的数量与财富都不足,则识力、忍耐力、希望等终不可得。社会的繁衍以劳力与财力为基础,在适宜生存的地方繁衍,这完全是一种动物的作用。所以社会也必须遵从生存竞争的原理,若违背此原理,最终免不了走向衰亡,社会正是如此的性质。

如此性质的社会,如果逐步发展下去,为了维持和扩张,必须采用怎样的手段和方法?人们为此冥思苦想设计种种方案。谋求社会的维持和进化的人类团体,即称之为国家。所谓国家,绝不是法律、政治的统一,也不是言论的集合,而是动物的集合。所谓社会,除去目的聊有不同,与国家一样都是动物的集合。也就是说,人人都渴望生存,无论是社会还是国家都基于这一共同点,追求其维持和进步。但是,国家与社会在面积上情况不同。社会有自己生存的境域,国家则有一个国家被认可为自己管辖区域的范围。社会并不一定以国家为基础集合,一个国家可能有多个社会,一个社会亦可能分裂为多个国家。举个比较

---

①　藤原纯友之乱,10 世纪日本武家的叛乱。藤原纯友是大宰大贰藤原良范之子,时任伊予掾,受命讨伐南海、山阳两道海贼,却反而与出没于濑户内海的海贼勾结并发动叛乱,后成为其首领,势力达到九州。因与平将门之乱在东、西国同时发生,常并称为"承平、天庆之乱",被视为律令国家崩坏、地方武士抬头的象征事件。

②　管水母(Siphonophorae),水螅虫纲的一目,并非单体动物,而是无数微小个体合体组成的群落。

近的例子：欧洲整体是一个社会，却分为多个国家；印度是多个社会，却组成了一个国家；中国恐怕也接近于此。人类便是这样建立了社会、国家。社会、国家既然都是人类这一动物的集合体，理之当然要遵从生存竞争的原则，适者生存，逆者灭亡。

这样的社会、国家，如果想要维持和扩张，一定要携手史学。如前所述人类是社会、国家的元素，作为元素的人类生命实在短暂，欧洲人一生约有三十三年，中国人一生约有三十年，日本人尚未统计，大致与此相近。生命如此短暂，意味着所谓的一家之长经常"新陈代谢"，所谓社会、国家的细胞、器官，也经常新陈代谢；动物的无数细胞不断地新陈代谢，人类社会、国家也是如此。正因为新陈代谢如此频繁，如果不设法将这个社会的人的活动传述至后世，那么后来者便无法知晓社会、国家如何维持，又如何扩张，无法以之为参考。于是，在古代社会中，记录出现了。

记录不只局限于社会，有关于国家的记录，也有关于个人的记录，总之在先进的社会里，记录通常以书籍的形式保存下来。太古时代自然没有记录，那时记载在后世记录中的事，有的是由前人向后人口耳相传的，也有的根据情况建造了巨大的建筑物，即所谓的纪念物。但这远远不够，所以不知从何时起，文书出现了。亚述、巴比伦那些古代大型建筑物里已经出现了铭文，这已经是文书，是记录了。埃及、波斯的大殿堂、摩崖之碑也有记录，这些都是纪念物，上面记述了王的系谱、王如何建立国家的过程。从口耳相传到文书记录的转变方式，因国而异。日本古代有"语部"①，语句经口耳相传，反复背诵，最后变成书籍的形式残留下来，《古事记》便是如此。但《古事记》只停留在皇室的系谱，并没有详细记载皇室的事业功绩。如应神天皇时，日本人曾到朝鲜大展宏图，已有相关的确实证据，但这些事迹只是简单流传，无疑是政府认为没有传承的必要，因而缺乏详细的记述。在古罗马，历代执政官的任

① 语部，以口述神话、历史、传说为职掌，在日本尚未输入汉字之前，即作为品部之一而存在；有文字记之后，仍然作为讲述古代王权传承并在宫廷仪式上演奏的专门品部保留下来。部即部民，品部即古代日本由伴造等豪族管理，以各种特定职能向朝廷（大和政权）进贡、服务的集团总称。大化改新以前，品部直属大化王权和大王家，大化改新之后，品部一部分被废止，剩下的被重组之后隶属于官司。

命书，以及对国家有莫大功劳的将军蒙赐凯旋式的凯旋日期，这些被当时的罗马政府，即当时的罗马国家记录了下来。尽管这些公元前的白色大理石板上的刻录之物大部分已经缺损，但仍流传至今，因为这正是罗马国家记述下来，并想要传之后世之物。中国有所谓的正史，每当朝代更替，各朝政府便会亲自编撰前朝历史，于是出现了所谓的二十几史，直至明朝。这是政府为了传承而完成的记述，与日本、罗马等的做法不同，记述非常详细。也就是说，这些是国家认为应该传之后世的事，纵有粗略周密之别，但都是国家认为有必要记述的事，即将如何维持国家、扩张国家的先例传予后世。这是史学产生的原因之一。

上述是国家视角所见的重要事迹，此外还有国民视角所见的重要事迹，如国民集聚一起做的事、国民的功迹等，这是史学产生的另一个原因。欧洲古代留下了一些韵文，如荷马的诗，古罗马的历史至今仍然鲜活，正因为这些历史变成了韵文，古人的功绩由此脍炙人口。其他国家也是如此，韵文较之散文更易于流传，不唯事迹有趣，文笔也有趣，早期历史大多写成了韵文，以散文形式流传是在那之后的事情。希腊（委实不想称之为ギリシア，ギリシア是英国人将拉丁语的 Graecia 讹传为グリィシア后，又讹传为ギリシア，即经历了双重讹传。毋宁称之为 Hellas，但是为了避免引起困扰，此处不得已暂用ギリシア。中国已使用希腊即 Hellas，吾等迟早亦应改变称呼）①的希罗多德等人便如是。希腊在与波斯的交战中大获全胜，为记述自己和希腊人民的喜悦之情，希罗多德开始写作，幸运的是他曾游历各地，于是结合走访的经验最终完成了那本著名的《历史》。不过，这本名著原本是作为评书的底本，希罗多德以评书底本的形式写成了这本书，站在十字街头宣讲，深受群众的喜爱。为了将这些国民认为重要的事迹传播开来，史学也从这个方面发展起来，中国将之称为与正史相对的野史。以上述正史与野史为种子而萌芽出来的东西，即我们现在所谓的史学。

---

① 日语中ギリシア既标记英语 Greece，也标记葡萄牙语 Grécia，为避免误读，此处保留原文。坪井主张ギリシア来自英国人的讹写，与一般观点存在出入。今天日语中希腊一词有两种标记方法：ギリシャ和ギリシア。一般认为，ギリシャ或ギリシア是受葡萄牙传教士影响，源自葡萄牙语 Grécia，古代写作"ゲレシア"，明治以后改为"ギリシャ"。日本官方即国会制定法、外务省以及希腊驻日大使馆的网站上标记为ギリシャ，学术科研中则更多标记为ギリシア。

综上所述,各国史学均发端极早,国家越古老,历史越悠久。但各地情况不同,有的政府对此漠不关心,如俄国,政府自己不以为意,国民却想方设法地把历史传承下来。俄国自古就流传着民间编撰的记录,历两三百年就有人记录,再之后又由他人延续这一形式,于是自古代开始,记录便连绵不断地被保存下来,这些成为俄国史的骨架,其间没有任何类似正史的记录,像俄国这样的类型也是有的。不管怎样,从很久之前开始,古代国家就有了历史,不过仅是记录何年何月发生何事,严格来说虽然是历史,但还未形成史学,换言之,不是通过科学的研究方法,不是经过详细调查后撰写的作品,只是模仿所见所闻,好似鹦鹉学舌般的记述。

作为史家,必须进一步进行学术性的调查,然而在任何国家,经过调查而记述的历史都少之又少。如德国的历史,有经学术调查而写成的,但并非所有德国史都是如此;至于法国、英国,学术调查之风方兴未艾。因此,要达到史学的目的仍然路途遥远,史学还远不能被称为优秀的学科,目前还处于研究的初步阶段。今后还需要多长时间才能成为一门完善的学科,尚难以断言。

那么,现在已经到了讲史学研究方法的时候了,史学研究大抵应该如何? 首先,科学的调查是必要的。

所谓科学调查,应该怎么做? 由人类建立的名为"社会"之物,从古至今,作为动物体而生存着。作为社会细胞、社会器官的人类新陈代谢、生死不息,社会这一动物体亦往昔今昔赓续不已,随着时势变迁而不断变化,过去也好,现在也罢,都作为一种顺应事态变化的动物体生存着。接受这种变化,可称为社会事物的更替,或称为适应周围的情况,也就是说,这是社会或国家的活力。不管遇到怎样困难的变动,也能努力地去适应,之所以是动物体便在于此,社会、国家的活力也以这样的方式呈现出来。罗马共和国时期,危机环伺,九死一生是常态,但国家却顺利地存续下来,不仅如此,还建立了一个把当时人们已知世界统一起来的大帝国,这应当视作国民精神即国家活力非常强大的例子。此外,虽然规模不能相提并论,但这样的例子日本也有。日本过去经历了种种艰辛,但国家活力之强让人引以为豪。不幸的是在江户幕府三百年间活力变弱了，除此之外的时期，日本的活力、国民的精神都是强劲的。要了解国民的精神、国家社会的活力，必须知晓这个国家社会繁衍的土地，土地至关重要；也必须知晓在这土地上繁衍的国民，其品性究竟如何。对此，研究方法是将社会作为实物进行研究，将社会之中的人即动物体作为实物进行研究。譬如要从科学的角度来研究日本历史，首先必须将日本社会本身作为实物进行研究，研究组成日本社会的个人即社会细胞的性情。然而，人在社会之中奔走、交际，却不甚清楚自己作为社会的一个器官的事实，犹如鞭打着膝栗毛①去调查地理，无法做到应知尽知。但若前往英国、法国等其他国家，再反观日本，就能看得十分清楚。正好比登上高山后，山下的地理便一览无余；又如在学术中，距离人类最远的天体研究最客观准确。如果对现在的社会有一个大概的了解，以此为基础进行推断，现在社会的周围情况是如此面貌，那么，距今二百年前的社会的周围情况定会有所不同，如何不同？那时的社会正在经历什么样的运动？以明若观火的现代社会的周围情况为基础，观察以前的社会，即可比照两者之间的差异。不过仔细调查就会发现，从根本上看，没有变化的情况居多，这大抵就是社会、国家的本质本性。即是说，这是构成社会和国家的人的根本性质。时易世变，周围的环境一点点地改变着面貌，但总而言之，只能通过观察现在的社会，以之追溯过往的社会，除此之外别无他法。正如地质学者知道今天地壳上的风、水、空气是如何作用的，以之推理古代的地层一样，我认为这也是今天的史家应该采用的研究方法，恐怕没有比这更好的方法了。对于今日其他学问而言，亦是同理。

　　故请允许我再次重申，史学这一学问，首先要将现在社会的状态、人情等作为实物进行研究，以此为基础追溯过往，对国家、社会进行各种调查。

　　当然史学有其专业的目的，为了达成此目的，必须擦亮眼睛，明察秋毫，敞开胸襟地观察，若是戴着感情、理想等有色眼镜则毫无益处。终归只能将人类作为动物来观察，所谓万物之灵长、神之权现等，不过

①　膝栗毛，出自江户时期通俗小说家十返舍一九(1765—1831)的滑稽本《东海道中膝栗毛》(亦译作《东海道徒步旅行记》)，比喻人以自己的膝盖为马，徒步旅行。

是人类的理想。理想的人物自古以来寥若晨星，其余人类都只能视作动物。摘下理想的眼镜，作为动物的人类所形成的社会、作为实物的人类活动，将此作为实物进行研究是史学的本职。因此，在史学上，可以说何种事业有助于推进社会的发展，但从理想上、道德上去评价该项事业的好、坏、贵、贱，则不是史家该说的话。我反反复复想要提醒的是，史学只是实物的研究，牢记实物这一概念方可进入史学研究。作为序论，先谈到这里。虽然有难以理解的地方，但在不断讨论的过程中，渐渐地便会明白了吧。

历 史 的 种 类

从古至今，纵观各国历史书，大概可分为三种。第一种是物语，第二种是镜，第三种是史学。接下来对这三种历史分别进行大致的说明。

第一种是物语①。不管在哪个国家，物语都是最早出现的历史体裁。其中最古老的是韵文，散文紧随其后出现。希腊很久之前就有物语，它是韵文的形式，荷马及赫西俄德等人的韵文便是此类，叙述了希腊人最古老时代的事迹。如《序论》所说，这是源自一国国民想听其自身过去所成就的事业，即较之个人，更想听到的是每个人的祖先所成就的事业，听了之后又想将之传遗子孙，以作日后参考的经验。其中包含了两个目的：一、说给自己听；二、传之后世以作模范，所谓模范就是先例。这里的物语出现在极古老的时代，因此无论在哪，都有许多神奇荒诞之事，从今日科学的角度来看令人难以置信。这些事迹是以当时的智识水平写下来的内容，读者如果不能设身处地揣摩那个时代的想法，就难以得知其中真意。荷马、赫西俄德等人的物语是哪个时代的，的确不清楚，甚至荷马等人是否真实存在也难以获知，大致有公元前 9 世纪左右一说，也有观点认为在更久之前。另外，日本以前有语部，将国家认为必须教养的东西作成文章，虽然是"散文"，却是用强烈语调作成

---

① 物语，意即故事、小说、杂谈。日本的一种文学体裁，由口头传唱发展为文学记叙，用散文或韵文叙述人或事件的一部分始末。英文译为 Narrative 或 Story，近代以后的文学理论倾向于将其理解为故事，重视其"叙事""讲述"的特点。

的"散文",通过强烈的语调传达。不知这是从何时开始的,但一直到天武天皇时都是口耳相传而非写成文字,最初使用文字记述成文的是《古事记》①,这当然属于物语。又如德意志种族有一部著名的史诗长篇《尼伯龙根》②,其出现虽然是相对后来的事,但歌中的故事却是极久远之前的事迹,这是有名的韵文长篇,是中世纪德语作品中最古老的长篇。像这样在各个地方都有的相当于后世历史的物语,在太古时代就已经出现了,但一直到古希腊的希罗多德才第一次编写散文形式的长篇历史。散文记述了那支与波斯人九死一生对决的军队——总称希腊人(Hellenes),即希腊所有种族都自觉归属于同一种族,基于此不仅保全了国家,还击败并驱逐了敌人。这场胜利是希腊人令人惊叹的伟业,为了传播此伟业,希罗多德创作了那个物语,在街头宣讲,使国民为之欢欣鼓舞。这就成为最初的所谓历史的基础,希罗多德也因此被称为历史学家的鼻祖。

希腊人所使用的"Historia"随后在欧洲各国稍经变形而流传开来。它包含了各种各样的意思,意义非常广泛:既指研究、探索、调查、再次调查、经验、知识;也指学术、历史、物语;还指记事。大抵是指用文章写成的记事,对事件的本来面目进行调查,如果再深入一步,则包含学术、知识、经验等意。必须感谢希腊人将种种美妙的意义赋予这个词,因此使用这个词来表述今日的"历史",也没有任何不妥。但在这个词出现的时代,还是称"物语"更为准确,原因可以参见希罗多德编写《历史》的方法。希罗多德四处旅行,聆听当地人的故事,不加以深入了解,也不追究调查,就这样记述下来,同时,也不特地去请教征询他人,仅按照自己个人的鉴定、考察记录下来,这与我们今日所说的史学大不相同,按其性质只能称为物语。日本也有各种各样的物语,但一不小心

① 《古事记》,日本现存最古老的历史书。据其序,由诵习《本辞》《帝纪》的女官稗田阿礼讲述,元明天皇敕令太安万侣编纂,太安加以撰写整理后,712年成书。全书分为上、中、下三卷,记述自天地开阖至推古天皇时期的历史。现在留存下来的都是抄本,原本已佚。近世以降,围绕同时代官修史书中没有提及《古事记》、序文不合理等疑问,伪书之说甚嚣尘上。

② 《尼伯龙根》(The Nibelungenlied),是写作于1200年左右的中古高地德语史诗,它的匿名诗人很可能来自帕绍地区(Passau)。史诗以口头传统为基础,内容源于5、6世纪的人物和历史事件。与古斯堪的纳维亚语的英雄史诗有相似之处,尤其是《沃尔松格传说》(The Völsunga saga)、《诗意的埃达》(The Poetic Edda)。

就会误会是《源氏物语》《竹取物语》这样的小说。此处所谓物语并非如此，而是历史的一种，《荣华物语》①《平家物语》②就是极佳的例子。书中所写的有近似小说的部分，也有作者的臆断言论，并非是深入的研究或是把从四面八方调查到的结果写下来，而是将别人所说，或是将自己认为的事写下来，这样写作的就是物语。读一读个中佳作，的确有写得好的、可靠的，反之不好的几乎与历史小说无异。不过，这也是作为物语无可奈何之事。欧洲的古代历史也是如此，俄国涅斯托尔的物语③、尼康的物语④等大约写的是 11 世纪左右的事。涅斯托尔的物语在其停笔之后，后人又加以续写。这样的作品称为 Chronicle，直译便是"年代记"，在法国、英国、德国乃至其他欧洲国家都有。这些均是物语，无不显示出前述之物语本色。

　　物语的形态略微改变，并与政府编纂有关者，通常称为实录或者记录。日本也好其他国家也好，古时称作实录，但称为记录也很久远。由政府专门设置笔史记述，记述的学问称为纪录学。在西方，虽然没有设置官吏，但民间进行着记述的工作。不过，政府撰写还是民间撰写都不要紧，若是政府撰写，只写政府应该写的内容，若是民间撰写，则范围更广一些，但内容大致相同，所以是谁撰写都无妨。这些都应该称为 Chronicle。以上是关于第一种历史的大致说明。

---

① 《荣华物语》，又名《荣花物语》，是日本平安时代的第一部历史物语，记述了自宇多天皇至堀河天皇 15 代约 200 年间的历史。作者不详，一说正编 30 卷作者是赤染卫门，续篇 10 卷作者是出羽弁及周防内侍等多位女性。体例为编年体，采用当时被称为"女手"的假名书写，初次将历史与文学结合起来，为后来被称为"镜物"的一系列历史物语奠定了基础。

② 《平家物语》，镰仓时期的军记物语，描写了平家的荣华与没落，以及武士阶级的崛起。成书时间不详，据藤原定家《兵范记》及相关文献，应当是在 1309 年之前。作者亦说法不一，吉田兼好《徒然草》中称是信浓前司行长所作，又经名为"生佛"的盲僧传唱。

③ 涅斯托尔，12 世纪俄国基辅佩切尔斯基修道院僧侣，学者。《往年纪事》是俄国现存最早的编年史之一，记述了从传说时代至 12 世纪初东斯拉夫人与古罗斯国的历史。是书第一版由涅斯托尔编写到 1110 年；第二版经维杜比茨修道院院长西尔韦斯特尔修订，续写到 1116 年，第三版由基辅佩切拉修道院再次修订，写至 1118 年。该书原文已经散佚，现存版本是从 14、15 世纪的编年史中辑佚而来。

④ 尼康·韦里基，俄国中世纪基辅、佩切尔斯基修道院的僧侣。近世学者认为《往年记事》是在比它更早的一些编年史汇集的基础上编订而成，可追溯到 1037 年基辅王公雅罗斯拉夫在位时编纂的最古老的编年史汇集。尼康将此汇集续编到 1073 年，即《基辅佩切尔斯基寺院编年史》。

　　其次是第二种的镜①。这是在西方中世纪以后发展起来的历史，其渊源可追溯到罗马时代。罗马帝国初期希腊人波利比乌斯写的希腊文历史，或塔西佗的记录等，可视为其源头。在中国，《尚书》二典三谟②之类，显然是编撰物，但却是这类历史的渊源。孔子的《春秋》自不待言也是这种，但并不纯粹，一部分属于第一种物语。当然不光鲁国有《春秋》，其他各国亦有，但今天都已亡佚，独存鲁国《春秋》，这些书都只能归到第一种，只有孔子的《春秋》我认为跨到了第二种。在欧洲，这种历史直至中世纪才兴起，渊源却相当久远，通常认为波利比乌斯开启了这种历史，这在希腊语中被称为 Pragmatic history，是波利比乌斯③创造的词语。这种历史本着惩恶劝善、兴利除害的考虑而写，尤其是为主宰一国政治的君主或那些宰辅之人提供古代政治实例的知识与经验，譬如治国当如何、治民该如何，是为了训诫而写下的历史。不过孔子的《春秋》并不局限于后世所谓劝善惩恶的意旨。将这种历史一概视作劝善惩恶，似乎是日本的做法，不过这也是近二百年左右的事情，最初是朱子学派的人提出的主张，但创始人朱子似乎没有这种说法，不得不说是失之偏颇的极不恰当的误解。这种历史如实记述事实，不枉笔，不附会修饰，因而使做了坏事的人害怕，使做了好事的人安心，此即“乱臣贼子惧”之所以然，所以即使是并非特别渲染劝善惩恶的作品，乱臣贼子也会自发地胆寒颤栗。波利比乌斯等人也不是写坏事则穷尽溢恶之词，写好事则极尽赞誉之语，并非本着这样的精神来写史，但文章即便不是蓄意而写，也能自然地呈现出劝善惩恶的效果。孔子《春秋》行文简单，公羊、穀梁、左氏等人因觉其意义不够明确，作《传》阐释其微言大义。孔子是否确如其说抱持那样的想法写下《春秋》，颇值怀疑。《公羊

① 平安后期出现的历史物语，称为镜或镜物，也称鉴。以平安末期至室町前期的《大镜》《今镜》《水镜》《增镜》合称的“四镜”为代表，取自“清楚地反映历史的镜子”之意，指根据实际历史写作的故事风格。总体呈现出与平安时代的女性文学不同的特征，体现贵族男性的世界观，如《荣华物语》中更多侧重婚姻、情感的内容，《大镜》中则更多描摹政治权力之争。后期代表作品有镰仓时期的《吾妻镜》（又称《东鉴》）、江户时代的《后鉴》。
② 二典三谟，指《尚书》中《尧典》《舜典》两篇，及《大禹谟》《皋陶谟》《益谟》三篇。
③ 波利比乌斯（Polybius），公元前 2 世纪的希腊政治家、历史学家，其著作《历史》以罗马史为中心，记述了第一次布匿战争至公元前 146 年的历史，提出了政体循环论及“致用史学（Pragmatic history）”的概念。Pragmatic 是希腊语 πραγματικός，源自 πράγμα（pragma），“行为、行动”之意，又源自动词 πράσσω（prassō），“去做，去实践，去实现”之意。致用史学认为历史应该是示范性的，为政治家提供借鉴，历史学家应该是实用主义者。

传《穀梁传》文章极为简明，与孔子思想出入不大，《左传》则极具小说风格，与孔子本意相去甚远。

这种历史作品流传至后世，中国称为鉴。其中最脍炙人口的是宋代司马光的《资治通鉴》，此书被奉为君主、皇帝治世的参考书，即皇帝的教科书。所有鉴都可以被视作皇帝的教科书，只记述必须知晓的治国之方，其余内容被大幅删减，并不是什么历史事实都记录，与纯粹的物语大相径庭。无论自己国家的事情还是其他国家的事情，什么都写一点的则是物语。后崇光院《看闻日记》①，众所周知是后花园院的父亲伏见宫的日记，伏见宫隐居之时绰有余暇，于是有了这部大部头的作品。如果想知道室町初期的事情，非读此书不可。这部日记将其耳目所及全都记述下来，尽显物语之本色。鉴则完全不同，只记述君主应当知晓的事情，《资治通鉴》即是。

抛开这个例子，以镜为名的作品不在少数。《大镜》《水镜》《增镜》，幕府的《吾妻镜》②，再后来的作品《后鉴》③等，这些历史的写作，意欲向后人传授知识、经验，从一开始就没有网罗社会方方面面内容的意图。因此，不能直接视作真正的历史。今天称为教科书的都属于这一种，小学教科书仅仅写到小学生能懂的程度；中学教科书则稍稍复杂一些，但仍然没有写出什么高水平的内容。好比文部省出台的以供参考的教学细目，也只列举了适合中学生水平的事项，此即是镜的宗旨，故教科书属于这一种。教科书上所写的是历史事实的一部分，除此之外还有很

---

① 《看闻日记》，伏见宫贞成亲王（后崇光院，1372—1456）的日记，也被称为《看闻御记》。由日记41卷、御幸记1卷、别记1卷、目录1卷构成，共44卷。一部分佚失，现存的是从应永二十三年（1416）到文安五年（1448）33年间的部分。贞成亲王是后花园天皇的亲生父亲，日记记载了将军足利义教时代的幕政、世态，是了解室町时期政治史乃至文化史的重要史料。

② 《吾妻镜》，镰仓幕府的官修编年体史书，原书名不详，室町时代称《吾妻镜》，江户时代又称《东鉴》。由六代将军记构成，使用变体汉文的日记风格记述了镰仓幕府第一代将军源赖朝到第六代将军宗尊亲王，从治承四年（1180）到文永三年（1266）的幕府事迹。成书时间在镰仓时代末期约1300年，由幕府中枢多人编写而成。编纂的参考文献以大江氏、三善氏、二阶堂氏的记录、日记为中心，包括北条氏诸家和御家人的家传，以及《明月记》等公家日记和古文书，是日本武家政权的第一个记录。清末翁广平得此"海外奇书"，参考日本国史数十种，1814年补述成《吾妻镜补》三十卷。

③ 《后鉴》，江户时代编纂的室町幕府15代的史书。室町幕府由于长期政局动荡，没有编写完整的史书。江户幕府自诩为正统的武家政权，为了对抗当时兴起的尊王论，强调武家政权的正统性，编纂是书。由侍奉幕府的儒学者成岛良让执笔，以将军记为形式，模仿《吾妻镜》的日记风格，嘉永六年（1853）完成。描写了从镰仓幕府灭亡前夜的元弘元年（1331）到室町幕府最后的将军足利义昭去世的庆长二年（1597）的历史。

多重要的历史,只因读者无法理解,便假定即便写了也无用而删减了。这种历史今天仍然存在,即如所述,作为教育之用,为了在学校向学生传授知识,今后也将长时间地存在下去。

　　第三种是百年以来,更严格地说,是近五十年发展起来的我们所谓的史学。用德语来说是 Geschehen、Geschichte,德语之外尚无贴切的词汇,故使用了德语,我们称为"史学"。即按照科学的研究方针进行调查研究,根据其结果而建立的历史。为何过去这种历史并不发达?因为所谓的历史事实,指过去社会中发生的一切事项,研究这些内容需要十分精细的学术方法,古人对此茫然无知。首先,古人就不知道社会这个概念。

　　例如孔子向曾子传授孝为何物时,孔子曰:"身体发肤,受之父母,不敢毁伤,孝之始也。"诚如所言,身体乃父母所赐,伤害己身便是对父母不利。故理所必然,无论什么孝,都必须从这里开始。孔子继之曰:"立身行道,扬名于后世,以显父母,孝之终也。"立身行道是指,坚持自己心中信念,践行于事业,若能因此扬名,彰显父母之名,那就是孝之终吧。从表面来看,这是以一个人、仅只一个人为基础的教谕,只在"孝之终"这一点上才稍稍言及"立足于社会的人"。但是,仔细玩味便知其真意并非如此。孝之初教予小学生要有恰如其分的教义,孝之终这一方,则是社会之中的人必须接受来自四面八方的制裁,不得不在制裁之下立足,自己所想的哪怕百分之一也难以实现,每虑及此,就牢骚满腹抱怨不休,萌生死意。而孔子所谓孝之终的意义正在于此,要将自己的声名扬于后世,则必须珍视自己的身体,不能有轻生的想法,所谓勇往直前,踏社会之狂澜,深潜其中,才是人应该采取的方针。以后来者之见,这才是孔子话语里的真意。立身行道,只有身处社会之中才有意义,倘若入山成仙就无法立身行道;扬名后世也是,必须生存于社会之中才有可能,在山中则无法达成;以显父母云云同理,不仅仅是自身,还要让父母之名为人所知,也必须在社会之中才能扬名。所以所谓孝之终云云的说法,确实是以人立于社会作为基础来讨论的。与其说身体发肤受之父母,教导人珍视于此,不如说是教导人更长久地在社会之中生存下去。但是,"生活在社会之中的人"等内容表面上没有明确的记载,说明孔子的头脑里还没有我们今日所说的"社会"这一概念。不惟孔子,一般古人的头脑里,也没有"社会"这一概念。一般古人的头脑里,只知自己的国家、国民。希腊人完全漠视其他国家的人,说到人便只是希腊人。罗马人、俄国人、凯尔特种族、德意志种族、今日的中国人、蒙古人、印度人,无论哪个地方的国民都是如此。日本人亦然,不久之前依然如此,即使今日,也可能有人这样认为。中国人"傲慢地"自称为中华,但是从古人的头脑来看,一点儿也不傲慢,这对古人而言是理所当然的。中国人之所以思想迂阔,在与其他国民接触后,仍然维持原本的说法拒绝改变,是因为中国人在与其他国民接触后,没有致力于去思考自己作为一个人、作为细胞之社会是怎样的。

要想充分了解一个社会,比较研究是必须的,有比较则有自觉,不去比较就不可能了解社会。人是万物之灵长、神之权现,正因为有这样的想法,挟持独一无二的优越感而耀武扬威,人才会看不见足下。人类是动物界的一员,是上等动物,但也必须承认人是一种群居生存的动物。必须设法思考和研究,如果拥有与其他高等动物一样的身体,具有相同的生理作用,人是如何组成社会?社会又如何形成国家?其国民的活力、精神是怎样的?如何产生、出现,如何维持、增长?思考并回答上述问题,在我们今日所处的社会中,在相关观念发达之后,Geschehen、Geschichte 就顺理成章地出现了。

查尔斯·达尔文在四面八方的攻击之中毅然鼓吹人的由来,在那之后,社会这一对象才得以被科学地研究,这是距今不久的事情。因此,过去想要写出 Geschehen、Geschichte 也写不出来,既没有写作的资格,亦缺乏进步的思想,充其量只能达到第二种的镜。再往上,则无论如何也无法企及。今日我们有幸能够进入第三种,然而即使当下各门科学和史学都在不断进步,但就目前的程度而言,不得不说史学还极其稚嫩。总之,首先希望大家记住,第三种的史学就是如此。

史 学 的 定 义

关于史学是一门怎样的学问,虽然《序论》部分已经说过,但是为了慎重起见，我将根据我们所采用的定义，再进一步说明。

史学是研究作为社会细胞的人的活动及其发展的科学。

这是我们采用的史学定义，定义非常晦涩，下面大致说明相关词汇。

第一，要说明"作为社会的细胞"这一句话。这已事先在《序论》里说过，如果进一步说明的话，人要成为史学的研究对象，必须作为社会的细胞器官在社会中生存。即不在社会之中的人，或是在社会中却不作为细胞器官而活动的人，都不能成为史学的研究对象。不在社会中的人，即是野蛮人，其家族聚集在山里林间等地，杂乱而居，这样如同猩猩或是狒狒一般的生活，当然不是史学的研究对象。另外，在社会之中又不是细胞器官的人是怎样的存在，也有必要进行说明。所谓人就是为了社会共同体而担负着某种任务，尽力完成那个任务而生存着。固然存在自觉与不自觉的差异，但无论如何，都是承担着某种任务而生存着。正因为社会的细胞器官各自承担着各种各样的任务，同心协力地将社会维持下去，名为"社会"的集合动物才能生存。然而，任何社会中都有不承担任务的人，不管是古代的还是现代的，未开放的抑或非常先进的，这是任何一个社会都存在的共通现象。

首先是儿童，这是还不能作为细胞器官承担任务的幼小动物，由所谓的父兄代为承担相应的任务，为了有一天孩子能承担社会任务而不辞辛苦。这些孩子在成长过程中的利害得失，也由父兄作为代理人代为权衡。因为是幼小的动物，这是无可奈何之事。

其次是年迈的老人，身体不能灵活地活动，五官也不十分灵敏，因为衰老而不能承担任务。他们在过去的时代中作为社会的细胞器官而活动，如今已不能再胜任相应的任务。这样的话，与完全死了的细胞器官无异，这些任务由其子孙来承担。这也是无可奈何之事。

此外，人们没有注意到的，还有为数不少的社会的非细胞存在，这其中有两类。第一类是社会的危害物；第二类对社会既没有明显的害处，也没有丝毫的益处，间接地说，这也是一种危害物。这两类人，首先是各种类的犯人，恶棍无赖、乞丐、不良少年等；其次，间接成为社会危害物的，是俗语所谓手持左团扇①而隐居的人，或是山林里埋匿痕迹自

①　左团扇，即左手使用团扇，源自江户时代的俗语，比喻生活轻松、悠闲，也指隐居的身份。

称隐士的人，又或是出家人。这些人数量众多，都是社会的非细胞。除去以上所说的各种直接间接的社会危害物，余下就是完全健全的人，或每天各自承担相应的任务而努力工作，或聚集起来一起竭尽全力维持社会，这一部分健全的人，就是我所说的社会的细胞。

第二，接下来说明人的"活动"。人类正如所说的那样，有人自觉地活动，也有人是在不知不觉中为了社会而竭尽全力。如果接受了中等教育水平以上的教育，人就会有自己的意识，但在此教育程度以下的社会底层，则几乎很难做到自觉。尽管如此，这些无意识地为社会效力的人们，实际上做出了巨大的社会贡献。其贡献的分量，比起那些自觉地活动的人，我想反而更为重大。受教育者，无论在哪个时代哪个国家都只占少数，不是相对的少数，而是异常显著的少数。教育的程度越少越低，具备自觉意识活动的人数就越少，换言之，无论哪个时代哪个国家，都是数量最多的国民毫无自觉地为了社会、为了国家尽心劳作，他们自身缺乏自觉，他们只以为自己是为了自己而日夜忙碌辛劳。仔细思量，实是可怜的境遇。

作为社会细胞、器官的人，其活动方式与他们在社会中的身份一样判然有别。但是，评价人们活动的好、坏、贵、贱，属于伦理学的标准，超出了史学的认知。不能根据呈现出来的痕迹大小来衡量、评判其活动，若痕迹不显就认为其活动渺小，反之痕迹彰彰就以为其活动伟大，那就好比肉眼望见月亮就判断月亮很大，肉眼看不见海王星就判断它很小一样，是错误的判断。史学只讲述人的活动对社会、对国家产生了怎样的影响，具有怎样的效力，除此之外的事则超越了史家的范围。

简言之，在史家的眼中，既没有神也没有魔。史家眼中只有一个实体，即作为社会的细胞器官而活动的动物实体，在此之上或之下的东西都看不到。以上就是对所谓人的活动的说明。

第三，我想说明一下"发展"的意义。这是事物基于自身内部蕴含的一种力量，自我生长、发展，渐渐变换为各种形态。历史书中经常出现的沿革、变迁、推移等一类的词语，都是发展的其中一种。对史学而言，必须把发展放置到最重要的位置。

所谓发展，必须朝着什么方向发展？必须遵循怎样的原则？因何种契机而起？其发展的渊源是什么？如此种种，不是史学所能参与的事，当让位于其他学问。换言之，无论怎样的变迁，无论怎样的发展，从史学的角度来看，只有发展本身是实际，如此足矣，不必解释为何是这样的发展。根据情况，无论是社会还是国家都有走向衰败、最终灭亡的倾向吧，从微不可察的贫弱开始，直至影响世界的巨大变迁，包含这一切的，就是我们这里所说的发展。

正因为如此，"发展"是史学研究对象的重点，如果没有"发展"，就不能成为史学的研究对象。譬如说，这里有一个社会，虽然幼稚但是形态完整，如果因为种种原因，这个社会处于停滞的状态没有一点发展，那么，它就不能成为史学的研究对象。这里又有一个国家，既然已经是一个国家，必然设立了必需的国家机关，它的社会相当先进，但是这个社会数百年间也处于停滞的状态，那它也不能成为史学的研究对象。反过来说，小国家幼稚的社会亦是同理。当然，作为史学的研究对象，必须要处理的问题很多，无论文化是否先进，社会是否进步，不管国家强大也好贫弱也罢，这些都不是史学的问题，唯有发展与否是史学的着眼点。

要而言之，史学是以社会变化的状态为研究对象，停滞的状态不能成为史学的对象，以国家来说，道理也是一样的。

定义的说明至此告一段落。在以往的史学中这个定义是行不通的。近一点的例子来说，欧洲人过去讲授的史学，就不符合这个定义。要说为什么的话，正如有着优秀的社会、建造了庞大国家、引起了世界震动的蒙古人，不是史学的对象，反而成为人类学的实例。又如当时有着相当完备的社会组织，建立了强大国家的美洲印加国民或阿兹特克国民，诸如此类，皆未被视作史学研究的对象。另外，如亚述、巴比伦尼亚、埃及的国民，不能说他们不是史学研究的对象，但欧洲的史家们对其意兴索然，几乎只有历史考古学才视之为有价值的课题。也就是说，欧洲史家认为，欧洲以外没有历史，欧洲作为一个整体，有着自己完整的独立的历史——从希腊到罗马、从罗马到当下的连绵一贯的历史。只研究欧洲历史，这是欧洲史家自古以来的惯例。

欧洲人这样想也是有道理的，现在欧洲实际上组成了一个社会，这个社会中有着众多国家,国家之间相互关系非常亲密。如果只读过中国历史,几乎无法想象这样的亲密。如果某个村子发生了什么事,每每对整个欧洲都有影响。仅仅因为在国境上甲取乙或是乙取甲之一村半村就会引发大的混乱。即使是这么小的事情也攸关全体欧洲的利害,的确是让人深感惊讶的关系。说起来欧洲各国又处于一个不合理的撕裂的状态,如果是天然地形成一个社会,那应该自然地缠绕在一起;但如果是以故意的人工的方式促成,就会像撕裂生木般地裂开,因此,形成了欧洲这样的显著现象。

在欧洲之中,存在两个系统,一个承继自西罗马系统,一个承继自东罗马系统。从德国、奥地利国境开始以西的西罗马系统中,全都是大同小异的国家;俄国、巴尔干半岛诸国、希腊则受东罗马系影响,是另外一种固有风格,是与西边诸国迥然相异的风格。因此,在过去的时代,对俄国和欧洲来说,或是对土耳其与其他国家来说,并不存在把"我们"视作伙伴书写共同历史的倾向,而是存在不把"我们"视为伙伴来书写历史的倾向。时至今日,东罗马系统与西罗马系统在社会组织上仍然大不相同。

虽然欧洲实际上存在这两个系统,二者之间存有一定差异,但如果要写几个国家的共同历史,没有比欧洲历史更完整的了。欧洲历史毋庸置疑可以作为有机体历史,其他大陆作为有机体的历史则无法想象。但以国家而言,一个国家的历史也可以作为有机体历史。如果以中国、印度等作为有机体,算是程度比较低的有机体历史。日本相对于欧洲,是缩小标准之后的极小有机体,因为很早之前就开始发展,已经形成了国家的形态。作为小的有机体的历史,以日本为对象应当可以写出优秀的历史。

今日我们试图要写东洋整体的有机体历史,但写不出来的原因即在于此,正是因为产生了东洋历史能不能作为有机体历史的疑问。

相反地,南洋的爪哇、澳大利亚、非洲的埃塞俄比亚、日本的虾夷即阿依努等,史家早已弃置一旁。虽然只有人类学家关注,但从实际情况来看,这是史学的研究对象。总而言之,切盼诸君毋要忘记,发展是最重要的事情。

历 史 的 分 类

从历史的原初来看，地球表壳之上是适宜人类生存的地方，特别是在很多人聚集在一起共同生活非常便利的地方，在这样的地方，社会得以发展，继之国家得以出现，社会与国家相须而行不断进步。研究社会、国家向前发展的状态并改进其结果，这就是历史的目的。因此，历史必须以这两个标准来进行分类：时间和地点。

那么，首先从时间方面来说，无论是社会还是国家都会持续很长时间，随着所谓时势的变迁，其内部当然也会发生变动，但大体上是以同样的姿态存续着，就像珊瑚礁一样。在略低于水面的地方，聚集着大量的珊瑚虫，但并没有观察到共同生活的现象，所以也并未形成社会。如果再深入到底部，底部已没有活的珊瑚虫，只有筑起的岩石。这岩石显然是由珊瑚虫筑成的，即使到了海底深处仍然处处可见，珊瑚虫全部变成了岩石。现在珊瑚虫生存的地方，是珊瑚虫自身活虫的身体；珊瑚虫已不再生存的地方则形成化石，越往海底深处则化石越古老。人类与此相似，现代社会的成立是以极其古老的时代为基础的，但那个古老的社会现在已成为化石，在那之后的社会也已经消亡，也成为化石。如果不是极近的时代，社会都已经消亡。以眼前的例子来看，在明治社会之前，已经经历了好几十次的社会交替。前一个社会灭亡，后一个社会诞生，明治社会即是如此发展而来的。今天的明治社会已不再是维新前的社会，维新前的社会已经成为化石。

无论哪个国家都是如此，欧洲亦然，希腊、罗马的社会都是显著的化石，中世纪各国的社会对今天而言也早已成为化石，18 世纪也已成为化石，19 世纪的社会却还活着，直到 20 世纪到来之前，19 世纪的社会都还活着。刚才为了便于理解举了珊瑚礁的例子，为了更好地比较，此处再举一个一般动物界的例子。动物界中，经过几十万年或者几百万年，不知具体多少年所以也无法说得清，总之一次又一次组织渐渐复杂起来，逐渐产生差异，出现各种动物，最终造就了今日物种的多样性。这一点在古生物学上早已被充分证明，无可置疑。如果手边有相应的教科书,读一读教科书便能马上明白。人类进化至今日的样貌之前,经历了诸般变化,其他动物也是如此,相关书籍皆有阐述。社会亦同理,至今为止,社会经历了极大的变迁,每一次变迁的发生,后一个社会就会认识到前一个社会的缺点,或是针对缺点自觉积极地改进,或是不知不觉间受到周围情况的影响,潜移默化地逐渐改进;前者比较少见,后者则屡见不鲜。调查一下罗马的制度,就能很好地理解这一点。罗马共和制的性质是逐渐发生变化的,直至最后称呼都被更替,即到了5世纪的时候,变成了世界史之类的教科书中经常出现的"封建制度"(我不想称之为封建制度,"封建"一词是江户时代的汉学者根据原词Feudalism适当调整之后创制的新词,不过为了便于理解,此处还是使用"封建")。

今天的教科书以罗马的灭亡作为古代史的终结,那么,很容易让人误以为接下来的历史会跌入低谷,然而,这个变化既不是山谷,更不是山,而是平坦的平原。事实上,5世纪以前罗马就已经灭亡了,只残存"罗马"的称呼,当那个称呼都不复尚存的时候,就是一般意义上所谓罗马灭亡的时刻。所以所谓的罗马时代到下一个时代之间,没有高峰低谷,只有普通的历史的延续。一切事物都是如此,所谓社会便是自然而然地适应着周围的情况,逐步地改变,罗马人也是在不知不觉间渐渐地发生了变化。其他的社会也好,国家也好,都是如此。如果在某一方面倾注力量,这一方面就会兴盛发展,被抛弃的方面就会渐渐消失,这和动物界的原则是一样的。在动物界,已经不用的器官会逐渐萎缩,还在使用的器官会更发达,社会亦复如此,不断地变迁着。

正因为如此,以时期来切分历史,从实质上来看,本是无法得出结论的讨论。在哪里切断好呢?国家也好,国家的历史也好,都是连绵不断的。但不管怎样,总得思考历史从何处开始。如果社会建立起来,已经出现"国家"的现象,那它就已经成为史学的研究对象了,所以历史应该从这里开始吧。然而归根究底,史学是实物的研究,如果没有捕获到证据实物,就无法展开任何研究。就像地质学家坚信应该有各种各样的动物,为此四处搜寻,但在看到实物之前,什么也不能说。对古老国家的历史而言,类似的情况实在很多,这是无可奈何之事。因此,历史当以证据实物的出现为开始。

所谓证据实物，首先是地名。太古的语言至今仍有残留，其意义早已被遗忘，只有名称还在流传。人种的名称也是如此，人种的名称有何含义，今天很难作答。以前中国人称日本人为"倭"，罗马人称德国人为"Germani"，凯尔特人称德国人为"Teutones"，还有罗马人称现在的法国、北意大利、西班牙、英国等地区的原住民为"Celt"，以上都是简单明了的历史事实，其中名称大抵不是牵强附会而来，但究竟是何意义，并没有明确的解释。像这样的地名、人种名等，作为最古老的名称留存着，神祇的名称也留存至今，这些是第一类证据实物。

其次是实际的地理，地理随着年代的变迁而变化，这是地质学家或地理学家公认的事实。这种变迁极其缓慢。当然也存在一些地基薄弱、容易发生变化的地方，例如日本的某些地方、意大利的某些地方，这些属于例外。根据规律，地质的变迁通常是极其缓慢的。因此，如果是离所谓的人类时代近一点的时期，仅靠我们的观察，很难发现地理上经历了多少变化，这是很难的工作，但也并非不能做到。所以所谓地理，是证据实物之一。

接下来是某个时代的遗物。如使用大石头制作的纪念物，或使用某种文字书写的碑铭，这些东西往往残留下来。日本各地都有作为古代纪念物的近乎天然丘陵一样的巨大古坟，目前并不知道这些古坟的确切时代。一般是用一块大石头制成石椁，将人葬于其中，再在这之上造山。这样的古坟大量存在，虽然没有墓铭，但这些古坟都是古代的证据实物。

以这些作为证据，最古老的时代姑且不论，则我们必然可以与证据所指向的那个时代，以及那个时代以后的时代，取得一定的联系。如果有之前提及的碑铭（日本没有碑铭，所以不用寄希望于日本发现此类实物）当然最好，如果没有，仅仅依靠神名、地名、地理、遗物等去推断几千年前的历史，是很困难的，尤其年代的推定又是难上加难。例如谁都可以说这是大化①以前的东西，那样的话就麻烦了。

---

① 大化，日本孝德天皇年号（645—650）。

再次,像《古事记》那样由语部传承下来的古代传说,又如《日本书纪》①中的古代传说,从这里开始证据渐渐出现了,不过,要弄清楚历史仍然很困难。

接下来,有关国家的记事开始出现。

讲述至此,想必已经明白了吧。上述情形便宛如日出的顺序,最初东方的天空是白色的,然后徐徐变亮,直至整个天空都变成白色,云彩映入眼帘,渐渐地被染成红色,太阳最终探出头来,便是这样固定的顺序。

因此,作为历史学家,首先要将史料大致搜罗备齐,然后循着史料的方向追溯,直至可以建立充分的联络点的最早时代。从这里开始进入历史,所以这个时期被称为有史时期。

虽然存在"有史前后"的说法,例如在人类学领域,没有历史的时代更有趣,即"有史以前"原本就是人类学的研究重点,所以在人类学中有"有史前""有史后"等词。但在史学中,因为无法调查"有史前",所以一般不使用"有史前后"等词汇。

历史应该从何时开始,如上所述。有始即有终,但历史的终点是什么,这是不可获知、极其复杂的事。因为事物会适应周围的情况而发生变化,且内部究竟发生了什么变化难以查知。所以,史家不轻易地预言未来。

非要预言则必须附加严格的条件,以假设命题的方式提出。例如处理不好财政问题国家就会灭亡这个史学原则。这是考察了多国历史,从归纳法中提炼出来的原则。但是,如果现在对某个国家做出这样的预言,那么这个国家的人们,就会殚精竭虑思索对策,如果国家已经衰老则另当别论,如果是活力旺盛的国家,很快就会着手调整财政吧。这样的话,预言就失效了。地质学与史学相仿,预言也是极困难的事。例如地质学家假设,东京湾按今天填埋的程度,未来几十万年内将完全变为陆地(这个愚论不是地质学家说的,只是此处假想的假设),那么必

---

① 《日本书纪》,日本现存最古老的正史,六国史之一。天武天皇授意编写,舍人亲王、太安万侣等人奉命修成,成书于720年。全书30卷附系图1卷,以汉文编年体记述了上古时代至持统天皇年间的神话和史实。一说书名原为《日本纪》,仿《后汉纪》所作,嵯峨天皇时借鉴中国正史之《汉书》《后汉书》,改成《日本书纪》。是书与《古事记》一起,合称"记纪"。

须附加非常严格的条件。如果地球内部收缩,有的地方地壳下沉,有的地方地壳隆起,有的地方地壳隆起之后又下沉。即所谓地壳,并非一直保持现在的状态,往往会出现上升、下沉,外洋的海底也随时可能发生变动,这个变动会带来怎样的影响难以估量。所以即使做出预言,也不知道是否正确,必须附加非常严格的条件。然而,即使所有情况都按照假定的条件进行,地质学家的预言也要数十万年才能得到充分的验证。假设东京湾会干涸,那也是几十万年之后的事,那个时候社会是否存在都未可知,所以谁也不会做出这样的预言。史学也是如此,不是不能预言,而是必须附加非常严格的条件,然而那些条件十之八九会半途而废,从而使预言失效。是以,史学不插嘴未来之事,硬要做预言的话,必须设定非常严格的条件。归根结底,史学不太喜欢谈论未来。史学研究的课题都是到本月本日为止,史学观察的是到目前为止有什么好的方法,或者说与迄今为止所采取的方法相比,有没有更好的方法。

各国情况不同,但从有史时期到本月本日,最古老的历史是五千年。一般认为,世界上最古老的国家是印度,其次古老的是埃及,与此相近的是中国,这些差不多都是五千年,所以人类社会有史以来也大约是五千年。从人类的角度来看,存在五千年的社会是非常长寿的。印度其国家屡经兴替,社会分裂为几个部分,虽然从未形成像今天英国那样的统一国家,然而其分裂的社会长寿至今,存在了五千年,这是前所未有的。中国曾多次更换领袖,但社会一直延续下来;埃及则早已灭亡。拥有上下五千年历史的印度与中国,这两个国家的历史可以切割为不同时期吗?因为社会非常长寿,所以能分割为更短的时期吗?引发了类似的疑问(虽然从地质学上来说仅仅是一瞬之间)。

地质学家对不知道存在了几百万年的地层的历史进行了分期,可以试着参考一下。他们先大致分为太古代、古生代、中生代、新生代这四大类,再将太古代分为劳伦斯纪与喜马拉雅纪;古生代分为寒武纪、志留纪、泥盆纪、石炭纪、二叠纪;①中生代分为三叠纪、白垩纪、侏罗纪;新生代分为第三期、第四期。地质学方面是如此划分的,又以此为根据,对所有生活在这些分期之中的生物进行了划分。这些生物,不管

---

① 古生代一般分为六纪:寒武纪、奥陶纪、志留纪、泥盆纪、石炭纪、二叠纪。原文只列举了五纪。

是动物界还是植物界，都是从极其简单向极其复杂，从种类极少到种类丰富渐渐发展。古老之物灭绝了，新生之物又生长起来；换言之，新生之物崭露头角之时，便到了古老之物衰亡之日。如此这般，在这数万百年间，生物界发展更迭，其中有特别显著的生物发达的地层，这个地层以刚才所谓的纪来判断，即称为某纪某纪，又以这个纪的特色作为生物分类的标准。

历史是否能如此切割呢？我们来试试看吧。人类社会根据周围的情况不断地调整、改变，所以所谓社会必然是逐步发展的。任何一个长期生存下来的社会，都在不断地变迁。因此，社会按其变迁更替进行分期，理由一目了然。过去持相同意见的史家，大致循此方式对历史进行了分期，新井白石《读史余论》①便是如此。那么，先来看看史学按照这种方式如何分期。

社会的变迁在任何国家都是必然，这是全世界所有国家历史都适用的法则。社会从甲姿态改易到乙姿态，是极为缓慢的徐徐过渡，不是"啪"地一下戛然而止，很难划出一道清晰的分界线。但是为了方便起见，尽管难免有主观臆断之嫌，还是要设法寻找分裂之处，以之作为分期的依据。如此说来，历史中所谓的时期，有跨越数百年的，视情况也有数十年的，极短的时期也有可能出现。举个显著的例子如法国大革命时期，近似于日本明治维新以后的时期，可谓是最短的时期，但维新以后的时期还要持续很长时间②，而法国大革命是过去的历史，仅仅持续了十几年，已是不变的事实。长达数百年的情况也有，比如从中国的历史来看，南北朝即六朝时代，中国分裂为南北，南面是汉人种，北面是由外部进入中国的异族种，中国的典章文物渐渐发生质的变化，这是一个典型的时期。分裂的状态很快被改变，南方与北方完成统一，这个统一最初有几分勉强，处于一种纷争不断的混沌状态，这就是隋朝。到了

---

① 新井白石（1657—1725），江户时代的政治家、朱子学者、历史学家，德川家宣的侍讲。他给家宣讲授《通鉴纲目》时，为了对日本古今治乱兴亡沿革有着浓厚兴趣的家宣而撰写《读史余论》，自跋中称"正德二年（1712）春夏之际"，但成书应在此之前。是书叙述了日本的"天下大势"，提出"天下九变五变说"，即藤原政权之后，"九变"为武家时代，进而"五变"为德川时代。以摄关政治的开始作为分界线，区分"上古"和此后的时代。白石认为历史的发展是"大势"，体制的转换是"变"的表现。至于促使这种变化的原动力，他引用了"德""不德"的儒学观念。

② 此书 1903 年出版时仍处于明治时期（1868—1912）。

唐朝,民族融合少有间隙,文化因此繁荣昌盛。也即是说,首先是称为六朝的显著变化的时期,其次隋与唐可视为一个时期,六朝与隋唐各自持续了三百年。再下一次的分裂,便是唐朝社会逐步发展,向着某个方向不断进步,后来因社会太大而难以充分解决种种问题,导致社会溃裂为十个部分,这就是五代十国时期。这个时期大约不到百年,总之,再一次的分裂到来了。所以就像这样,时期的长短是不定的。这是在任何国家都能观察到的道理。

　　每个国家历史上都有很多时期,那么接下来能否把几个时期合并,归为一个时代呢?这一点并非来自地质学家的启示,而是史学自古已有的做法,例如时期从甲至乙、丙、丁不断地变迁,但此期间并没有发生剧变,历史上存在若干这样的时期,它们变迁的现象极为相似,那就可以找出相似的点,通过这个相似的点将之归结为一个时代。例如甲、乙、丙、丁命名为某代,或是随后的戊、己两个时期命名为某代,像这样设法归结为一个时代,很早之前在欧洲就有类似的想法(时期的划分是最近才发生的事,古人并没有考虑及此,然而时代的划分,很早之前就有人设想过)。

　　首先是17世纪的人,德国哈雷大学的塞拉留斯①最先做了尝试。塞拉留斯把欧洲的历史分成三个时代,分别命名为古代、中世代、近代,他所谓的古代是从太古到罗马帝国君士坦丁大帝为止;之后称为中世代,到土耳其人攻占君士坦丁堡为止,中世代结束;之后是近代。这一分期法刚被提出的时候颇受争议,后来却逐渐通行。当时欧洲社会正处于巨大变迁的时代,正体现了时代划分被提出的旨趣。

　　在科学尚未发达的时代,这样的想法是非常了不起的。之所以颇受争议,是因为当时的人认为历史是从神开始到耶稣基督诞生,再从基督诞生直至当下,并以此来攻击分期法,这当然不足与论。总之,这种时代的划分有理有据,并没有因反对者众多而受限,反而渐渐盛行,最

---

①　塞拉留斯(Christoph Cellarius,1638—1707),德国古典学者、历史学家。意大利文艺复兴时期的学者莱昂纳多·布鲁尼(Leonardo Bruni,1370—1444)和弗拉维奥·比昂多(Flavio Biondo,1392—1463)采用"古代—中世纪—现代"(Ancient—Medieval—Modern)的历史划分法,在此基础上,塞拉留斯提出"古代、中世纪和新时期的世界历史"(Ancient—Medieval—New Period),进一步普及了分期。在他之后,三分法逐渐成为世界历史分期的标准。

终成为世界史中"古代""中世纪""近代"等词语由来的渊源。以上是根据时间的大致分类。

下面尝试根据地方来进行分类。所谓根据地方进行分类是指,历史上的事实,必然是在世界上的某个地方发生的,在某地某处发生了某事,这便规定了历史的空间。有形的事自不必说,然而即使是无形的事,也起源自某个场所,根据场所来进行分类,是非常容易的。诚然世界上有许多国家,有的国家早已灭亡如同化石,有的国家实已衰败徒具形式,也有国家后来居上,如果不对这些国家进行分类,想要一下子全部调查研究难乎其难。因此,人们提出了各种各样的分类方法,这里先试举其一。

首先分为第一类与第二类。第一类中,我们将设法对世界各国的历史进行归纳整理,所以第一类又分为以下两种。

甲、通常所谓的万国史,更确切地说,是广义的文明史。我不想使用"文明"这个词,如若允许我将称之为进化史。何谓进化史?从太古时代至今,假使地球表面上所有已知地方生活的人类,付诸种种行动,组成社会,在此基础上又建立国家,那么,将此种种事迹作为人类全体的事迹,从而进行调查研究的就是进化史。按照这样的定义,这一类历史应该已经出现,然而事实上,就今日史学的发展程度而言,还未写成这样的历史。要说为什么的话,历史从开始到现在大约五千年,在这五千年间,世界上的人类各自割据一方,与周边的两三个国家保持交往,但至今还未发现与世界上所有国家都有交往的国家,应该也不会出现。从这一点来看,假使人类共同建立了一个社会,进化史便是研究其之后的种种活动、事迹,然而没有相关实物证据能够证实这个假设。也即是说,理想的历史要能写成,必须建立在证据实物的基础上,在我们所谓的史学中,这是无论如何也写不出来的历史。这样的历史是人类发展史,应当交由人类学家来钻研。

乙、这一类一般也被称为万国史,但确切地说,应该称为各国史,如果更学术性地正式命名,应该称为国家列史。不管如何称呼,在上下五千年间世界各地相继建立了各个国家,按一定的顺序依次调查研究这些国家的历史,这是今日史学发展的程度可以做到的。不知是否可以这样类比,就好似在日本桥的鱼市场依次清点鱼一样,按一定顺序就可以点清数量。这是极机械、极幼稚的分类方法。

其次是第二个分类,与第一个分类不同的是,并不建立在假定人类建立了一个社会的前提之下。此分类以研究人类活动的一部分为方针,并非指涉人类活动的全部,只研究其中的一部分。那么,首先是重点放诸性质的分类,此处暂称为甲,其内容大致如下。

甲

一、通俗所谓文明史,即狭义的文明史。文明史所指为何?不是研究作为社会细胞或国家器官的人所取得的成就,而是研究作为独立自我的人,其个人活动所取得的成就。文明史关注的是已知社会中人们生活的状态,他们的思想,他们的行为,以及由此所导致的结果。所谓文明一词,因人而异,意思各不相同,与其使用"明"字,我更愿意称之为文化史。

二、通俗所谓政治史,也有人称之为国民史,指研究国家组织构成与国家生活的历史。所谓政治史,大致明白其意,但说到国民史,似有隐隐将政府与国民分离之势。其实不然,这两者难以分离,视政府为仇敌的国民不可能被政府支配,视国民为仇敌的政府亦不可能长期存在。因此,特别称之为国民的历史,我认为是错误的切割。不过一般来说,"国民史"的称呼也几乎不用。政治史下面又分为外交史、行政史、立法史、财政史、司法史等细类。

乙、这一分类重点放诸数量,种类繁多

一、某一类文化的历史。如商业史、风俗史、工艺史、学艺史、美术史、法律史、宗教史、教育史、文学史等。这些分类还可以进一步再分类,如商业史中可分裂出各类货物,研究每一货物集散的历史;工艺史中可以分裂出各类工艺;风俗史可以对一个个风俗进行分类,探究其历史;美术史亦如是,可以研究形形色色的美术的历史;即使是法律史,也可以分别研究各种法律各自的历史;学艺史即展开对各门类的学术、文艺的研究。

这一类所属范围甚广,极端一点来说,数量何止千万。

二、政治上区分为各个部分的历史。举例来说,可以研究关系特别紧密的复数国家的历史,比如欧洲史、美洲史;也可以研究一个国家的历史,如某某国史;也可以写国家内部的历史,如某县某郡,甚至更具体至町村①的历史,只要想写就能写。诸如国家、县、郡、町、村等,所有的行政区划,无论多小,都能写出这种历史。

三、一个地方的历史。以日本为例,有江户的历史、大阪的历史,但也有旧岛津领②的历史、旧毛利领的历史、旧仙台领的历史、旧秋田领的历史,像这样写地方一团体的历史,可以极大,可以极小,只要想写就能写。日本研究较少的藩史,也是如此。此外还有寺领的历史、社领的历史,都可以列为此类历史的书写范畴,如高野山寺领的历史、延历寺寺领的历史,严岛社领、阿苏社领的历史等,都可以写。

四、某一人类团体的历史。例如某一种族的历史,如印度日耳曼种族的历史,或者汉人种的历史,又或者日本人种的历史。按人种③分类来书写历史,之后可进一步细化类别。例如日耳曼人又可细分为撒克逊人、阿勒曼尼人(Alemanni)、法兰克人、弗里斯兰人(Frisians)。还可以写一个人的历史,一个人的历史通常不称为史,而称为传。当然也能写一户建之家的历史,什么样的家的历史都可以写。

五、一个时期的历史。例如 19 世纪史,或者江户幕府时代的历史,更往前追溯桃山时代的历史、安土时代的历史、室町时代的历史。即根据历史分期,写某一时期的历史。

六、重大事件的历史。譬如法国大革命的历史、关原之战的历史、奥羽垦荒④的历史、明治维新的历史、文禄征韩⑤的历史,即按照一个个事件来写史。

---

① 町村,日本地方公共团体的一种,日本最底层的地方行政单位。町村制是日本自 1888 年到 1947 年实行的地方自治法律,规定了城镇和乡村的制度,与城市自治体的市制并驾齐驱。1947 年出台新的地方自治法后被废止。

② 领,日本中世至近世使用的行政区划与地域区划名称。近世以后多指大名、旗本等领主的支配地或统治组织,冠以统治地的地名或领主的姓。寺领指寺院领地,社领指神社领地。

③ 日本明治前期“人种”的概念往往与“民族”混淆,彼此没有严格的区分和界定。明治十四年(1881)井上哲次郎编写的翻译词典《哲学字汇》仍将“Ethnology”译为“人种学”,“Race”译为“种属”。至明治二十年代,坪井正五郎建立人类学的同时发表了系列论文,批判了“人种”概念的暧昧性,“人种”一词作为“Race”的翻译才被固定下来。

④ 奥羽,日本令制国陆奥国与出羽国的合称,位于今天日本东北。奈良时期大和政权讨伐此地的虾夷、北狄后,陆续发布政令,招抚夷民,敦促开垦。

⑤ 文禄,日本后阳成天皇的年号,文禄征韩即文禄元年(1592)至文禄二年(1593)丰臣秀吉出兵朝鲜。

　　除上述分类外还有未及考虑的分类,此处作为示例,暂且列举以上各类。以上各分类的历史,组合起来编写自然无碍,但分开研究更好。

　　以上是分类的大略,就今日史学发展的程度而言,令人遗憾的是第一类历史只能是极其不完整的东西。其中的乙类,随便一本万国史教科书都是此类,从史学的角度来看,几乎都是苦心编纂但毫无价值、极其浅显之物。其中的甲类,现在的史学还写不出来,这类历史考察世界人类作为一个社会所做的工作。比如在英国伦敦的那家英格兰银行,现今是全世界一统的大社会的金融心脏,金融活动从这里开始,这个银行倘若破产,那么人类社会即使不到灭亡的程度,也已经十分朽败,所以如果没有可代替之物,终究是不行的。又有万国邮政制度、万国电信制度以及各种万国会议,这些都是从各方召集委员,共同商议斟酌,再由会议做最终决定。这类万国会议,目前成效最为显著的是万国子午线会议,规定了标准时间,避免了火车运行的冲突。诸如此类的还有红十字会的慈善事业,这些都可以看作是世界人类作为一个社会所做的事。但是这样的倾向,是近年来才开始的,大概是近二三十年以来才有的现象。诚然,今日或多或少存在世界联结为一个社会的情形,然而要按此情形类推,一网打尽五千年以来世界各地生息的人类社会的证据实物,这是今日史学力不能及的事,以后恐怕也不可能。

　　如果按照科学的方法,首先能够写出来的是第二类历史,此类历史只要勤勉用心地研究,就能出成果。一般来说,史家逐一根据确凿无误的证据实物编撰的科学的历史,即第二类历史。虽然也有未写出此类历史的国家,但目前写出来的都是这一类历史。观察世界五千年以来的历史,正如前所说,将人类社会视为一个社会的历史,无论如何也难以完成,但是,将其中一部分国民之间明确有着相互关联的区域组合起来,比如像欧洲史,则是可以完成的。欧洲从希腊、罗马以来一直保持着非常紧密的关系,所以欧洲史可以写。其次明确可以写的是美洲,南北美洲的历史,昔日印加帝国的阿兹特克帝国,今日北美的美利坚合众国、南美洲的阿根廷等诸国。这些都完全可以组合到一起,进行系统的研究,写出相应的历史。

　　不及欧洲史、美洲史这样组合紧密,略带松散倾向但又或多或少彼此关联的,便是东洋史。我所谓的东洋史,不是世间一般所说的东洋史,我所说的东洋史是以葱岭之山、怒江之川为界,界线以东的诸国历史。这些国家之间联系松散,但又存在一定的组织,故能在学术上归为一组。

另外,我所谓的西域史,也不是世间一般所说的西域史,而是葱岭之山、怒江之川以西,利比亚沙漠以东的诸国历史,简单概括就是从印度到埃及的历史。这一区域的国家相互之间也是很松散的关系,但相较于东洋史而言,国家的关系更为紧密。这里有佛教、拜火教、伊斯兰教、基督教,只要考虑到这些世界上的大宗教都在此植根发展,就能明白为什么相对东洋史国家而言,这个区域的关系更为紧密。一般东洋史中包括印度,但是印度和其他东洋各国的关系略显牵强,使人为难。根据我这个分法,印度就属于西域史,这样一来,编写东洋史的人可以免却为难,西域史研究则反而可以找到彼此之间自然的联系。

说到这里,还有南洋史,虽然现在尚未得到充分发展,难以形成系统的研究,但我想将来南洋史一定会发展起来,从这个意义来说,如果建立南洋史,当以位于马来西亚列岛的爪哇和苏门答腊,台湾地区以南的菲律宾列岛、澳大利亚、新西兰等作为重要骨架,以此建立系统的历史。

但是目前,南洋史作为一门单独的历史还未完全建立起来,此亦我等无可奈何之事。马来西亚列岛其重点是爪哇、苏门答腊,接下来是菲律宾,这一区域历史悠久,地理上提供了颇有益的知识,物产方面有着非常重要的商业价值,语言上使用了一种特别的马来语。考虑到这些方面的学问,应建立一门单独的学科——南洋学。今天我们所要建立的南洋学,并非涵盖了上述所说的南洋,即马来西亚、美拉尼西亚(Melanesia)、密克罗尼西亚(Micronesia)、波利尼西亚(Polynesia)、澳大利亚等各部分的全体,我们所谓的南洋学,仅仅指向其中极小的一部分,而且指向其较早的古代史。

史料编

史 学 的 材 料

史学研究必须先从搜集材料的方法开始。所有科学都是如此,为了"学"之一途,必须先搜集作为"学"的基础的种子,种子聚集起来,"学"自然成立。对史学而言,种子极其重要,古往今来人们在编写历史之前,莫不费尽苦心地搜集种子,认真的史家们为了搜集种子花费了数十年的苦心。比如在江户幕府时代,代代出任大学头主持教育事业的林家,受幕府之命编写日本历史《本朝通鉴》[①],为此搜集材料,过程非一般的辛苦。又如水户家立志修史,殚精竭虑搜集材料,终于写成《大日本史》[②],其间为了搜集材料煞费苦心。不同于官方修史,水户家无法拿出政府命令来搜集材料,只能派编纂员到地方去四处探访,尽可能地发掘史料。这种苦心搜罗材料的程度,与今天大学编纂员出差到各地搜集材料大有不同。当时的编纂员到各地去都是放低姿态,打躬作揖地请求对方出示或给予材料。被探访者往往摆出一副傲慢的姿态,

① 《本朝通鉴》,江户幕府官方编修的汉文编年体通史。以林家的林罗山、林鹅峰(春斋)父子为中心进行编纂,宽文十年(1670)成书。有前篇 3 卷(神代)、正编 40 卷(神武天皇至宇多天皇)、续编 230 卷(醍醐天皇至后阳成天皇)、国史馆日录 18 卷等共 326 卷。最初书名为《本朝编年录》,后来仿照《资治通鉴》改成了《本朝通鉴》。修史体例、史观史论等方面,为之后的史著提供了参考借鉴。
② 《大日本史》,江户时代水户藩编纂的汉文纪传体史书,其中《本纪》73 卷、《列传》170 卷、《志》《表》154 卷,全 397 卷,记载了从神武天皇到南北朝后小松天皇(以南北朝统一的 1392 年为分界点)的治世。编纂事业开始于水户藩第二代藩主德川光圀,他读《史记·伯夷传》后深受感动,立志编史,明历三年(1657)设立史局,宽文十二年(1672)改为彰考馆。聘请流亡日本的明朝遗臣朱舜水参与指导,集中佐佐十竹、栗山潜锋、三宅观澜、安积澹泊等众多学者进行编纂,此一事业持续二百多年,明治时代方才完成。从事编纂的学者们后来被称为水户学派。编纂重视史料的搜求,史馆人员被派至各地搜集史料;也重视考证,文章大多标明出处;大义名分论的尊皇论贯彻始终,对幕府末期的思想产生了巨大影响。

往往在众多资料中只拿出五六个,让水户家的编纂员站在玄关旁边作记录。水户家这样费尽苦心,体现了搜集材料的艰难。今天读《大日本史》,确有材料取舍不当之处,取用了不当取用的,遗漏了不当遗漏的,这是作为后来者的评骘,然而依照当时的情况,拿不出比这更好的成果了。《本朝通鉴》也是搜集了很多古文书类的材料而写成,绝不是只凭一己之见,未见材料就率先动笔。如上种种情况,自古以来认真编写历史的人,必然苦于搜集材料,所以在研究方法上,必须先思考调查材料的方法。因此,通常把史料编作为研究法的正文放在开卷第一的位置。

在欧洲史学进步的国家中,大量的各门类的材料已经公之于世。同欧洲相比史学上尚还幼稚的美洲也花费了巨大的费用,近来也在出版材料。像这样,历史的材料积累得越多越好,虽说最好能将所有能搜集的材料搜罗净尽,然而无论搜集到何时,恐怕材料都无法搜集完全。不过大致搜集完成的这一天总会到来。也有一些特殊情况,如一直认为是假的,事实上却是真的,偶然看到的废纸竟然是写有贵重古文书的唐纸①,这样的情况一直都有,但并不常见。除开这些情况,总有大致搜集完备的那一天。所以各国目前搜集、公开各种材料,首先当以大致搜集为方针,而不是以穷尽搜集为方针,也不应当采取那样的方针。

历史的材料当然不只限于文献资料。各种各样的杂物,俗语所说的古大鼓的破皮、废弃的鞋子,如此等等,往昔留存下来之物都是材料,绝不只有文献资料才是材料。无论是实际的地理,还是破旧的建筑物、书画、古董,凡是世间从往昔留存下来的东西,全部都是材料。比如明明是伪造之物,但如果知道伪造的意图、目的,那么这个伪造物就是当时人情世相的证物,即这也是材料之一。更有各种小说、狂句、川柳②之类,都是最能反映一个时代之人情世相的材料。世人总以为所谓的史学材料就是严肃认真的文章,诚然对先进国家与社会的历史而言,大部分材料的确是文章的样式,但这绝不是材料的全

---

① 唐纸,是从中国传入日本的纸,或是模仿中国纸制作而成的纸。在平安时代,作为装饰性很高的纸用于书法和书信。中世开始主要作为贴在隔扇上的加工纸。
② 川柳,杂俳的一种,由5、7、5计17个假名组成的诙谐、讽刺短诗,是江户时期的平民文艺。

部。以上所述的纷乱驳杂的材料,这里总称为史料,即史学材料这个词的缩写。

既然史料由各种杂驳之物构成,我们就必须设法对其进行分类。即史料存在分类,必须设法在分类上下功夫。根据已有先例,这里展示其中一种划分方法。兹分为第一类、第二类。

第一类是遗物,即遗留下来之物。可列入遗物种类的有地理、古建筑物、古老的仪式、人体的残留如骸骨一类、语言、制度、风俗、物产、古钱、公私文书类等,全部都是当时的遗物。另外,也包括纪念性质之物,例如金石文一类、各种各样的所谓纪念物,以及具有编纂物性质的古文书一类。

第二类是传承之物,此类史料不胜枚举。其中有画,所谓的历史画、历史像;有口耳相传之物,所谓神话、传说、杂说、逸话、谚语、历史歌以及其他相关;有书写之物,与历史相关的金石文(此处指带编纂物性质的金石文)、系谱类、记录类、传记类、觉书类①,还有大量其他此类文书。大致可以分为以上两类。

如上所述史料如此庞杂,所以但凡想要解说历史上某一问题时,几乎无法预先判断什么是最重要的材料,只能就具体问题具体展开,搜集问题所对应的特别材料,如此方不至于为难。从全盘的持续性的视角来看,虽然难以获知史学最适当的材料是什么,但若将史学分解为一个个问题,这个难题就能迎刃而解。在研究法中把这样的材料称为证物,这个证物就是相关历史事件的证据。换言之,所谓史料就是史学的证据。史料编的目的即在于,尽可能广泛地搜集史料并加以整理,至于这个史料作为证据之价值的大小,抑或可以取得多大的成绩,此处暂不考虑。关于史料,先大致讲这些。

---

① 觉书,一指古文书学方面的用语,是日记、战记、条书等一类记录史料的俗称。是当事人为了备忘而记录已知的事情,如日记、战记(日语中的"军记"类文书);或将预定由使者口头转达说明的事项,写成以条目形式记述的简单文书。一指笔记、记录、备忘录。实际应用则很宽泛,特别在法律方面,各种契约、条款、报告,又如在政策决定、分析方面,内阁觉书(cabinet submission)、政策觉书(policy memorandum)、外交简报等,都可以称为觉书。本书中"觉书"一词指古文书学意义上的俗称。

史学的辅助学科

学问在古希腊时期唯有一个，没有区分，即哲学。随着时代的推移，人们对诸如工业等种种发展进行了分类，今日所见的各种科学或学问于是区辨开来。各种科学或学问之间最初形成兄弟关系，继之延伸出叔侄关系、亲子关系。总之，大家都是近亲，绝不是一门科学自己独立前行。无论兄弟关系抑或更远的关系，总会得到来自其他科学的帮助。这一点适用于所有的科学，史学亦是如此，史学必须借助许多其他科学的辅助。

所有科学的亲戚中，有常伴史学左右，交谈不曾间断者，也有总不交谈者、偶尔交谈者，亦有必须与之商谈者，存在各种各样的情况。这里所谓史学的辅助科学，当然不是指所有的科学，而是指经常与史学交谈，对史学有所助益的科学。一般而言，无论怎样的史学课题，都不能说哪一门辅助科学是最有用的。如果出现了某个问题，要在具体场合之中，针对具体的问题来决定辅助的学科。

举个较近的例子，医学看起来是与史学血缘较远的学问，虽然并不是说必须从早到晚都相伴左右，但视情况不同，有时必须要和它商榷一下。譬如调查名人的死因，医学就成了第一的辅助学科，平重盛因何病而薨？源赖家因何病而被废去将军之职？加藤清正果真是被家康将军毒杀？诸如此类的问题，人们议论纷纭。究竟以何种方式而死，在一定的情况下，是品评一个人一生的关键所在，也关系到该时代相关其他名人的心术。因此，有必要确认病症的情况。正如以上所说，平素医学不过是史学极远的亲戚，但在特殊的场合，医学便成为最重要的辅助学科。重盛的病可能是胃癌，也可能是肺病，奈何没有充分的史料，不能轻下断言。源赖家被认为曾经陷入精神错乱，但这也没有充分的史料，不能断言。加藤清正应该是患了很严重的热病，至于是什么热病，病名是什么很难获知，但不管是什么病，都有明确的证据证明不是毒杀。家康因为食用过量的鲷鱼天妇罗而引起急性肠炎，腹泻不止而死，这在历史上并不少见。

　　另外，也有平素一直相伴史学左右，热心照顾史学，但在某些具体场合丝毫发挥不了作用的辅助学科。譬如古文书学这个辅助学科，理所当然是史学重要的助手，离开古文书学则史学研究难以展开，如此重要的辅助学科，也有不能向史学提供帮助的情况。以常见的例子来说，巴克特里亚（Bactria）[①]的历史、粟特（Sogdiana）[②]的历史、帕提亚（Parthia）[③]的历史，根本没有古文书，所以无论古文书学如何努力，也发挥不了作用。在以上的场合中，古钱学却意外地给了史学重大的帮助，成为史学的第一辅助学科。正如以上的两个例子，哪一个辅助学科能够给予史学最大的帮助，完全视研究的题目而定，无法提前预判。因此，不能给辅助学科排列顺序，不能根据史学需要的程度依次唤出诸学科。虽然我想逐步说明最为重要的辅助学科，但因不能排出次序，只能想到哪就说到哪，稍微进行说明。即是说以下说明并无先后次序，仅按照记忆所至的顺序。

一、语言学

　　语言即言语，是用以表示事实、思想的符号。没有这个符号，就不能将事实、思想传之后世。对于手能触及的实物来说，即使离开语言符号，虽然可能只是残留物，也能以遗物的方式流传到后世，但是对于手无法触及的无形之物来说，离开语言符号就无法传至后世。是以，语言符号极其重要。人之所思、所想、意见、学说这些东西，当然都是无形的，如果不使用语言符号，就无法传达给他人，更遑论传之后世。而且，如果是先进的国家、社会，重要的证物都是文献资料，都用语言符号来记述。从这个角度来说，如果不懂语言，任何历史都难以写成。不过在太古时代，国家尚未发达，社会尚还幼稚，证物尚未充足，语言符号还未能给史学提供辅助，因为当时还没有文献资料，语言符号难以发挥助力。

---

① 巴克特里亚（Bactria），公元前 3 世纪中叶希腊殖民者在中亚建立的奴隶制国家。"巴克特里亚"是古希腊人对今兴都库什山以北的阿富汗东北部地区的称呼，中国史籍称该地区为大夏、吐火罗、睹货逻。

② 粟特（Sogdiana），公元前 6 世纪至公元前 5 世纪波斯帝国的一个行省，公元前 329 年，被马其顿亚历山大军队沦占领，之后相继沦于塞琉西、大夏、贵霜诸国统治之下。位于今中亚阿姆河、锡尔河之间，中国自汉至唐各朝史籍称粟弋、粟特、康居等。

③ 帕提亚（Parthia），公元前 3 世纪建立的亚洲西部伊朗地区的奴隶制帝国。建于公元前 247 年，公元 226 年被萨珊波斯代替。又名阿萨息斯王朝或安息帝国。

这样的时代,实际的地理、建筑物等就是第一位的证物,这是历史地理学、历史考古学等大有作为的时代。比如太古时代的埃及历史,太古时代的罗马历史,太古的腓尼基历史,其他古老国家太古时代的历史等也往往如此。然而,即使没有书籍,神的名字、人种的名称、地名等,从太古时代流传至今。这些称呼一旦成为固有名词,对它们的说明就要依托语言学。是以,语言学贡献了相当的力量,为史学提供支援。史学即在语言学的帮助之下展开研究。这里且举例说明,如在太古时期,距今大约四千年,雅利安即伊朗种族在今天的阿富汗伊斯兰、波斯[①]、土耳其斯坦一带开垦生活。为什么知晓这段历史呢?因为现在这些地方依然流传着四千年前残留下来的地名。又幸亏祆教的经典得以传世,以中国的时间来看,这部经典大概成书于六朝初期或三国末期。在距今四千年至二千五百年间口耳相传,在六朝初期写成文章。传世的祆教经典即赞德语中所谓的《阿维斯塔(Avesta)》(经典),是孟买一带的帕西人[②]等信仰的经典。这部经典的卷首开头是"创世纪",这部分的内容已相当残缺,但仍保留下来许多太古时代雅利安种族开垦拓荒之地的地名,例如:

Airyanem VaēJah——这是雅利安种族的极乐世界,大概位于今帕米拉高原之中。

soɣd——即希腊人所谓的 Sogdiana,今撒马尔罕一带。

Mōuru——《唐书》上称"木鹿",即今天的马雷。

Bāxδī——毫无疑义是指今阿富汗北部的巴尔赫(Balkh),在中国的史料中也屡次出现。

Harōiva——这大概是金石文上的哈里巴,似乎是希腊人所谓的阿利亚(Aria),今天有一条同名的哈里河(Harirud),介于波斯和阿富汗的国界之间。大概就是在这条哈里河一带。

Xnənta——这是金石文中所见到的赫卡尼亚(Hyrcania),或格德罗西亚(Gedrosia)[③]。

---

① 波斯,"伊朗"古称,1935 年巴列维王朝正式更改国名为"伊朗"。本书写作及至出版之年,仍作"波斯"。
② 帕西人,Parsis 或 Parsees,这在波斯语中的意思是"波斯",指 7 世纪穆斯林征服萨珊帝国之后,从波斯迁移到印度古吉拉特邦等处的信仰祆教即琐罗亚斯德教的移民及其后裔。
③ 格德罗西亚(Gedrosia),今巴基斯坦西南的俾路支省(Balochistan)古称。

Harax^vaitī——这是金石文中的 Harauvatiš，希腊人的阿拉霍西亚（Arachosia），今阿富汗的加兹尼（Ghazni）、坎大哈（Kandahar）一带。

Raɣa——这是在波斯德黑兰（Teheran）附近，今天还残存着过去的废墟，是非常有名的地方，在被蒙古摧毁之前，这里曾经是繁荣昌盛的城市。

Hapta Həndu——与梵语所谓 Sapta sindhavah 是同一个地方，"七条河流"之意。今北印度的旁遮普一带。

这些都是在《阿维斯塔·创世纪》中出现的地名，雅利安种族开垦拓荒之地。四千年前他们在这些地方广泛居住，以今日的地图来对照这些地名，事实一目了然。如现在北印度的旁遮普一带，是印度雅利安种族（即现在的印度人）开拓之地，梵语称为 Sapta sindhavah，与赞德语中的 Hapta Həndu 同义。以上是语言学给予史学帮助的一个例子。

像这样把语言作为史料来运用，意义重大。这里再举一个例子。走到瑞士的山间去，有大量野草丛生之地。在这片原野上，拔掉不好的草，只留下合适的牧草，然后在此放养牛群。到了五月份，整个村子的人都把牛委托给有经验的人放养，早晚挤奶，制作干酪。同时因为很多牛粪会落到原野上，于是将牛粪一堆一堆地堆积起来。不久到了冬季开始下雪，随着雪的融化牛粪流入原野成为天然的肥料，牧草也因此而肥沃。在此期间，放牧的人在山中建造牛棚，自己也在棚内居住。然后到了九月底，放牧的人牵着牛回到村里。这里山间的草在植物中非常有名，叶子厚实柔软如菜叶，整株植物不高，花比较大，散发着温和的香气。可以想象这样的场景，当山巅覆盖着薄雪，原野上鲜花盛开，几十头牛悠然自得，脖子上系着的铃铛发出咕铃咕铃的声音，如仙境一般。这样的画面无论今夕往昔，都不失为诗人吟作的好题目。因为此处适宜牧草生长，水又极其清洁，空气新鲜，牛群肥满，所以产出的牛乳干酪被誉为欧洲第一。这样的畜牧被称为高山牧场经济（Almwirtschaft），接近山野经济的意思。但是这个高山牧场经济本来并非日耳曼种族的方法，并非由他们发明，而是从某人某处学来。生活在瑞士山间的日耳曼人，属于阿勒曼尼（Alemanni）部落，阿勒曼尼和其他日耳曼部落一样，从事农耕、捕猎，并不擅长牧畜业。如果要调查这个高山牧场经济业是从何人那里学到的话,如何调查才好呢? 太古时代的阿勒曼尼并无学问,今日留下来的文献资料,也没有记载阿勒曼尼部落太古时代的历史。即使罗马人的记录中,也没有记载阿勒曼尼部落为何进入瑞士山中,又从何者那里学习了这种畜牧法。因此不得不借助语言学的帮助。借助语言学的帮助,就要依循语言学的规律。凡将一门产业或艺术传授予他人,传授之人使用自己常用的该产业或艺术的语言传授,被传授之人亦通过该语言学习。比如教授给日本人铁路铺设技术的是美国人,所以时至今日,铁道局官方使用的术语,以及各铁道公司使用的术语都是英语。又如日本陆军原本以荷兰为模范,以往陆军所用术语是荷兰语,现今仍有残留,如ランセル(Lancel)便是如此。不管任何学术、技艺、产业,如果调查其历史,此语言学的规律都适用。因此,调查一下刚才所列举的高山牧场经济业,其所使用的语言大致如下。

高山牧场经济业中,背上负载的奶桶,制作干酪时加入的旧干酪块称为ブルレ,或者ブルデレン,或者ブルガレン;用以切分干酪及其自然残留的奶,是一种酸味的糟,称为エッチエル;牛棚的床铺叫作フィグレル;汲取乳汁的大舀子叫シエン,或者是ゲーエィ;汲取乳汁的普通舀子叫ゲブセ;装奶的圆桶叫作ゴン;干酪叫作ヶエゼ;倒入牛奶叫ムッテソ;搾取乳汁叫作ジョッテ,或シルベ,或シルテ;牛棚叫作スタフエル;晾干干酪的台子称为ッルネル。① 如果调查以上词汇,就会掌握大量证据。考察上述词汇,便会发现与之相近的语言,一些词语与拉丁语相近,一些词语与意大利语相近。至此我们大概明白了事情的来龙去脉,阿勒曼尼部落进入瑞士山中时,原本在这里从事畜牧业的当地居民,即当地的罗马人、被称为莱提人(Raeti)的凯尔特人部落居住于此。阿勒曼尼部落一定是从莱提人那里学到畜牧的技术,后来莱提人被赶入东南的深山里,他们的子孙至今还在那生活着。现在此处是瑞士东半部占据了大部分山中之地的格劳宾登州。这个称呼与被称为罗曼什语的拉丁语非常相近,类似地名在这一带常常出现。法国人和英国人将 Graubunden(格劳宾登)称为 Grisons,即来自罗曼什语中 Grischun 的误传。

_____

① 原文以日语片假名音记,与今日发音存在出入,此处保留注音原文。

与之相似，在日语中通过语言追溯出处的例子也大量存在。比如パン（Opāo）、ラシア（Rússia）、ビィドロ（Vidro）、カッバ（Capa）等都来自葡萄牙语，杏子、银杏、行灯、灯笼等来自中国，シアボン（Cinnabon）、シャッボ（Champion）等来自法国，ブリキ（Blik）、レエフルトラン（Restaurant）等来自荷兰。

二、古文书学

正如字面所示，古文书学是科学地研究古文书的学问，即古文书的科学。如何定义古文书，无论在欧洲还是在日本，都因人而异。但在欧洲，作为通常定义的古文书，是向法院提交的作为证物而被受理的文件，此定义对于日本古文书学来说未免过于狭隘。古文书之性质，因其存放地方的不同而不同。不管欧洲古文书学如何定义古文书，日本古文书学都有充分的权利定义日本的古文书。欧洲所采用的定义，究其根本，也是基于欧洲古文书学产生的背景。

古文书学今日往往被称为史学的臂膀，这在往昔的欧洲是难以想象的。欧洲的古文书，原本是诉讼时向法院提交的文件，法院对此进行鉴定，这种鉴定极其混乱，或者知道文件是谁写的就不问对错，或者形式完整却不知道文件是谁写的，鉴定的过程混乱无序。然而，17世纪之后，无论是在法国还是在德国，渐渐以古文书类的文件作为证据纠正古代记录的错误，并在18世纪初出现了博兰德文献学派①，即所谓的古文书的战争②。这个称谓最初源于双方向法院提交古文书作为证物，相互争讼仿若战争的风潮。古文书不仅被提交给法院，而且被委托

① 博兰德文献学派（Bolland Diplomatica），又称博兰主义者（Bollandists）或博兰主义者协会，是一个由学者、语言学家和历史学家组成的协会。最初都是耶稣会士，后来也包括非耶稣会士。17世纪以来研究圣人事迹，该项工作最初由赫里伯特·罗斯威德（Heribert Rosweyde，1569—1629）构思并开始，1629年罗斯威德去世后，由让·博兰德（Jean Bolland，1596—1665）继续主持，学派亦以其名字命名。研究成果《圣人行传》（Acta Sanctorum）经历几个世纪的努力，最终出版68册，记录了基督教圣徒的生活，本质上是一部批判性的传记。古文书学方面，学派主张对《圣经》的文献溯本清源，系统地整理古代手稿；辨认史料的真伪，考证史料的价值。
② 古文书的战争，此处指的是博兰德文献学派与天主教加尔默罗会（Carmelites）之间的争论。《圣人行传》第一册出版后，学派中的一员丹尼尔·范·彭彭布罗克（Daniel van Papenbroeck，1628—1714）指出：加尔默罗会的传统追溯至先知以利亚（Elijah）这一观点缺乏足够史料和史实支撑。此后两者之间陷入长期的争论。从1681年至1698年，双方分别发布一些古文书作为证据。加尔默罗会得到了西班牙法庭的支持，博兰德文献学派则得到了索邦大学的支持。1698年11月，教皇下令结束了这场争论。

给当时著名的学者鉴定真伪,最后将结果公布于世,这样的习惯渐渐形成。在这样的手续中,学者得以便利地阅览原本作为宝物收藏起来的古文书。但是,像这样频繁的古文书之争并非一直存在,一般只限于某个重大领地的争夺,又或者是某次权力之争,所以学者并没有持续地积累研究的机会。从学者的立场来看,难处在于,譬如一个地方的古文书,为了某个问题允许调阅,这是没问题的,但是不能与同时代的古文书进行比较,只能看到请求调查而被允许借阅的文书,基于此要做出正确的思考及判断很难,即使有名的学者也往往会有错误的论断,丝毫不足为奇。

总之,这成为古文书研究的导火索,由此产生了古文书学。在法国学者与德国学者之间,还发生了关于巴黎近郊的圣丹尼大教堂(Saint-Denis)的古文书之争。德国方面的学者给予严厉的批评,斥责教堂中的文书大多是假的;法国方面这座教堂所属的宗派学林,不得不回应批评,由此开始了古文书的深入研究。① 圣丹尼大教堂所属宗派即本笃派,正计划编修其学派的《圣徒行传》,对于德国学者的质疑,不得不准备答辩,同时也要准备《圣徒行传》的材料,因此竭尽全力地研究该修会的古文书。

当时担任编辑的负责人,即后世古文书学的鼻祖,著名的让·马比荣②。他原本在圣丹尼大教堂,后来受圣日耳曼德普雷修道院(Saint-Germain-des-Prés)学林邀请,1667 年开始担任《圣徒行传》的编撰负责人。幸运的是,正值法国政府著名的大宰相柯尔贝尔(Jean-Baptiste Colbert)的全盛时期,政府全面扩张政务,积极奖励学术,间接地为马比荣的事业提供了助力。柯尔贝尔命令全国的古文书藏家以及古老的

---

① 同样在 1681 年,彭彭布罗克对保存在圣丹尼修道院的墨洛温(Merovingian)文书的真实性提出质疑,马比荣发表了著名的《古文书学》(De re diplomatica)回应质疑。《古文书学》中研究了不同类型的中世纪文献和手稿,包括对文字、样式、印章、签名、文本各种内在和外在因素的审查,并咨询了其他学者的意见,考证了许多档案中的手稿。此书对于如何区别伪造文书做出颇多贡献,马比荣也因此被视为古文字学和古文书学的肇基者。

② 让·马比荣(Jean Mabillon, 1632—1707),法国学者,1653 年进入兰斯的圣雷米修道院,1660 年受神职,1664 年起在巴黎附近的圣日耳曼德普雷修道院任职二十年,为本笃会学者组成的莫尔会会员。主持编撰九卷本《本笃会圣人行传》(Acta Sanctorum Ordinis S. Benedicti),1668 年至 1701 年间出版。1681 年又出版《古文书学》,确立鉴定中世纪手抄本的可靠性和年代的原则,创立古文书学和拉丁文书学。

修道院出示古书,为马比荣等的研究提供资料。马比荣还有许多门生、朋友,这些人如果在德国或意大利发现古文书便会带回来。马比荣也曾专门让门生外出搜罗,煞费苦心收集了大量古文书进行比较研究。如上所述,最终在 1681 年完成了著名的六卷本《古文书学》献给宰相柯尔贝尔。如果是从 1667 年开始进行古文书的搜集、比较,那已经整整经历了十五年的长途跋涉。

这部《古文书学》称得上是鸿篇巨制,全部以拉丁文书写,穿插了大量古文书的标本。拉丁文的标题是 De re diplomatica,即"敕书"之意。敕书在马比荣调查搜集的古文书类中占据大头,而且是最重要的敕书类,故以此作为书名。尽管并没有把拉丁语中的 Diploma 作为古文书的指称来推广的意思,但是自此以后古文书都被称为 Diplomatique。Diplomatique 是法语,德国人沿用此词,英国人则稍微改动了词尾,称为 Diplomatic。

如上所述,古文书学涉及的范围极广,若以一人之力将材料全部网罗起来进行研究,是极其困难的事。马比荣的《古文书学》主要以法国古文书为基础编写,毫无疑问是最适合法国古文书的研究方法,但书中采用的文书数量极多,种类亦不少,因此,无论对哪个国家的古文书都适用的研究方法自然地显现出来。基于此,马比荣被称为古文书学的鼻祖。有趣的是,《古文书学》其实是编纂《圣徒行传》时偶然的副产物。

由马比荣创立,其门人弟子踵事增华的古文书学,正如前述那样范围极其广泛,但具体来说,所谓古文书,就是纸墨文章。纸类随国家不同,时代不同,不断地更替变化,即使同时代也存在几种不同的纸;墨也因国家不同,性质各异;文字也因时代、国家、地区、家族、人之不同而相异。另外,因文书性质不同,文章体例也不同。由此而言,首先要研究纸、墨,其次必须研究字体、书法风格、文体。字体多种多样,必须了解世界上所使用过的所有文字的字体,还要详查各时代、各国的字体;关于文章的体例、格式,也必须逐一查明时代之间的差异、国与国的差异、家与家的差异;又文件发布、发出的手续也因时代、国家的不同而不同,必须详查各时代、各国家、各地区、各家族的情况;又古文书皆附有日期,这在欧洲古文书中是极其严格的,要切实了解这方面的知识,必须从年代学开始研究;印章在古文书中关系重大,必须深入各时代、各地区、各家,一一调查印章的材料、印章的文字、印章的形式等。如此庞大的研究,一人之力难以企及。

马比荣等以中世纪传入法国的古文书为基础进行研究。纸是仅限于中世纪才用的纸,墨是中世纪才用的墨,字体、书法风格、文章体例、格式无一不是中世纪的东西。虽说极其艰难,但历经十几年辛苦最终写就《古文书学》,意义非凡。从书的内容来看,马比荣非常重视书法风格,也最早地发现了各时代各自具有的不同的书法风格,在这之前欧洲人对此毫无概念。另外,也首次发现以某些形式之物来对古文书进行分类,比如对于古文书学非常重要的印章,以往法院对印章的评定混乱不堪,马比荣则发现了在盖章方式上存在的各种惯例。这正是古文书一词源自马比荣书名之意义所在。

古文书学分为两部分,如下所示:

第一部分是古书学,古书学可进一步细分为两个部分。

甲、古文书的书学。

乙、金石文的书学(亦称金石学)。

第二部分是印章学,研究花押、印章等。

这里所讲的是广义的古文书学。狭义的古文书学只研究古文书本身,主要是对古书的各种形式进行专门研究。近代欧洲有名的古文书学家,大部分研究的是狭义的古文书学。虽名为狭义,但无论如何竭力缩小范围,都不过是杯水车薪,仅仅以古文书的形式作为研究对象,已经是非常宽泛的内容。首先,所谓形式,古文书是文献之一种,所以必须研究纸。因为是古旧的纸,所以有些难以分辨,古纸亦有时代的不同、种类的不同,必须对这些情况一一调查。要实现如此精细的调查,必须准备显微镜从纸的纤维开始观察。其次是墨的研究,这需要具备一定的化学素养。墨是如何制作的,墨色又缘何消失,必须明白其中的道理、原因,这就必须借助化学的力量。又古文书若保存不当,或粘上污垢,或曾被浸湿,往往会导致字的褪色,这种古文书与其看其本品,不如看其照片,后者更易于阅读,因此也必须要懂得照片的技术。又古文书写作于不同的时期,书法风格因应时代不同而发生变化,即便同时代也风格各异,具体至个人亦有个人特殊之风格,甚至同一个人因为身体状况等也无法保证风格始终如一。要厘清这些情况,必须搜集大量的各个种类的古文书进行比较研究,观察各时代以及同时代的古文书,观察某人因地位的不同而导致的书法变化。如上所说,必须搜集大量的古文书原作,然而以一人之力要将数量如此庞大的古文书集中一处,难乎其难,古文书馆于是应运而生。古文书馆内所有古文书按照时代或者空间分类陈列。在那里,学者们开始注意到,不同时代的书法在哪些方面不同,不同人的书法又有哪些不同,以及纸、墨等在哪一点上不同。倘若一个月前看了甲的古文书,今天看了乙的古文书,感觉两者应该是不同的吧,然而只凭印象难以比较,那需要何等的眼力呀,记忆再好的人也无法做到,也即是说,没有古文书馆的存在,古文书学的研究就无法展开。就印章来说,欧洲有时用黄金板,有时用铅块,也会使用各种颜色的封蜡,必须调查研究此种种事物的制作方法,有疑问时必须知道分析的方法。又印材各式各样,有水晶、玛瑙、大理石、金属类,要懂得这些印材相关的知识。比如水晶、玛瑙等非常精密的印章,为何要对其进一步调查研究?因为譬如对时代产生怀疑,就有必要确认这个时代是否出现了能够将非常坚硬的水晶,或非常容易裂开的玛瑙制成印章的精密技术。由此还会发现皇帝们所使用的玉玺,其精巧程度令人叹服,但出乎意料的是,这是从罗马时代就开始使用并残留下来的古代印章。因此,说起印章的学问,乍看似乎是无关紧要之学,实则是繁难且必要之学。所以博物馆的出现尤为重要,没有博物馆存放陈列的各种类的印章,就无法进行印章的研究。

另外关于古文书的发布,必须了解各种古文书的文章实例、格式,必须了解书写方法,还必须了解那个时代的制度,了解各个国家各个家族发布、传播古文书的制度,也即是说,必须通晓精密的制度史。

无论哪个地方的古文书学,其研究都并非易事。只在书桌上翻看普通纸张印刷、楷体书写的古文书,便笃定可以做出古文书学的研究,是极其难以理喻的想法。

关于古文书学的定义和研究方法,正如上述所说,这是一门非常广博的学科,有大量的必须了解的事项,所以有必要在古文书学的部分再展开详细讲述。然而,这里并非古文书学课程,详细的内容自然不能展开,即便各部分的简单说明也难以做到。举例来说,欧洲也好,日本也好,古文书都有大量种类,即便只尝试说明欧洲的古文书学,我也担心是否能够讲得清楚。但考虑到简单介绍一下对大家而言比较便利有用,所以还是简单说说吧。

甲、古文书的材料

欧洲的古文书,当然同日本的古文书一样,写在各式各样的材料上。例如打上厚蜡的木板、铜板、石板、各种纸类等。如前所述,在金属板或石板上的雕刻之物中,某些具有编纂物的性质,也有某些具有古文书的性质。在中国,不管种类如何,金属板及石板上的雕刻之物被视为金石学的研究课题已是惯例。但是,金石学的研究不可能离开古文书学的处理,所以根据我们的考虑,将金石学分作两个部分,一部分是古文书,一部分是如同普通书籍一样处理的研究之物。总而言之,这种板子上的雕刻物,具有古文书性质的并不多,多数是编纂物的性质,尽管各个国家情形不同,但就中国而言,我想我的说法是对的。在欧洲以及古罗马,重大的法令铸刻在铜板上以传之后世,普通的古文书则大多写在各种纸上,极其普通的书信类、普通的证书类等,最初是在打上厚蜡的木板上书写的。随着年代逐渐往后推移,这样的情况才逐渐改变,开始使用各种纸。到了欧洲的中世纪,说起古文书,便是写在纸上之物。接下来关于纸再大致谈一谈。

欧洲最早流行的纸,是所谓的纸莎草纸,即蚊帐吊草纸。蚊帐吊草纸又叫纸蚊帐吊[1],由古代下埃及地区大量栽培的莎草所制成。今天无论在上埃及还是下埃及,这种草都不再生长,但在努比亚地区的尼罗河中流地方,据说至今还有野生莎草生长着。这种草传到了日本,理科大学的植物园中保存着这种草的标本,无论何时无论是谁都可以去观看,前些年经由大学献给了天皇。将这种草制成纸,首先要把草的茎切为一定的尺寸,然后按照一定的厚度纵向切开,就好比制作灯芯所使用的兰草有白色的茎髓一样,莎草正中央的茎髓最宽,是最合适的制纸材

---

[1]　纸莎草(Cyperus microiria),日语译名为"蚊帐吊草",故纸莎草纸(Cyperus papyrus)被译为"蚊帐吊草(カヤツリグサ)纸"或"纸蚊帐吊(カミガヤツリ)"。

料。将切好的薄片，一般两片、偶尔三片地重叠在一起，重叠之物按纵横十字方向排列，直至相接达到一定的宽度，再在上面垂直排列其他重叠的薄片。因为尼罗河河水有黏性，将水浇在薄片上。然后把水挤压干，用锤子锤平，再慢慢晒干，干了之后色泽变亮，纸便制作完成了。这样制成的纸是纯白的颜色，极细的纤维纵横交织，能够清晰地看见相连的碎片，是非常高雅漂亮的纸。

自罗马古代至 11 世纪，欧洲古文书专用的纸都是这种纸。在罗马时代，埃及有政府专设的造纸厂，阿拉伯人占领埃及之后，依循先例，仍然由政府专设造纸厂，纸属于政府专卖。纸在罗马自古以来就价值高昂，到了阿拉伯人的时代依然如此，所以对于社会上一般的琐事杂务来说，纸并非是为人熟知的日用品。罗马时代最精制的纸宽度 29 厘米，阿拉伯人时代则通常宽度达到 60 厘米以上。8、9 世纪阿拉伯人最流行的是埃及的纸莎草纸，这个时期的纸莎草纸，今天也在使用，即宽 60 厘米、长 14 厘米半的卷纸，经常称为"纸一本"，大概售价是 1 元 30 钱，相当于同样尺寸的美浓纸卷纸四倍的价格。今天欧洲诸国的语言中，普通的纸称为 Papir、Papier、Paper，即是从 Papyrus 讹变而来。

在此之后流行的是革纸，我们并不知道革纸是谁发明的，但是从太古时代开始，中亚一带就已经使用革纸了，《史记·大宛传》中有相关记述。至于革纸何时传入欧洲，传闻是在古罗马时期。

在欧洲的托勒密王朝时代，小亚细亚的帕加马与埃及相互竞争，传说在帕加马王国欧迈尼斯二世时，建造了庞大的图书馆，埃及的托勒密王朝嫉妒之至，禁止对帕加马出口制作书籍的原料即纸莎草纸。帕加马王国别无他法，只能想方设法寻找新的替代材料，革纸于是被投入使用。这无疑是一种毫无根据的传说，但可以确信的是，革纸必定是从中亚地区，从当时的帕提亚帝国即安息帝国渐渐流传至小亚细亚一带。小亚细亚的帕加马王国是否又在此基础上大加改良，制作了精良程度远超帕提亚帝国的纸，这点难以求证。总之，欧洲的革纸，帕加马王国时已经流传使用了吧。正因为如此，这一类纸自古罗马时期开始就被称为帕加马纸。今天德语称为 Pergament，最接近原词；法语称为 Parchemin；相对而言，英语中的 Parchment 是对原词最大的讹传。制作革纸(在日本,有人动辄即称羊皮纸。这是绝不能错误使用的词汇,原因为何待后续讲述便知)一般按照下述方法。

制作革纸的原料的皮只要是薄皮即可,所以不限任何动物,狗呀猫呀很好,猪呀鹿呀也很好,但是狗和猫之类,属于宠物,数量少,如果要制作大量的纸,终究不适宜。所以通常使用的是羊、山羊、小牛等的皮。毕竟羊是欧洲大量饲养的家畜,皮的数量当然也极多,作为制造纸的原料最方便,所以以羊皮为原料,山羊皮次之,小牛皮又次之。无论以哪种皮来制作,首先要将毛皮在石灰水中浸泡三天,这样皮就会松弛,然后用剃刀剃净皮上的毛,把皮铺在架子上晒干。后世会用石头打磨抛光晒干的皮,在书写的一面即附着肉的一面涂上黏土,不过根据地方的不同,有的地方并无表里之别。比如欧洲南方的一些国家,将长毛的一面视为背面,长肉的一面视为表面,背面有些粗糙不做处理,而特别注意处理表面。与之相反,在德国,表面和背面都同样重视,都涂上黏土。革纸大小,要视动物大小如何,所以本来也不会有非常大的纸。古文书所使用的革纸,根据古文书的需要进行切割,大小视情况而不同。

在欧洲,革纸开始作为书写古文书之用是 5 世纪以后的事,也就是在纸莎草纸渐渐匮乏以后。所谓纸莎草纸匮乏,指阿拉伯人 634 年占领埃及,在这之后,虽然埃及仍与东罗马即意大利进行纸的交易,但与阿尔卑斯以北国家的交易往来彻底断绝(因为互为敌国,处于战争状态)。如果必须使用纸莎草纸,只能从君士坦丁堡附近,或威尼斯附近间接买入,如此一来价格自然上涨,渐渐出现商品短缺,带来了许多不便,最终发展到不得不寻求别的替代物。比如在法国,8 世纪之后古文书都是用革纸书写的。今日革纸仍作为普通的纸在使用,虽然需求量已逐渐减少,但的确是非常漂亮的纸,所以也未完全弃用。例如在装订的时候,或非常郑重的场合,仍然使用革纸作为表纸;又如某些特别的文书必须使用特别的革纸。要说为何不大量使用的话,因为相较其他的纸价格高昂,所以轻易不太使用。

革纸的特质,第一是非常的坚韧,即以人类手指的力量,无论如何都不会裂开。第二是在革纸上用墨书写,则无论如何墨都不会脱退。例如写过的革纸作废后,如果觉得可惜,认为革纸上所写之物已经没有

价值，就用小刀刮削，然而全部刮削一遍之后，字影仍然会模模糊糊地透出来。如果用水浸泡，文字的颜色还会加深变成深青色；如果再使用药品，选择针对某种皮让其墨水颜色加深的方法，文字原本的样子还会再度浮现出来。即除非彻底摧毁，否则不能彻底磨灭其文字，这是第二个特质。第三是虫子难以附着，因此非常便于保存，最适合需要永久保存的重要文件。

革纸之后开始使用的是今天一般意义上的纸，持续至今一直使用着。这种纸原本来自中国，就今日的情况而言，不得不说纸的鼻祖是中国。据说中国人以前使用竹简，即在竹子上雕刻东西，但不知道是否存有原物，这一点无法保证。其次使用绢，今日文人作画也有使用绢的情况。然而，后汉汉和帝之后，在某某地方，真正的纸发明了。纸的制作使用到了各种各样的原料，比如破麻布、麻线头、藤皮、竹皮、楮皮、藁等，其中最古老的是破麻布。后汉蔡伦首次发明以旧渔网及破麻布为原料来制作纸，所谓的麻纸终于出现。麻纸在唐代大量输入日本，即白麻、黄麻，在日本古文书中屡次出现。蔡伦虽是宦官，却是罕见其匹的人才，历尽艰辛最终发明了各种事物，详细事迹参阅《后汉书》列传。就这样,中国出现纸之后,世人都开始使用麻纸,忽然之间,说起纸就专指麻纸。唐代虽然还使用其他纸,但最普通日常的还是麻纸。制作麻纸的工匠被阿拉伯人活捉之后,这种纸的制法传播开来。那大概是唐天宝十载(751)以后的事,具体哪年并不清楚,大概在天宝十载(751)之后数十年,中亚的撒马尔罕已经出现麻纸的制作。是在撒马尔罕(Samarkand),还是在霍拉桑(Khorasan),这方面的信息并不详细,但总之阿拉伯人开始使用亚麻制纸。原本在波斯湾附近有世界第一的亚麻,以上等的麻布而闻名。因此,自然有大量的亚麻破布,使用亚麻的话,应该比麻更好吧。阿拉伯人想到了这一点,又经过试验,果然如此。此后制纸业兴盛起来,专门以亚麻为原料,从 794 年开始到翌年(如果把阿拉伯历转化为普通的太阳历,则阿拉伯历的一年跨越了太阳历的两年),首都巴格达最早建立了造纸厂,经过百余年的发展,造纸厂遍布萨拉森帝国全境,其中最有名的是叙利亚大马士革所制的纸。另外,虽然不太清楚,但大概在叙利亚之中,今天叫曼比季(Manbij)的地方,即距离阿勒颇(Aleppo)三日路程的地方制作的纸好像也很出名,总之,叙利亚生产的麻纸颇负盛名。

如上所述,麻纸成为萨拉森人(Saracen)固有的纸,萨拉森人原本居住的地方都通行这种纸。在欧洲也有萨拉森人分布的地方,即意大利的西西里岛。由于这个岛被萨拉森人占领,所以麻纸也传播到这个地方,之后萨拉森人被诺曼人(Normans)赶走的时候,麻纸已是必需品,仍然继续被使用。现存的古文书中,最早书写文字的麻纸年代是1228 年和 1230 年,其他的应该还有很多吧,但今天已经失传。

长久以来,欧洲学者认为麻纸就是普通的纸,自古以来就是用破棉布制作的。但是近年来实物调查的结果,与这种说法有所不同:萨拉森人不曾使用过破棉布,反之,有他们必然使用了林奈草①或者破麻布的证据。至于究竟是林奈草还是破麻布,因为对古纸的纤维不是十分了解,所以无法保证。但从纸的历史来看,我认为应该是林奈草,总之不可能是破棉布,这一点直接用显微镜观察即可获知。

同中国的麻纸一样,萨拉森人使用糨糊增添纸的光泽,在显微镜下

----

① 林奈草(Linnaea borealis L.),又名北极花,是忍冬科北极花属植物,多年生常绿蔓生小灌木。

观察，能够清楚地看到淀粉的残留。大约在 1300 年，开始使用动物性的胶，这不得不承认是欧洲人的改良。另外，也有人使用面粉使纸的颜色变白，这也是欧洲人的改良。

像这样开始通用的麻纸，是极为漂亮的纸，相当坚韧，适宜书写。但与革纸相比仍然存在不小的差距，从坚韧的程度、虫子附着的难易程度、保存时间的长短来看，麻纸都远不及革纸。也正因为如此，欧洲人不喜欢麻纸。使用麻纸的多是书信、账簿、书籍、觉书之类，特别书信使用麻纸最为常见。一言蔽之，记载当天的无关紧要的事用麻纸，记载传遗后世永久保存的重要之事则用革纸。13 世纪后半期的私人的古文书中，已经可以看见使用麻纸制成的书。但从现存的书籍来看，15 世纪之前的写本大多还是使用革纸。革纸有没有用于印刷不太清楚，但作为印刷品的旧书通常使用麻纸。

欧洲方面的情况如上所述，而在东洋，不可思议的是没有使用革纸的例子。诚然，中亚从太古开始就使用革纸，但却没有传入中国，或许是因为不喜欢使用？具体原因为何，作为日本人无法想象。印度人也没有使用革纸。东洋用于制纸的都是植物纤维，首先就是破麻布、藤皮、竹皮，还有其他树皮等。众所周知中国使用麻纸、谷纸、藤纸、竹纸，印度使用所谓的贝多罗（叶子），即多罗树的棕榈类叶子。多罗在中国古代被音译写作"挞"，这种树在印度很多，是非常实用的木材，它的叶子恰似打开的扇子，因此英国人又称之为 Fan palm，即扇棕榈。这是棕榈中最有名的种类，只生长在印度。将这种多罗叶蒸了之后阴干，使之富有光泽，这样制作出来的东西称为贝多罗。听说后来也使用槟榔叶来代替挞树制作贝多罗。朝鲜和日本自古以来使用国产植物（谷物、楮）的皮，此外，日本也使用破麻布、雁皮（斐纸）[①]、卫矛（檀纸）[②]等的皮。关于纸就讲到这里，下面讲讲笔。

古希腊人使用的是芦苇笔，将芦苇秆斜口削尖即可使用。到罗马时期，开始使用羽毛，大鸟的羽毛即可，稍微斜着切割就能马上使用。近一点的时期，听说维新以前，日本兰学者的老师们从家禽窝里买来鸡

---

① 雁皮（Diplomorpha sikokiana），别名扁柏，瑞香科荛花属的落叶灌木。雁皮制作的纸叫作"雁皮纸"或"斐纸"。

② 卫矛（Euonymus sieboldianus），青蒿科青蒿属的灌木，又名檀，制成的纸叫做檀纸。

或者鸭的羽毛作为笔使用，这也是使用羽毛的例子。因为这种笔专用羽毛，所以称为羽毛笔。拉丁语中羽毛称为 penna，今天也有把笔称为 penna 的国家。笔称为 pen，无疑是对 penna 的讹用。

但是，罗马人日常的书信、无关紧要的证书等，大多写在蜡板上，所以使用的是金属的笔。这种笔通常是青铜的，根据人们的喜好长短不一。尖的一端像火筷子一样，另外一端是平的、球形的，也有像银杏叶的形状。使用方法是，用尖的一端在敷着厚厚的蜡的板子上刻划，如果写错了，就用平的一端磨一磨，抹平之后再重新刻划。罗马的年轻人往往使用这种笔来进行防御，所以才有特别长的特制的笔吧。像这样铁制的笔，如果握在手里，像锥子一样尖的那端撞上人的话是非常危险的事。尤利乌斯·恺撒在假议事堂被暗杀之时，相传曾一度以手中所持之笔防御。罗马之后的诸国，都是使用羽毛笔。关于金属制的笔，像今日这样笔柄上镶着小小笔尖的类似之物，罗马并不是没有，但很久之前就已经失传，到了近代之后又再度被发明出来。毛笔在欧洲则从未被用于书写，只有画家使用毛笔。

接下来说说墨。古代的墨和今天的墨不一样，是将煤预先取出放置，在使用时先往器皿中注入水，加入少许胶，然后加入煤，就像画家拿着绘具一样，是临时制作的东西。罗马的古器中有墨壶，所以也有人很早就制作墨水并储存起来。之后，随着年代的推移，到 9、10 世纪左右，今天意义的墨水渐渐开始流行。或者可以说，10 世纪后一般使用的都是今天意义上的墨水。这种墨水原本是皮革店为了染黑皮革所用的染料，并非用于书写，不知何时、不知如何就被世人用于书写了。从品质上来说，远不如煤汁，如果留存百年，铁会氧化消失，也可以用草酸洗去。煤汁则相反，印度、中国和日本的墨水完全同质，都是由煤汁凝固而成，需要的时候取一点研磨。罗马则不同，每个人所使用的墨水原料都各有差异。煤是粉末状的炭，如果放入火中会立刻燃烧，但如果不这样做，就不会轻易褪去，也不容易被清洗掉。因此，今日的画家、制图家等，称东方的墨水为"印度墨"[①]，从中国、日本购买使用。

---

① 印度墨，墨经印度出口到西方，所以被称为印度墨或中国墨。

乙、古文书的印章

接下来谈一谈印章。印章在欧洲从希腊时代开始盛行,帝王们的文书自不必说,即便是私人的文书,也有专门使用印章的。使用印章的本来目的,是为了确认文书的封口,并不是为了确认文书本身而使用,一般是封合文书之时,以印章作为辅助封合之用。但是到了后世,印章的用途变为确保文书的真实性。以古罗马人的现存文书来看,文书大概是两三张木版或一卷纸莎草纸,所以用绳子捆住两三块组成的木板或纸莎草纸的卷轴,然后印章盖在绳子上。这样一来,不拆封就不能拆开重叠的木板,所以想要不弄坏印影窥视里面的文书是不可能的,卷纸的情况当然也是如此。

这种印章是指环形的,并不局限于人们戴在手指上的那种指环。原本是在指环上刻上印章,之后为了让印影更大,必须扩大雕刻的面,指环也相应地变大,指环大到一定程度,就无法戴在手指上了。因此,极古老的印影,雕刻在极细的指环上的一块平坦的地方,那块平的地方面积渐渐变大,指环也渐渐变大。印章也不全是环形,也有鸟居形,即印的一边是雕刻印章之处的板,就像突出的鼻子一样,也就是所谓的印纽。希腊语中印章被称为 sphragis,同时也有指环之义。

希腊、罗马时代的印章,通常是在黄金或是只在雕刻印章的一面镶嵌的坚硬石类如水晶、玛瑙上雕刻印影。这些印章从罗马时代开始传承下来,在欧洲大部分的博物馆中,都有一个专门的地方收集陈列这些东西。中世纪的帝王们效仿古人,或使用金印,或使用石印,有全部使用黄金的,也有仅印面使用石材的。中世纪的印材种类丰富,各种各样材质都有,首先金属类以青铜最多,其次是金银、黄铜、钢铁等。石类如水晶、玛瑙、玉髓等,普通的石头如板岩比较罕见,也有用象牙的。

印不是直接捺在纸上,而是捺在接受印影的某个物品之上,这个物品或者是金属,或者是蜡。先说金属,最重要的古文书使用黄金板,然后是铅块,再然后就是封蜡。在黄金板或者铅块上打上印影是东罗马的惯例,这个习惯逐渐传至其他国家,中世纪时欧洲已经流行。但是,这些金属上打上的印影、符号,最初是怎么来的呢?关于这一点,并不是十分清楚。所谓黄金板,根据文书重要程度的不同,厚薄程度也不同。

一般使用的是薄黄金板,因为极薄,极不结实,在其上打上印影,然后将黄金板切割成圆形,稍微弯曲其边缘,另外在没有打上印影的地方,再取一块同样大小的圆形的黄金,做成盖状的东西,恰如一个圆形香盒的盖子与盒底。这样做的话,中间无疑是空的,稍不注意就会被压坏,要么在中间注入封蜡,要么在中间插入像柱子一样的细细的木头,这样才能保存好印,因此,印并非是用几十匁①的纯金块打造。如上所述,以这种方式制作的带有圆形印影的东西,通常称为金印;所谓金玺诏书(Bulla Aurea)②,就是盖有黄金印的文书。为了彰显意义重大,重要的文书都特意使用黄金印,后来这一类文书本身也被称为黄金印。盖有黄金印的文书不多,德意志有两种,都是与重大宪法有关的文书。再来说铅,铅块非常便宜又无垢,同时是很软的金属,一般可以直接在上面打上印影。在罗马法皇的御所中,常常使用这一种类的印。不仅是法皇的御所,东罗马自古以来也一直使用铅印。但中世纪的王侯们通常使用来接受印影的物品,不是黄金制的香盒形之物,更不是铅块,而是普通的封蜡。

　　封蜡的制法有各种各样的说法,虽然难以明确说明,不过我所大概知道的是,并不是纯粹的蜡。现在流传下来的封蜡有各种调和处方,都是混合物,有的把白蜡与脂肪混合在一起,根据情况不同,也有的混合含有铁气的黏土,这样的例子比较少见。蜡的颜色原本没有特别的规定,所以任由蜡保留天然的颜色,过去的蜡都带着那个时代相应的颜色,新时代的蜡是白色的。古代的蜡从目前留存之物来看,有白色、黄色、淡红色、淡灰色、淡褐色。随着时代推移,黄绿色、红色渐渐成为常用的颜色。蜡呈黄绿色是因为使用了绿青,呈赤色则通常因为使用了朱砂,少数时候也使用丹砂。③ 这里的黄绿色也好红色也好,最初是供使用者随意使用的,但不久就出现区别,使用红蜡成为某一个家族的标志。这样的封蜡块,在古代自然是手工制作的,表面是印影,不过背面

---

① 匁,旧时日本货币单位,一两银子的六十分之一。

② 金玺诏书(拉丁语 Bulla aurea),又称黄金诏书或黄金文书。原本专指被铸造的金质印信本身,后用来泛称整张诏书,指中世纪至文艺复兴时期,由拜占庭帝国皇帝或欧洲君主所颁发的附有黄金印章的诏书。最有名的是神圣罗马帝国 1356 年的金玺诏书,由神圣罗马皇帝卡尔四世颁布,规定了神圣罗马帝国的基本体制、帝国领地内诸侯的权利与义务,以及七位选帝侯等重大事项。

③ 原文似将朱砂、丹砂误认为不同之物。朱砂、丹砂都指辰砂,是硫化汞(HgS)矿物,颜色呈棕红色,作为颜料已有悠久的历史。

却有指尖的印痕。往往也制作铸模,专门铸造一定形式的封蜡。

德意志在 15 世纪之后,为了保存捺上印影的蜡块,使用木头或金属,制作了正好可以装下蜡块的香盒模样的容器。在此之前,没有这种称作印影箱的东西。15 世纪中期以后,也有把纸盖在上面的情况,具体做法是将纸切成四方形,浸湿后放在印影箱中的蜡块上,用印在纸上押捺,则纸同蜡块都会被捺上印影。

捺上印影的封蜡,在罗马时代必定是系于绳子上的。无论是纸莎草纸还是革纸,或是木板,或是其他东西,将其卷起来或是叠起来,然后使用绳子勒紧卷轴或木板。为了不使绳子松开,在绳结处捺上印影。也即是说,使用封蜡盖住绳子的绳结,再在封蜡上捺上印影。到了中世纪,比如到了 8、9 世纪,是在文书的下摆打上一个菱形的孔,嵌入封蜡捺上印影。为了不让封蜡掉落,用绢丝横竖反复交叉地将封蜡绑在文书上。再后来,风气又逐渐转变,出现了系绳子的例子。系绳子是指,将文书的下摆折叠成两层,在折叠处打孔,系上绳子,绳子材质为各种花色的绢丝、麻、毛线①,绳子上挂着封蜡块。这样一来,便是一份文书以绳子挂着封蜡的情形。罗马人为了不让人看到文书内容,原本是绳子打结,在绳结处捺上印影,12 世纪中期以后改为用绳子系挂封蜡,封蜡本身已变成证明文书的证物。至于为什么开始系挂封蜡则原因不明。这里使用的丝类是普通的绢丝,也有其他如麻、毛线、革纸切下来的碎片等,一开始是任意使用的,但如同封蜡的颜色一般,后来绢丝被规定为王侯才能使用的规格。渐渐地印影及丝线材质的选择都有了各自的规制,比如黄金印只用绢丝,铅印只用革纸的碎片,不过这些都是 12、13 世纪以后的事。乡镇或私人文书所用的系绳都是革纸的碎片。那么,以绳子系挂着接受印影的是何种物品呢? 通常是蜡块,被称为bulla,这在古代拉丁语中是指罗马显贵家庭的孩子用黄金锁链挂在脖上的守护箱。接受印影之物系于文书之上,就好似孩子们颈上的守护箱一样,因此而得名。像这样系挂着的、押捺上印影的物品,通常情况下就是封蜡,如果丢失或者遭遇火灾,导致表面的印影损坏,那么文书就失效;反之,即使绳子断了,只要封蜡的蜡块仍然保存完好,那么文书

---

① 日语"毛线"指羊毛或其他兽毛纺织而成的线。

仍然有效。所以，通常将文书适当折叠，然后在折叠好的文书上系上封蜡，保存起来。极少数的情况下，即非常重要的文书会特别使用铜筒保存。15 世纪以后，类似情形则专门使用木头或黄金的箱子。

接下来就印影的形状说几句。印影的形状一定程度上取决于印材，如果接受印影的物质是金属，通常是圆形；只有接受印影的物质是封蜡，才会出现各种各样的形状。不过即使在封蜡的情况下，通常也是圆形，中世纪初期比较特殊，皇帝玉玺出现过椭圆形，但此后皇帝玉玺固定为专属的圆形。列侯、豪族、城镇、寺院等，则任意使用圆形、椭圆形以及种种意想不到的形状。当然根据家族的不同，根据地方的不同，多少存在一些惯例。比如，12 世纪以来高贵的僧官或者寺院等所用的印形，多为尖尖的椭圆形，又称抛物线形，列侯之中也有采用这种印形的家族。又比如 13 世纪以后，列侯、豪族中多有使用楯形印的家族，有把楯的武器放在上面或下面的，也有把楯的横线弄平、弄倾斜的，各种各样的情况都有。欧洲印章学通常所列举的种类大致如下：

三叶形　正三角形　下曲楯形　尖竖椭圆形（一名抛物绵形）　四叶形　四角形　上曲楯形　尖横椭圆形　圆形

竖菱形　竖长方形　心脏形　梨形（日本称为宝珠形）　竖椭圆形　横长方形　逆三角形　楯形　横椭圆形

这些印形旁边添加的名称，完全直译自欧洲印章学通常使用的名称。这些各种各样的形状，并不是经常出现的，但是是某些家族一直使用的印形。总之从搜集的印形来看，大致就是这样的风格。也就是说，如果使用太过杂乱的印，反而会降低家族的品位。

丙、古文书的语言

欧洲古文书使用的语言，按照罗马以来的惯例，通常是拉丁语，而且重要的古文书必须使用拉丁语。罗马时代特别设立了拉丁语的文章学学校，这类学校的毕业生一般被录用为制作文书的官员，所以古文书的文章都使用正式的拉丁语书写。但拉丁语自共和时代直至帝国的终结经历了漫长年月，作为实用的语言，随着时代的变迁亦不断地发生变化。文章学毕业生出身的官员们，虽然努力地写着古文，但难免自然而然地把自己日常说话的地方口音混杂进去，于是往往出现一些打破古文格调的词句。即便如此，罗马帝国直至灭亡都使用着正式的拉丁语古文。罗马灭亡之后，今天意义上的欧洲诸国逐渐兴起，特设的文章学学校不复存在，偶尔有拉丁语专家出现，也不过集合少量门生授课，如果要正规地向诸国人民全体传授拉丁语古文，显然心有余而力不逮。不过在意大利和法国等地，官方仍然特意保留了拉丁语文章的练习，坚持不懈地使用正式的拉丁语书写。作为曾经罗马帝国的国语，拉丁语流行于欧洲诸国，然而各处人种不同，语言当然也不同，政府虽然借助教育之力谆谆教诲，但难免夹杂口音，法国使用的通俗拉丁语，意大利使用的通俗拉丁语，西班牙使用的通俗拉丁语，葡萄牙使用的通俗拉丁语，无不夹杂着各自国家的口音与讹用。这些通俗的拉丁语就是今天的法语、意大利语、西班牙语、葡萄牙语。中世纪的拉丁文，是将民间流传的通俗拉丁语略加提炼而成，当然也不是正式的拉丁文。只有法国、意大利等特别注意古文的学习，官方文书与其他国家相比，更接近拉丁文古文，这样的文章，欧洲称为古文书文体。举例来说，就像日本古文书中常见的，既非纯粹的汉文亦非纯粹的日文，而是一种混血汉文，便与此大同小异。但在中世纪的欧洲诸国中，这种文书体的文章并不是人人实际应用之物，而是在学者之间或者上流社会，特别是炫耀自己才学的公开场合或某个集会，预先为了讲这种风格的话，提前用这种语言打好的腹稿，究根到底是为了展示才能。一言蔽之，应称之为上流社会的通用语言，而不是民间的实用语言。在民间无论说什么语言，都是各国各自的语言,在德国用德语,在意大利用意大利语,在法国用法语,在英国用盎格鲁-撒克逊语。正因为如此,为了使法令贯彻于一般人民,法令都以那个国家特别的国文书写并发布。这种做法最初被视为特例、临时之举,随着时代的推移,使用文书体拉丁语的情况自然地减少,使用各国国语的情况则逐渐增多。

这一现象不仅限于古文书,凡使用古文的文件皆是如此。记录、觉书、账簿、法院的宣告、法律文书,所有文献都依循此迹:最初使用拉丁语,随着时代的变迁,逐渐使用各国国语。如果翻阅两三百年前的书籍,令人感到奇怪的是,正文虽是各国国文,注释却是拉丁文。无论要写什么或是要说什么,好似都必须使用拉丁语,大学里的课程就更不用说了,都是拉丁语。与此相似,日本的学者们、上流社会的人们,厌恶也好,顺应也罢,都不得不写汉字,这种做派一直持续到近百年前。因此,要学习欧洲的史学,如果满足于阅读普通的编纂物那另当别论,假使想稍微认真地追溯根本史料、厘清史实,第一个必须学的语言是拉丁语。不仅仅是为了看古文书,所有的记录、觉书、账簿类。总之,一切文献都使用拉丁语书写,实是别无他法。日本的用汉文写作亦是如此。其次必须学习的语言,不必说是各国的国语。

丁、古文书的日期

在欧洲的古文书中,跟日期相关的事情有严格的规定,日期阙如则古文书无效的例子比比皆是。关于日期的内容,本应在后面年代学的部分讲述,但此处既然已经提到,就顺便稍微说一下吧。

首先所谓日期,有年、月、日三种。年有各种书写方式。在罗马时代,会专门在当时在职的执政官名字前写上年,因为罗马执政官的任期只有一年,所以执政官的名字前,年是固定的。东罗马最初延续了这个惯例,后来在有名的查士丁尼大帝时期发布了新的制度,改为皇帝即位几年。据公元537年8月31日敕令,在东罗马所有领地中使用的公开日期应为皇帝即位年数,年数必须与皇帝即位年数相符,即从即位元年开始依次数在位的年数。根据查士丁尼的敕令,即位当天是即位元年的第一天。如查士丁尼于4月1日即位,那么即位几年是指从4月1日开始的几年,不同于普通历年,颇为不便。尽管如此,这一制度还是在法国、意大利一带自然地实行了。时至今日，比如在英国，法令等仍必须写作某王即位几年，不过好像不从日期开始计算了。即位年之外，还有其他的年的书写方式，因为过于专门，这里就不再列举，只对后世普遍实行的耶稣纪元稍稍再说一说。

原本耶稣纪元是由寺院中举行宗教祭典的必要之物发展而来的。今日日本的寺院悬挂有写着释迦入灭后第几年的木牌，便与之是同样的目的。这种寺院的惯例逐渐在普通民众中流传开来，自9世纪上半叶开始，德意志等地的个人文书中已使用耶稣纪元。但对于朝廷而言，这并非易事。在罗马法皇的御所中，起初文书中不曾出现过耶稣纪元，其出现是10世纪下半叶以后的事。因此，希望大家知道以耶稣纪元来纪年是很久以后的事。后世以耶稣纪元来纪年，又包含各种不同的计算方法，今日看来，好像都是建立在虚构的数字之上，实际上并非如此。所谓各种不同的计算方式，即耶稣纪元的第一天是历年里的哪一天。今天以普通历年的一月一日作为第一天，这已成为通例，过去则有的以十二月二十五日为第一天，有的以三月二十五日为第一天，也有以Páscoa祭（耶稣复活祭）为第一天的例子，这些日期都因年而异，不得不说是相当麻烦的"第一天"。最麻烦的耶稣纪元计算方式是法国，或以三月一日为第一天，或以九月一日为第一天，无论哪一个都不同于普通历年，计算非常麻烦。今日的通例与历年相符是非常便利的，这是自然而然的演化。关于年，大致讲到这里。

古文书学的内容细说起来没有边际，姑且讲述至此，接下来我们转移到地理学。

三、地理学

地理学是一门非常广博的学科，通常我们将它划分作若干小的分类。首先是数理地理学；其次是物理地理学（即通常所谓的地文学，我个人极其嫌恶这一称呼，所以不太使用。因为地文学的称呼来自中国学术未开的时代，学问被分割为天、地、人三部分，与天有关的学问被称为天文，与地有关的学问被称为地文，与人有关的学问被称为人文，天文、地文、人文三者网罗了一切学问。如此说来，世界上所有与土地相关的学问都属于地文,不仅包括整个地理学,此外经济学、农学、林学、采矿学,以及其他种种与土地有关的学术,都冠以地文学之名。换言之,以今日学术的眼光来看,地文学究竟是什么根本无法界定,这个词被"物理地理学"所专用实属僭越,物理地理学倘若对自身有清醒认知,绝不会自得于此称呼);再次是物产地理学或者经济地理学(自古以来被称为"物产学",也有人视之为物理地理学中的一个流派,在此我想将二者特别分开,单独将其作为地理学中一个小的分类);然后是政治地理学(近来听说要冠以人文地理学之名,这是不适宜的,就像刚才提及地文学的不适宜一样,人文即有关人类社会的一切学问的总称,法律学、经济学、外交学、伦理学、宗教学等一切与人类社会有关的诸学科都包含在内,被称为人文地理学含义过于广泛,归根到底说不通。这一分类按照其原语译为政治地理学比较好);此外还有历史地理学、人种地理学。也有观点认为,政治地理学、历史地理学、人种地理学三者应归为一类。但是,我们目前所见的分类,因为有共通相近之处才归为一类,不能胡乱归结一气,所以此处还是分别称之为政治地理学、历史地理学、人种地理学比较好。

具体来说,这些分类都与其他科学有着紧密的联系,比如数理地理学直接与天文学有关;物理地理学直接与物理学相关;与地质学的一部分直接相关的经济地理学与农学、采矿学密切相关;政治地理学与政治学、经济学相关,关系极为紧密;历史地理学与史学相关,关系紧密到几乎难以划分两者之间的界限;人种地理学恰如其名,与人种学相关,广义来说也可以视之为与人类学关系紧密的一个小分支。如此这般,几乎不知地理学的本体在何处。如果说将各个学科的一部分集合起来,如同造假一般组成一队,那便是所谓的乌合之众,无法形成有组织的整体。原本地理学在中国被称为禹贡,在欧洲是自阿那克西曼德(Anaximandros)①以来便存在的古老学问,粗略估算也已经是两三千

---

① 阿那克西曼德(Anaximander,约前610—前546),古希腊哲学家,师承泰勒斯(Thales),与泰勒斯、阿纳西米内斯(Anaximenes)一起被视为米利都(Miletus)学派的代表人物。他以理性思维的方式观察和解释宇宙的各个方面,第一次构想了宇宙力学模型,被认为是宇宙学之父和天文学的奠基人。对后世的地理学亦有贡献,绘制了第一张世界地图,希腊史学家赫克特斯正受其影响,在其基础上绘制了更准确的版本。

年的古老之物，但却处于上述所说的不幸境地，还未能取得完全独立的立足之地。因此，要将上述学问整合为整体，使之成为一门科学，还有很远的路要走。如在德国，说到地理学就是物理地理学，恰如说到国家学就是经济学，是一样的道理。因此可以说，国家学和地理学一样，都是乌合之众，这是毋庸置疑的。

如上所述，地理学的概念难以简单界定，有点头脑的人都应有此共识。当下能全盘通贯总括各种地理的学者，一个也没有。换言之，所谓的地理学者，只专门研究其中的某一个分支。中学程度的地理学，自然不必细致地剖析，但若考察地理学整体，虽然不乏表达意见者，但通贯总括的人显然还未出现。地理学是什么的话题到此为止，关于史学最依赖的辅助学科是地理学这一点，下面稍做讲述。

作为辅助学科，史学最依赖的地理学分类是历史地理学与政治地理学，另外偶尔需要借助物理地理学的支援，偶尔也有把数理地理学呼唤出来的必要，不过通常情况下历史地理学和政治地理学便能解决问题。因此，这里先讲历史地理学。

甲、历史地理学

对于史学而言，这是极为重要的辅助学科。人类社会就像在培养基里的细菌群落一样，必然与地面有着紧密联系，人类社会所有发生之事都与地面紧密相关。因此，历史地理学这门学科傍于史学之侧，效力卓著，这是毋庸赘言的。然而历史地理学这个学科细类，在古代长期停滞不前，直至最近才总算有了些许萌芽。人类社会的发展需要怎样的条件？换句话说，作为条件之一，必须具备怎样的地理条件？又或者作为一个国家要发展下去，在地面上应当处于怎样的地理位置？诸如此类的问题，古人并无调查研究。今日研究地理的人虽然较过去明显增多，但纸上谈兵者不少。研究国家和社会，势要了解其发展需要何种地理位置、何种地势、何种土质，这些知识很大程度上来源于旅行的经验。同时必须拥有科学的头脑，不懂数学理论不会计算不行。所谓在书桌旁研究学问是学者专职的时代已经过去了。最近越来越多的人注意到这一事实，也就是说直到最近，历史地理学才让人看到发展的希望。以这样的历史地理学为基础调查历史的事实，方能正确地叙述历史。

开始尝试以历史地理的研究去解释史学问题，还不到二十年。英国历史学家巴克尔论述高山大河影响人心之势力，已经是很久之前的事了，今日我们不能再发表类似于此的空泛议论，而是必须实地调查。经过大山就要寻找何处是山巅，坐船过河就要考察船能行至何处，在半山腰种植就要观察风从何处来。论述高山大河如何影响人心不能纸上谈兵，而必须引用实际的山河来讨论。要说巴克尔的纸上议论，中国人早就有类似说法，并非新鲜事物。

乙、政治地理学

政治地理学之所以能为史学提供应援，是因为根据我们所理解的，政治地理学研究的是现在存在的国家、社会之中各种组织进行怎样的活动，发挥怎样的作用。古代国家、社会也是依循同一原则生存并发展的，因而两者有着类比思考的基础。也即是说在史学上提出一个学说时，要回答立案的依据来自何处时，政治地理学是可以发表意见的学科。

其他物理地理学、数理地理学应援史学的情况，或因为必须要了解涨潮退潮、海岸线变动，或因为必须要调查天体与地理的关系，这些都是比较罕见的情况。上述大致说明了地理学是怎样的学问，以及史学借助其应援的情况，接下来试举一两个实例，以示地理学作为辅助学科的效力。

一、关于历史地理学的实例

历史地理学同时包含了两个方面的内容，一是古代地理研究，即研究一国或一个地方的地理；一是史论。这里先讲以现代地理复原古代地理，并以之作为研究古代历史资料的例子。

首先是近一点的镰仓。大抵谁都知道镰仓的地理，此处似不必赘述，总而言之，镰仓是第三纪层的倾斜地，三面环山，一面临海。这三面山之中，东、东南、东北方向的山高一些，西和西北方向的山矮一些。如果从陆地出发，就要经过这些山，无论行至何处都要翻山越岭；如果是从地势较高的高地往下走，就必须下山。如果走海岸线，从逗子出发，经过名越、弁谷诸山来到小坪，然后绕过饭岛的海角，只有一条滨道通往材木座。这是一条非常危险的道路，是在山脉断裂落入大海的地方，以人工开凿的方式修筑的路。以上是现今镰仓的地势，古代镰仓兴盛时代的地势，与此稍有不同。

这一带的海岸都有塌陷的倾向,现在如饭岛这类的岛,几乎难以称为岛,不过是海中稍稍裸露于波涛之上的岩石海岸,可以看到波浪不断地冲刷过岩石,也就是说,岛屿已经沉没了,只有残留的这一点点岩石作为其曾经存在过的证明。从片濑江之岛方向过来的西滨道,现在称为七里滨道,沿途全是海滨,无法进入镰仓,必须登上极乐寺村,通过极乐寺坂才能进入镰仓。这里西边的山因为很低,所以山上杂木丛生,但也没有特别大的树,从七里滨的地方出来,山势的倾斜非常平缓,如果想要登山,无论从哪里开始都能自由自在地攀登。正因如此,对镰仓来说,极乐寺方向附近必然是极危险的要害之地。东南方向,不仅山高,而且是只通往三浦郡的路,不需要特别注意。东边前往六浦、金泽的方向,山极为险阻,当时是通往大量外国船只停泊港口的道路,不用担心敌军来袭。东北方向高山连绵,大平山、胜上岳等山脉连绵不尽,也没有敌军侵袭之患。其次是山内、大船、梶原、常盘等方向,这些地方固然不是让人后顾无忧的安心之地,但也算不上什么危险的地方,虽说不能经常防备敌军,但也不会被轻易攻破。如此看来,极乐寺附近是最脆弱的地方,而且这里还是往返关东、关西的通道,当之无愧成为镰仓最重要的喉舌之地,其不幸也肇源于此。

追溯往昔,此处尚有一险隘,即稻村崎这个地方。据今日所见,稻村崎是灵山断层坠入海中之地,断层的一面是极深的岩石海岸。退潮时这里不会干涸,没有可以通行的道路;大潮①之际,这里也无法通过。然而,过去的地势并非如此,大概是很久以前的事了,总之在明治维新以前,只在大潮之时可以通过。明治维新之后,无论怎样的大潮都无法通过,也许是明治元年(1868)大海啸导致突然塌陷的缘故。

镰仓时代,稻村崎的悬崖下有条细细的滨道,这条道路被称为滨手道。从京都到关东的旅人,都是经过这条滨手道前往镰仓。当然,即使在那个时代,滨手道也并非宽阔的道路,通行似乎极其困难。源光行《海道记》②

---

① 大潮,以朔望月为周期,潮涨与潮落的落差即潮差最大时叫大潮,潮差最小时叫小潮。
② 源光行(1163—1244),平安时代末至镰仓时代初的政治家、文学家、歌人,《源氏物语》的研究者,河内学派的创始人。《海道记》是贞应二年(1223)写作的纪行文,内容是白河的隐士从京都来到镰仓再归京,与《东关纪行》《十六夜日记》并称为中世三大纪行文。该书是有关京都与镰仓之间的东海道的重要资料。

记述了贞应二年(1223)四月光行离开京都前往镰仓的游记,简单地描写了滨手道的模样,文字非常绮丽。

> 过了名为腰越的平山,有个叫作稻村的地方,沿着险峻的岩石重叠的缝隙前行。撞击岩石而碎裂的海浪,宛如花一般地落下。
>
> 怨恨此愁苦之身,泪沾襟袖,心亦随浪潮翻腾。申刻在由井之滨,久久不能平静。

如描述所见,贞应时代稻村崎悬崖之下的道路,大致能想象出来。《梅松论》中也提到了这条滨手道,《梅松论》的作者并不十分明确,但总归出自尊氏的幕僚之笔没错。[①] 前人对此早有论说,此处对此也无异议。书里的记述如下:

> 五月十八日未刻左右,义贞的军队经过稻村崎烧毁了前浜的村舍,镰仓众人看见了燃烧的浓烟,惊得手足无措、周章狼狈……相模守高时禅门[②]元弘三年(1333)五月廿二日在葛西谷自杀……不可思议的是,稻村崎海浪翻涌,岩石高耸道路逼仄,原本军队难以通过,正处于战斗之间,突然海水退潮,露出沙地,得到了来自神佛的庇护。

如书中描述,即使到了建武时期,滨手道也是途经海岸、位于岩石之间的狭窄道路,原本军队不能行军通过此处,但因潮水退去,海边露出沙地,大部队才得以顺利通过。

时值隆冬,波涛异常汹涌,要经过滨手道理应更加危险,即使如此也要防备敌军侵袭的证据是,尊氏兄弟谋反并占据镰仓便是在隆冬。因此,稻村崎必须布防坚固的警备。这样看来,极乐寺是镰仓的喉舌之地,然而地势上不堪一击,又不幸地增添了这条危险的滨手道。极乐寺

---

① 《梅松论》,南北朝时代的军记物语,全两卷。作者不详,多认为是室町幕府方面的人物,与足利尊氏或梦窗疏石关系深厚。成书时间古说1349年,新说1358年至1361年之间。描写了承久之乱以后镰仓幕府的统治到尊氏掌握政权的过程,与《太平记》形成双璧。一般来说,《太平记》偏向官方(南朝),《梅松论》更偏向武家方(室町幕府·足利氏)。《梅松论》抄本分为古本系和流传本系,各有很多变动。

② 北条高时(1303—1333),镰仓幕府第十四代执权,出身于北条氏得宗家。幼名成寿丸,又称相模太郎。元弘三年(1333)后醍醐天皇(1288—1339)举兵倒幕,引发元弘之乱,新田义贞(1301—1338)率军攻击镰仓,幕府军大败,镰仓幕府灭亡。北条高时与其他北条氏一族在镰仓东胜寺自杀。

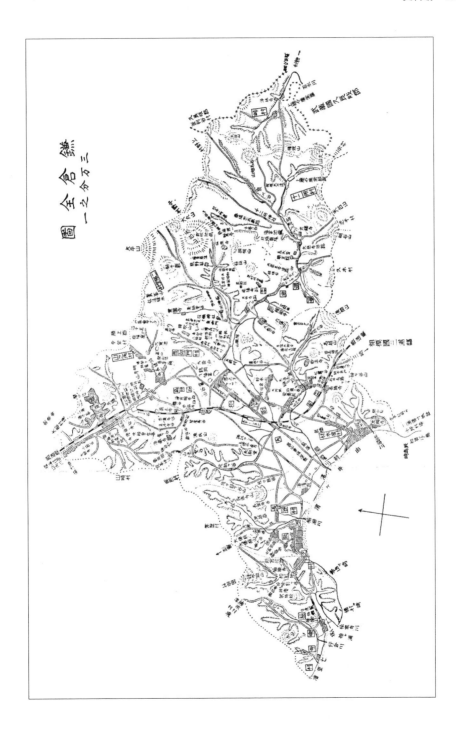

凿开的山路被称为镰仓的前门,守住这个前门与稻村崎的滨手道,镰仓就暂时安全,反之镰仓被攻陷时,意味着这条路也已经被攻破了。敌军如果到了极乐寺坂尚能勉力抵御,如果到了滨手道趁退潮之际迅速通过,就无论如何也无法阻止了。退潮时分,稻村崎的悬崖底部变成滩涂,这是现在无法想象的事,但据当地人说,在明治维新之前,大潮之时的确会露出五丁①左右。镰仓的地形难以复原过去,主要是因为难以复原稻村崎的滨手道,如果复原滨手道,便容易理解历史上的地势。

极乐寺坂过去比现在更险阻一些,但大体上并无差异,明治维新以后开凿了其他新道,这一点众所周知,没有必要特意去调查。

如上复原可见,镰仓是天然的城郭。规模虽然不大,却是天然的本丸②。箱根之东、确井之南的平原非常适宜作为二之丸、三之丸,本丸的话,规模狭小的镰仓就足够了。正因如此,在北条氏执掌政权的时代,镰仓就是本丸的待遇。通往本丸的入口如刚才所说,今天称极乐寺坂为前门,称朝比奈凿开的山路为后门。后门不必担心敌军进攻,只要防御好前门,其他地方都是高枕无忧、坚固无比的天险之地。在不知道如后世那般加高石墙、挖深壕沟、搭建高耸的瞭望楼来建造人工城池的古代,镰仓确实是一座坚固无比的城郭。蜷缩在如同猫额头一样狭窄之所的镰仓,对号令天下的赖朝来说未免也太不相称了,这是对历史、地理知识不熟悉才有的观点,稍做思考的话,据守在镰仓反倒是颇具卓识远见。这便是历史地理学作为史学辅助学科发挥作用的一个例子(镰仓全图大致采用犬山初藏先生编辑的图,③在此基础上,我们亲自实地踏查,对照古书及当地人口述略作增补)。

再举一个类似的实例。中国的澳港,是香港旁边的一个小港口,曾被葡萄牙占领,这是大家久已所知的事实。以今日眼光观之,此港口无甚意义,商业方面碌碌无为,几乎只剩下铺张的赌场,葡萄牙人在势力兴盛时期租借了这样的港口,似乎令人难以理解,但若从地理的角度去

---

① 丁,日本古代尺贯法的面积单位,1丁等于10段等于3 000步,约99平方米。
② 日本城郭一般由本丸、二之丸、三之丸组成,代表城郭由内至外的区划,本丸为城郭的中心,也是守城战中最后的据点。
③ 犬山初藏编:《镰仓实测图》,香山新之助1891年。

观察,马上便知个中奥窍。

首先澳港这个地方,原本是怎样的地方？此地在明代非常重要,具体说来,广东省的广东自唐代开始便是有名的贸易场,南洋诸国的商船频繁出入于此,中国前往南洋的商船也从这里出发。不仅如此,遥远的阿拉伯商船、印度商船等也出入此地。因此,广东的贸易额巨大,是唐代政府收入中相当重要的部分。然而到了明朝正德年间,贸易场被封停,政府命令南洋诸国商人迁往高州的电白县即雷州半岛附近的港口。像电白这样偏远的港口是极其不便的,商人们不堪忍受,通过贿赂要求迁往广州内海岛屿香山的东南海边、一个被称为壕镜的半岛之地。最终以每年二万两的租借费租得此地,这一年是嘉靖十四年(1535)。这个被称为壕镜的小小的半岛地,就是今天的澳港,原本无价值,后来因与广东交通便利,被商人们以每年二万金租借而得。

广东货物吞吐量巨大,今天如此,唐代也如此。从中国北部到大庾岭的南面,自古以来称为五岭,虽然称有五条山道,但并非五条都是上山下山的路。不仅不全是山道,还有一条极其便利的道路,虽然略微绕了点远路,但土地肥沃,人口众多,方便输送货物前往大地方,这就是穿过广西省的所谓桂岭道。广西省在广东省的西面,可以自由地通行至湖南省、贵州省、云南省。因而广西省的梧州看似边远,但因临近西江,通过水运可以自由地往返广东,实际上是大量货物的集散地,广州吞吐的货物大半输送至此地,相对的,输往福建、江西方向的货物比较少。要养活这些广东的商贾,一定要有各国的商人来广东,退而求其次也要到某个便于出入广东之所。刚才提到的壕镜即今天的澳港,原本是南洋诸国商人通过贿赂租借的非常狭小但便利的地方,诸国商人留居于此从事贸易,但南洋诸国中没有大国,葡萄牙就是其中最强大的国家,其他国家都惧服于葡萄牙的势力,因此最终演变为葡萄牙人单独租借并一手掌控此地。这一年是明神宗万历十五年(1587),租借的金额是每年五百两。

葡萄牙人费尽心思来到壕镜,后来又找到所谓的阿妈港,完全是看中广西省及其邻近省的货物吞吐能力,意欲在此经营贸易,大展商业宏图。今日英国人占据香港,与当时葡萄牙人占据壕镜的着眼点不约而同。也许有人会问为什么葡萄牙人不选择占据香港,而是选择壕镜这个狭小的港口?关于这个问题,以香港的实际情况而言,香港固然是天然的开阔港口,但这个港口所在的岛屿,原本称为红香炉山,是没有草的多石之山,也几乎没有平地,之所以变成今日香港的面貌,是英国政府投注了巨大的费用。葡萄牙国家小而财源匮乏,难以实施像英国人这样的宏大计划。澳港这样规模狭小的港口,正好对应葡萄牙人的财力。更何况南洋诸国的商人前些年已租借到此地,葡萄牙人在此基础上再谈判毫不费事,租借费不多也腰包不疼,商业上极其便利,于是就在此盘踞下来。今日澳港已然沉寂,归根到底是因为被香港取代,无力与香港竞争,而并非是留在澳港的商人没有志气(澳港、广东一带的详细地理见陆军编辑的《中国全图》①)。

再列举一个史论的实例。对于古代历史而言,无论哪个国家,都有史料极其匮乏的情况,即使想通过证物来调查历史,但由于缺乏材料,什么也说不出来,只能眼睁睁地枯坐想如何是好,穷尽目前已有之旧说,最终不得不搁笔。因此,学术性的调查研究,只依据书籍类的材料是不可行的。以前的史家,把只依据书籍视为理所当然之事,这种观念放诸今日的场合,则历史的答案将陷入窘途,不过是一直重复古代流传下来的说法而已。按照我们的方针,史学决不能只依据书籍,而是要结合其他辅助学科来进行研究。以中国为例,研究中国春秋以前的历史,所依赖的第一是中国的字学,第二是历史地理学,第三是考古学。研究希腊太古的历史,所依赖的第一是历史地理学,第二是考古学,第三是神话学。埃及古代史所依赖的第一是历史地理学,第二是考古学,第三是埃及的字学。罗马古代史则第一依赖考古学,第二依赖历史地理学,第三依赖古拉丁语的语言学。如此来看,必要的顺序大致是字学或语言学、历史地理学、考古学等,虽然国家不同则顺序略有不同,但大体上都是将这些学科叠加在一起进行研究。作为实例,下面简单讲讲罗马的起源。

---

① 日本帝国参谋本部:《中国全图》,参谋本部 1892 年。

如果想认真研究罗马最古老的历史，首先不得不读一读普鲁塔克①的《罗慕路斯传》(*Romulus*)、维吉留斯②的长篇这一类的东西。在这些著作中仍然无法得知的，就要交给历史地理学、考古学来联合进行研究。在意大利半岛的中间，临近西南海岸，斜着入海的地方有一块小平原，其最长最宽的地方是 15 里长、12 里宽。这里所说的是最长、最宽之处，实际面积并不是很大，中间还有沼泽、河流以及许多无用之地，最终缩减到大约五里四方③。这个实际发挥作用的五里四方之地所处的平原，即所谓的拉丁姆(Latium)。这个地方被昔日的台伯(Tiber)河灌溉，过去这条河流经罗马城镇的地方有 44 间④宽，下游有 66 间宽。这是一条非常长的河，长达 75 里，其中 68 里流经黏土性的山地。水中都是细密的黏土，终年都是泥水，但是水源地天然泉水丰富，一年四季的水量相差无几，水量平均。这条河从山地出来，恰好落入拉丁姆平原的怀抱中，山上的土被河水冲刷，露出所谓的山骨，形成了岛屿的形状、半岛的形状，以及各种组合交织的形状。此处便是罗马的城市所在地，俗称罗马七山之地，精确地说，不是有七座山，而是有十多座山，所谓七山其实是一种误解。此处货船恰好可以靠岸，从此处再往前一点，货船不能靠岸，只能使用小的钓船运载货物，也即是说从罗马城开始台伯河突然变深了。这个拥有众多山谷的地方，并不比水面高多少，只要水位稍稍升高，山谷之中就都是水，地形又显然是由半岛或岛屿构成，常常会漫水。虽然这个山谷以及山谷之上的高台地是罗马帝国都城的所在地，但这里的地面并非完全属于罗马帝国，这一点让人非常意外。高台之中有一个叫帕拉蒂尼(Palatino)冈的地方，看起来像是细长的马背形，与其他高台地相连，即半岛形的地方之一。这个冈比罗马其他山谷

---

① 普鲁塔克(Plutarchus，46—120)，罗马帝国时代的希腊作家，柏拉图主义的哲学家，历史学家。代表作《希腊罗马名人传》(*The Live of the Noble Grecians and Romans*)，又名《比较列传》(*Parallel Lives*)，选取著名的希腊人与罗马人为组合，以比较的方式评述，开篇便以罗慕路斯与忒修斯为一组。罗慕路斯(Romulus，约公元前 771—前 717)与雷穆斯(Remus，约公元前 771—前 753)一同是罗马城的建造者。

② 维吉留斯(Vergilius，约公元前 70—前 19)，通称维吉尔(Virgil)，奥古斯都时期的古罗马诗人，他的《埃涅阿斯纪》《牧歌》《农事诗》是拉丁文学的代表作品。其中《埃涅阿斯纪》被认为是维吉尔最好的作品，古罗马的民族史诗。以荷马的《伊利亚特》和《奥德赛》为原型，描述了埃涅阿斯从特洛伊到意大利的旅程，他的后裔罗慕路斯和雷穆斯在那里建立了罗马城。

③ 五里四方，日本俗语，指空间或土地四边均为五里宽的大小。

④ 间，日本长度单位，一间等于 6 日尺，约合 1.818 米。

高约百尺,过去的形状是菱形,其中一边大约长 450 米,另外三面被台伯河冲刷着,形成陡峭的悬崖。冈上平坦的地方如果按往昔的样貌计算,大约 61 500 坪,今天在此基础上不断填土,面积比以前大了许多。

61 500 坪,按 6 万坪计,不过是 20 町步①而已,如果说这 20 町步的地方就是罗马帝国的国力所在地,那的确让人稍稍吃惊,然而即使这 20 町步也不全是罗马人居住的地方。太古时期罗马人的居住之地,后来被称为罗马国家祖先的居住地,罗马历代将之作为神圣之地保存下来,这是今天清楚知道的事实。这块神圣之地是长 175 米、宽 100 米的长方形,仅仅占据 6 万坪的小小一隅,换算成面积是 5 568 坪,这块地方就是王政时代之初罗马人居住的地方。面积仅仅占据 6 万坪的 9%,余下还有 91% 的面积,为何如此分配不太清楚,暂先放置不论。即是说,高台上 91% 为空地,9% 是居住地,大致是这样的情况。

在这 9% 的地方,罗马人建造了各种各样的住宅,剩下的 91% 应用于特殊场合,是为了蓄养家畜或为了长期笼城②而准备的空地。太古的城墙环绕于悬崖边,现在只留存下来一部分,是用帕拉蒂尼冈高台的火山石头混合搅拌成凝灰岩而成。从石头堆积的方式来看,并非是学自其他国家的方法,而是生活在这附近的居民所使用的堆积方法,这是远方的伊达拉里亚人(Etruscan)、拉丁姆边境的山地住民等没有的方法。这些原住民各自有固有的石头堆积方法,这是已知的事实,罗马残存下来的最古老的城墙,并非借助其他国家人民之手建成,也并非新鲜观点。古书上记载罗慕路斯从伊达拉里亚人那里学习了百般事物,但就这个城墙来看则大错特错,太古时代的罗马人并没有从伊达拉里亚人那里学习技术。罗马人以这个 20 町步的高台为根据地,修筑城墙,带着家畜从形如马背之地去其他高台游牧,到了傍晚回来,把家畜关进杂屋。毫无疑义,太古的罗马人以畜牧为生。当然,我们并不相信罗慕路斯等人物的真实存在,但是这样的城镇、这样的村落、这样的国家是存在的。这个国家被称为 Rumon,这在古拉丁语里是"河边"之义,国名的渊源已难以查知,但显而易见,城市的名字罗慕路斯(Romulus)是从

---

① 町步,日本古代尺贯法的面积单位。1 町步等于 1 平方町,约合 9 920 平方米。为避免与长度单位的町相混,故称町步。

② 笼城,指在敌军长期围城的情况下,固守城池,闭门不出,一切经济活动自给自足。

人名罗慕路斯而来。附带说一下，罗慕路斯的弟弟雷穆斯（Remus）的名字应该是从梵蒂冈（Vaticanus）的高台上的城镇名字派生而来。

这附近有小如罗马一般未成熟的国家，太古时期有很多这样的小国，绝不仅仅只有罗马。现在无暇一一列举，但在高冈的一侧是悬崖，悬崖之下河流流经之处，其他高台地与马背形状之地的相连之处，大抵都有这样未成熟的小国。它们面积不一，大至 20 町步左右，小至 10 町步左右，大量集中于此，罗马不过是其中之一。为了生存竞争，罗马与附近类似的国家之间发生了战争，常常九死一生，但是国家非常有活力，国民非常有精神，最终幸运地打败四邻的敌人，将其悉数吞并，成为拉丁姆之中的一个大国，这是所谓王政时代之初发生的事情。这方面的史实大大借助了考古学之力，以及古代拉丁语的语言学之力，历史地理学也略尽薄力，最后推演出这样的结果。其他太古时期的历史，如果从书籍中找不到线索，不妨试试像刚才这个实例一样进行调查研究，多少会有一些收获。

二、关于政治地理学的实例

所有的力都在最小阻力的路线上前进，这是众所周知的物理学原则之一。这是不仅适用于物理学，也适用于一般事物，同时也适用于国家、社会之中的人类事业，以及人类心理的大原则。中国有句古话，人性犹水之就下也。[①] 略加思索便能明白，这个原则通用于人类社会。也就是说，人是动物之一，因为遵循生存竞争的大原则而生存着，所以适用这样的原则。

在一个国家的社会中，如果领土内的人口在一定程度上增加，物价会逐渐上涨，即使比以前更着力于深耕土地，但是土地的生产力有限，所以无论添加多少肥料、应用多少技术以增加收获，终究都不能增殖，反而会减少效益。如果进一步投入人力物力耕种，最后综合计算，则国家经济层面会有很大的损失。也许现在按人头计算尚无损失，但不久也终将达到利益损害的境地，到了那个时候，必须要有其他的拓

---

① 人性犹水之就下也，出自《孟子·告子章句上》："告子曰：'性犹湍水也，决诸东方则东流，决诸西方则西流。人性之无分于善不善也，犹水之无分于东西也。'孟子曰：'水信无分于东西。无分于上下乎？人性之善也，犹水之就下。人无有不善，水无不下。今夫水，搏而跃之，可使过颡；激而行之，可使在山。是岂水之性哉？其势则然也。人之可使为不善，其性亦犹是也。'"。

殖之地，如果已经没有闲置土地，那就只能到海外务工，此外别无他法。

如果有闲置土地，从闲置土地开始拓殖。如果还有大量闲置土地，则必须依据各种不同的方针来拓殖；如果闲置土地很少，没有什么特别的方针也可以。那么，在广阔的闲置土地上进行拓殖，应当采取怎样的方针呢？今天新成立的国家中，即有大量拓殖土地的国家，如果大肆铺张地拓殖，就会导致很多人渐渐无处可去、难以谋生，这是由于不成熟的知识、粗暴而不经济的耕作。举个例子，如果发现矿山，选择矿物质含量最多的铅矿石，粗暴地提取矿物；对矿物质含量较少的铅矿石，即便就在眼前也不屑一顾；精炼矿石时又粗率大意，不管金属量减少与否一味埋头炼制；如果有一条主路，只在主路旁拓殖，遇到岔路也不会走到岔路去深入开采；即使铺设了铁路，也只在铁路两侧拓殖，不愿花费力气走到岔道去，只埋头往前走。这便是在有大量闲置土地的地方的铺张的拓殖法，尽管会产生巨大的经济效益，却不是长久可行之计。

像这样采取铺张拓殖方针的地方，譬如海外某地，最初由于土地富余，人口不足，所以婚姻粗率任意，人口增加速度很快，又有大量外来移民，渐渐地外来人口与本地人口变得同样稠密。也就是说，对已无闲置土地的"本国"而言，原本海外某地远离本国，人口稀少土地富余，本国的人们前往此地粗暴开垦。然而，当拓殖完毕之后，此地变成与本国同样的状态，届时就需要继续寻找新的领地。如德意志不断寻找新领地，如美国放弃门罗主义而选择帝国主义。稍加观察，这种铺张拓殖的方针，正是明确地朝着最小阻力的方向前进。

如上所述便是政治地理学教予我们的知识，实际上也是今日各国所采取的方针。那么，这个方针在古代也实行过吗？让我们看看太古时代的历史吧。人性一物，不论古今中外都相同地运作着。这么说是否是假设了周围的情况没有变化？如果周围的情况发生了变化，内部应该也会发生一定程度的变化吧？然而，即便周围的情况不同，人在古今、东西都从事着相同的活动，这是预先确定的前提。

日本人的祖先，原来生活在南方，后来逐渐向北方拓殖，这是显而易见的事实。从上野、下野之北，从古时所谓的毛野国出发，向北行进，最终到达陆奥、出羽这样的大地方。对日本人的祖先而言,他们当时的国家即"本国"过于狭小,只能前往广阔的北方大地拓殖。就当时的文化程度、财政状况而言,难以制定什么像样的计划,所以不需要特别的资本,也不需要特别的工人,先从规模小、易于拓殖的地方开始着手。举个常见的例子,秩父的山中是非常古老的开拓居住之地,与之相反,武藏野的荒漠长期处于被弃置的状态。据我们所知,这块大平原最初的拓殖者是北条泰时。以今日的眼光观之,实在难以理解这块平原之前何以被荒弃,虽然和驿路有关系,不过总归是由于经济极其弱小。也正因为此,人口少,土地没有那么狭窄。

在上野、下野这块地方,相较于河畔之地,我认为是先从靠山的地方开始拓殖的。靠山之地,水是自由的,木材丰足,建筑房屋和水利都比较方便,易于开垦。修筑道路不必担心溢水,虽然不知道工程是否麻烦,但总归顺应自然而建。如果没有特别大的河流,那么半山腰以下是适宜拓殖之所,在山腰上的平原拓殖,同时在平原上铺设道路。上野、下野的国①,从武藏进入是天然的道路,今天的中山道、日光街道都是自然的往返之路。如此反观毛野国的拓殖,便知应是非常古老的时代。所谓经过信浓从碓井下来,如日本史记载的那样已是后世之事。如果能够在上野、下野进行拓殖,那么与此同时,也理应能在常陆国进行拓殖。之所以这么推断,是因为下野与常陆地势上比邻而居,从常陆进出下野非常便利,从下野进出常陆也是如此。因此,说不定常陆有比下野更早拓殖的地方。总之上野、下野、常陆这些地方,一旦拓殖完毕,自然就会向陆奥的方向行进,这是自然发展之势。

要知道这三国的拓殖大概是在什么时候,极其困难。相关记述中,有论者认为《先代旧事本纪》②中除《国造本纪》以外都是伪书,所以很多人引用《国造本纪》。但从历史地理学的角度来看,没有一本书可靠,只能另寻他法研究。令人意外的是,在阿依努猎狂跋扈的天龙川以北

---

① 国,日本古代行政区划名称。
② 《先代旧事本纪》,亦称《旧事纪》《旧事本纪》,记述了从开天辟地到推古天皇的历史。作者不详,但《天孙本纪》中详细记述了尾张氏和物部氏的系谱,多认为作者出自物部氏。由于序文以苏我马子的身份讲述,江户时代的国学者德川光圀、多田义俊、伊势贞丈、本居宣长等人质疑其是伪书,成书时间应在大同年间(806—810)以后、延喜书纪讲筵(904—906)以前。其中《国造本纪》记载了地方豪族的历史,具有一定的史料价值。

之地,日本人的祖先更早就在此开垦居住过。详细的情况当然无从知晓,但在应神天皇时代,直至陆奥入口地方为止大致存在哪些国,大家多少都有些了解。那个时候日本人还很少在这边居住,毕竟是阿依努的巢窟所在,但稍做调查的话,似乎有少数居住于此。我们现在最想知道的是白河关和菊多关("菊多关"是俗称,"勿来关"是本名)设置的年代,知道这个年代便能推知毛野国、常陆国拓殖的大致年代。理由是,白河关、菊多关是上述三国进入陆奥国的重要地点,即后世所谓山道和海道的要害。从陆奥出发往南走,首选这两条便利的路,其余都是难以通行的恶劣山道。这里设关的目的非常明确,即阻止陆奥国的阿依努们前往南方,另外,出羽方面的阿依努们也可能绕道于此南下,总之是为了阻止阿依努们通过这两个关所。所谓关所必须设置关所的管理规则,为遵循规则要制定具体的法令,但是白河关、菊多关一向没有法令。这里由负责镇抚陆奥、出羽方面的军队长官指挥,似乎是他们自己任意制定规则,也可以说没有规则,规则唯有武力,只要阿依努们强行通过即发起讨伐。

幸运的是,设置关所的年代留有记述,即承和二年之前四百余年。承和二年是耶稣纪元 835 年,距承和二年四百多年的往昔,大概是耶稣纪元的四百多年,根据《日本书纪》纪年,正值履中、反正、允恭三朝之间。① 但是《日本书纪》的纪年,自古以来史家之间就有争论,不能一概采信。虽然抱持怀疑,但可能是在仁德、履中二朝之间。对照日本史、中国史、朝鲜史,景行、成务二朝的时代怎么也弄不清楚,恐怕是对应西晋到东晋的时代吧,仲哀天皇时代不必说是对应东晋时代,应神天皇时代大抵先视为对应东晋孝武帝时代,接着仁德天皇时代对应东晋末年,履中、反正、允恭、安康四朝对应刘宋时代,雄略天皇时代对应萧齐时代。要之,从景行天皇到推古天皇为止大概是在六朝时期,而常陆、下野、上野三国的开垦时间,七八十年以来一直悬而未决。如果对应的年代大致没错,那么,首先在应神天皇时代,在陆奥海道入口居住的阿依

---

① 此段提及天皇在位时间存在诸多争议,一般说法如下:景行天皇(71—130)、成务天皇(131—190)、仲哀天皇(192—200)、应神天皇(270—310)、仁德天皇(313—399)、履中天皇(400—405)、反正天皇(406—410)、允恭天皇(412—453)、安康天皇(453—456)、雄略天皇(456—479)、推古天皇(592—628)。

努，为了朝贡而居住于此。其次仁德天皇之时，毛野国、常陆国被全部拓殖，并为保护人民设置了北方入口的关所，防止阿依努的暴乱。所以我认为在仁德天皇时代，关所以南的地方已经全部被拓殖了，否则从事理上便说不通。

应神天皇时代这一带仍在开垦中，而更早在景行天皇晚年时，《日本书纪》中出现"东国久安无事"的记述，虽然开垦是后来的事了，但这的确让人联想到东国的开垦。所谓久安无事是指，用武力打压阿依努，如果他们低头就亲切对待，如果他们胡闹就加以讨伐，平时则放任自流，听之任之。正如今日台湾的生番那样，如果生番做了过分的事就出兵讨伐，否则就漠然置之，便是执行如此方针。到了成务天皇的时代，开始在敌人阵前拓殖，兴办事业，仁德天皇时代得以进一步巩固，事实上并无显著的革新。如上所述的杂乱无章的拓殖，即所谓粗暴的拓殖，当然不会修建岔路，只有一条主干道。两个关所以南大致完成拓殖的同时，移民一定会向北部山道方向迁移。前往海道不合算，原本适宜拓殖的土地就很少，海道的阿依努又非常猖獗，即使有少数日本人往返于此，也无法站稳脚跟。所以今天的磐城，政府到了后世都弃之不顾，宁可继续向山道方面推进。山道沿着今天岩代国的东部，即阿武隈川两侧的山腹向北行进，不久便开拓到了今天二本松以南的地方，与此同时应该也侵入了会津的盆地。也就是说，陆奥国最初是建立在二本松以南之地。至于福岛的原野，要拓殖此地对于当时的日本人而言相当困难，恐怕是弃之不顾了吧。之后日本人的行迹到了米泽，到达的同时，拓殖也开始了。另一边，越过越河到了宫城的原野。

据我所知，陆奥的岩沼国府[①]是后世所建，此前陆奥国府的位置应该在今天的福岛县境内，并且迁移了两次。因为从陆奥入口设置关所开始，就意味着陆奥入口附近地方多少已进行拓殖，至 8 世纪初即和铜[②]年间，从陆奥前进到羽前东部与陆前南部，大部分地方都有拓殖的证据。阿武隈川上流、猪苗代盆地花费了上百年拓殖，最上川上流的拓殖又持续了百年，七北田川和白石川之间又花了百年，这些推论大致没

---

① 国府，日本奈良时代到平安时代令制国的国司处理政务的国厅所在都市，是各国的政治、司法、军事中心。
② 和铜，元明天皇、元正天皇时期的年号（708—715）。

有大错。如此来看,三百年间国府的位置两次向前迁移是必然的,否则人民应该很为难。当然拓殖的进展,是假设古今都以同样的程度推进。此外,拓殖也必然是在击退阿依努人的前提下进行。

如果让人民移居到敌人阵前拓殖,一定要有保护移民的城寨,以当时的语言来说即"栅"。其作用是,当阿依努大举入侵之时,人们可以逃进城栅一同长期笼城,若非如此不能拓殖。王朝时代的秋田城、雄胜城、玉造城、胆泽城及其他的城栅,都是以此为目的而修筑。一为保护人民,二为联络军队,三为掩护粮食的运输。是以,必须在越河以南搜寻类似的城栅。城栅与国府不同,城栅的共通性质在于,其是足以远眺之所、交通之要冲、非常坚固的可守之处,又是非常之时长期笼城之所。所以城栅规模要很大并且方便出入,像后世那样胡乱建在高山之上是不行的。因为当时还没有掌握挖井的技艺,所以城内必须要有可以涌出水的泉或沟。总之,不具备以上种种条件,就不能成为城栅的所在地。然而在越河以南搜寻,却找不到恰好满足各种条件者。

国府则不在要害之地,而在原野或是山腹,理应是最为开阔的地方,是人民辐辏之中心。国府与城栅,未必在同一个地方。岩沼国府即陆奥的国府究竟在什么地方,有种种讨论,还未有定说。总之,我想应该不在郡山、须贺川附近。但是这只是指国府,城栅并非如此。越河以南的地方,还未找到适宜建造城栅的场所。既然如此,虽然毫无根据但也有一种思考,即越河以北有适宜建造城栅的地方吗? 现正对此进行各种调查,也就是说有可能越河以北为了抵御阿依努的入侵而修建城栅,而越河以南只设行政厅,当然这只是一种想象。陆奥拓殖之时,应该很难在越河修建城栅,虽然一定是镇守于某处,但是某处在哪里还没有定说。政治地理学对于史学研究的帮助,就是上述所说的场合。

其他经济地理学、物理地理学方面的实例,此处暂为省略。

四、年代学

所谓年代学,是 Chronology 的译语。如果按照原文,应称为"时学"。但是"时间的学问"究竟所指为何,不太容易理解,为了通俗易懂,且称为年代学。正如其名称的意思,年代学是以确认历史事实发生时间为目的而存在的科学,即将天文学应用于史学,也可以视为天文学的应用科学。

历史上发生的事,大多记述为某年某月。年的记数方式即古今各国的历法,有各种各样的方式,所以年代学必须研究历法。如果历史上的年、月、日不详确,可以根据伴随事情发生的天文学上的事,以今天为基准推步,最终确定具体的年、月、日。因此年代学由两部分组成:一部分利用天文学的原则,测算过去的年代;一部分探究古今各国所实行的历法,研究各种历法的相互关系、编制方法、换算方法。这种专门研究历法的学问极其狭窄,以之建立了一门专门之学,即所谓历学。过去有人研究历学,留下了诸多著述以及各种各样的历表,其中也有世人相当熟悉的作品。对于推步之学,迄今为止的历史学家们并不了解,虽然不乏一些人涉猎此类知识,但概而言之,史家对此并不关心。毕竟以史学为学问的人,从一开始就不了解天文学之类的科学。

从今日史学的程度来看,当然有必要对古今各国通行历法进行比较、观察、对照,但是根据天文学的原则可以推知几年几月几时几分,这显然更为重要,是不可不学的知识。也就是说,推步之法可确保事实更加正确,因此,相较于历学,我想把重点放诸推步之学。年代学的必要性,似已不必赘述,兹列举实例,以证明其重要性。

在古希腊时代,波斯王薛西斯(Xerxes I)号称率领二百万大军,要一举击败希腊时,斯巴达王列奥尼达斯(Leonidas I)仅仅率领了数百部卒,守卫着从北方进入希腊关卡温泉关(Thermopyles)的险阻之处,连续数日阻挡波斯王大军的攻击,最后部卒一个不剩,全部壮烈战死。后世无论在哪个国家的小学里,老师都会得意地向孩子们讲述这段历史。

关于温泉关的地理问题,这里不能详细展开。总之,一面是山之断层的峭壁,一面是直坠入海的悬崖,在这极其险峻的悬崖边上有一条很窄的小路,那里有温泉涌出,因为温泉的滋润,细长的岩道变得光滑,即使一个人通行也非常困难。温泉关(Thermopyles)即以温泉命名,Thermo 指温泉,pyles 是门的含义,因为入口狭窄所以称为门。

这个古代著名的忠义之战是如何发生的? 对此,历史学家希罗多德没有记述具体的时间。且不说具体是何月何日,即便是哪一年也无从得知,因而使人强烈质疑,甚至怀疑是希罗多德捏造出来的故事。但是从以前到现在,温泉关之战已经成为毫无疑问的例子,从军事角度来看,这里的确是敌军入侵时必然的防御之所,我们有理由相信这场壮烈的战役曾经发生过。如果相信确有其事,要想查明到底是何年何月何日,至少要知道是哪一年发生的话,幸运的是我们正好有相关的材料。这应该是希罗多德无意间记述下来的,与波斯王的出征有着重大关联的天文学上的事。

希罗多德《历史》中有这样的记事,大意是赫勒斯滂(Hellespont)①的桥架起来了,阿索斯山(Athos)的工程(所谓阿索斯山工程,阿索斯山是半岛上突起的山,其外海波涛汹涌,绕山行走凶险异常,所以在半岛顶端开凿运河,此处工程即指运河开通的工程)也完成了,终于到了进军之际,当时军队在萨第斯(Sardis,原本是吕底亚即 Lydia 的都城,当时是波斯的镇台)过冬,得知工程竣工的消息。初春,正要向阿拜多斯(Abydos)进军时,本来没有一丝云彩遮蔽的光辉照耀的太阳,忽然失去光明,变成一片漆黑。波斯王薛西斯大为吃惊,召来了占卜者征询关于此事的意见。据占卜者们的解释,希腊人失去了天的庇护,太阳是希腊的守护神,月亮是波斯的守护神,此事是月亮遮蔽住了太阳。因为这个答复,波斯王安下心来,决意进军。

这篇希罗多德的记事,虽然没有记下温泉关之战的年份,但能确认从萨第斯(Sardis)出兵的时间。接下来利用希罗多德所陈述的情况,来推步从萨第斯出兵的年月日吧。

这次日食发生在春初,又据我们掌握的其他事实,大致可以推断出这是公元前 480 年左右的事。那么,就要调查一下公元前 480 年左右小亚细亚有没有日全食。相关的书有许多,综合诸书记述可得,在公元前 480 年左右日食带中心线通过小亚细亚或小亚细亚附近的日全食不超过两次,是 488 年 9 月 1 日和 463 年 4 月 30 日,但 488 年与 463 年都不是 480 年,应当不是这两个时间。而且日食发生在春初,4 月、9 月也不相符,可推断不是这两次日全食。如此说来,因为希罗多德的记事

---

① 赫勒斯滂(Hellespont)海峡,今达达尼尔海峡。

有夸张之处，所以可能并非是完全变暗，只是一定程度变暗，当地人讲述时稍有夸张，希罗多德又原汁原味地记述下来。如果不是日全食，则公元前 480 年左右目前可见的日食有 2 次。

其一是公元前 478 年 2 月 17 日的日食，观察日食中心线经过的地方，自加拿大的大西洋海岸开始缓缓上升，然后通过大洋，经过非洲的摩洛哥、阿尔及利亚的岛，正午经过土耳其领地阿尔巴尼亚，之后经过罗马尼亚、黑海、克里米亚半岛等，直至西伯利亚的托博尔斯克附近下沉。另外一次是公元前 481 年 4 月 19 日的日食，在非洲索马里海岸边开始缓缓上升，前后经过印度，正午沿着中国江西省边的山岳，经过日本九州到太平洋，直至太平洋正中下沉。希罗多德所记应是这两次日食的其中一次，不过公元前 481 年的日食发生在 4 月 19 日，不能称为春初，公元前 478 年的日食发生在 2 月 17 日，称为春初则最适宜。公元前 478 年 2 月 17 日的日食为环状日食，据计算，上午 10 点 21 分在萨第斯山脉初亏，11 点 53 分食甚，下午 1 点 29 分复圆，食分是 11 分 2 厘，①这几项要素都已十分接近，食分 12 分即为日全食，所以此次日食已接近日全食，普通人极可能认为是完全黑暗的。

如果波斯王无视日食勇敢地出兵，大致与正午从萨第斯出兵的时间相吻合。那么温泉关之战，就是发生在这一年的事，即公元前 478 年。这样一来，我们终于得知这场著名的忠义之战的年份，不幸的是我们仍然不知道具体的月及日。这是利用日食的记事推步而出的结果。

再举一个相似的实例。中国《春秋》是孔子之作，自古至今，谁都未曾怀疑过，谁都认为这是完全真实的史料。但是，对于所谓据孔子之作"传来"，不能一概而论地相信这个"传来"，要对这个"传来"进行调查。调查之后，如果发现事实与"传来"一致的证据，方可相信。诚然，无论从《春秋》的笔法来看，还是从其注释、流传来看，乍看不像是伪书。但是，史学讲求确实的证据，即便是确实的证据，究竟是何种程度的确实？应当抱持这样的疑问。是十分的确实？还是只有一部分是确实的？或者说是彻头彻尾的错误？如果对此问题没有认真调查，就不能以之作

①　日偏食发生时，根据月球圆面同太阳圆面的位置关系，可分为三种食象："初亏"是月亮东边缘刚刚与太阳西边缘相接触，是日食的开始；"食甚"指太阳被月亮遮盖最多时，两者之间的位置关系；"复圆"是月亮西边缘与太阳东边缘相接触，是日食过程的结束。"食分"则指日食的程度。

为史料征引使用。这就是所谓史料价值的由来,且让我们来做个试验。

《春秋》记述了大量日食之事。仔细翻阅,《春秋》关于日食的记事中,有晦日的日食记事,有二日的日食记事。那时的中国人,还不知道日食出现的原因,对天文学等理论全然无知,不然不可能出现如此无知的错误。也因为对天文学理论不熟悉,所以杜撰之处很容易被我们发现。但无论如何,既然有大量关于日食的记述,恐怕是在实际看到的时候写下来的吧,如果是亲眼所见的记述,应该不会有太大的偏差。因为不知道天文学的理论,也就不可能基于推步之学而记述,证据是《春秋》中漏记了大量原本应该能看到的日食。现以推步之学观察《春秋》记述的两次日食。桓公三年秋七月壬辰朔,发生了"皆既"即日全食。以鲁国都城曲阜即今天山东省兖州府①,以此地为观测点,假设其位置为东经 180 度、北纬 36 度无误,由此计算,则这次日食发生在公元前 709 年7 月 17 日。初亏时间为下午 2 点 19 分,食甚时间为 3 点 39 分,复圆为4 点 47 分,食甚的食分为 12 分,属于日全食。此后不久,在宣公的时代,又发生了很严重的日食,这是宣公八年秋七月甲子日的日食,也记述为"皆既"即日全食。同样以兖州府为观测点,公元前 601 年 9 月 20日的日食,初亏时刻为下午 2 点 43 分,食甚时刻为 3 点 35 分,复圆时间为 4 点 23 分,食甚的食分是 11 分,虽然不是日全食,但已是很严重的日食。

根据以上两个例子,《春秋》关于日食的记述是非常正确的,史官每次看到日食,毫无疑问都会记述下来,必须承认孔子是以这些记录为基础编纂了《春秋》。从方才推步之学观察的结果来看,不仅可以知道《春秋》记述正确,还可以知道周代的正月是几月份。从宣公八年日食的日期来看,儒略历(Julian calendar,即恺撒的改历)和当时的历法之间,日期相差近三个月。今天的太阴历与儒略历之间很少会有一个月以上的时间差,显然周代并不像今天这样以一月为正月,而是以十一月为正月。原本周代以几月作为年的开始这个问题,古往今来议论纷纭,其实不必全盘讨论,只要试着像方才这般推步观察,便能立刻确定相关事实。

---

① 兖州府,明清时期山东地区设置的府一级行政区。明洪武十八年(1385),兖州升为兖州府。清沿明制,至清末,兖州府辖滋阳、曲阜、宁阳、邹县、泗水、滕县、峄县、汶上、阳谷、寿张十县。1913 年,兖州府废。本书写作之时,兖州府尚存。

桓公三年的日全食记述，与普通的儒略历相比，误差仅不到十六日，这是由闰月的因素所致，缘由如下。

桓公三年七月朔日发生了日食，这个朔日是新月之日，按照历法，这一天是朔日，历法绝不会有错。这一天在儒略历上是 7 月 17 日。那么，七月的中气是处暑，①再看桓公三年何时中气，即可推步出是公元前 709 年 8 月 30 日 20 点 35 分。这就是所谓的世界时，以格林尼治时间为标准。按曲阜的经度 118 度，时差为 7 小时 52 分，那么格林尼治时间 20 点 35 分（这是天文学上的时间，通俗来说是 31 日上午 8 点 35 分）相当于曲阜的 12 点 43 分（通俗来说是 31 日上午 0 点 43 分）。七月的中气是处暑，一般来说是七月中旬左右，按历学来说，最有可能在十四、十五日以内，如果是这种情况，秋七月朔日是一日之后四十五天，即八月三十日。根据当时历法的编写方法，四十五天已是一个半月（春秋时代的两个月是五十九日）。又推步以观八月中气的秋分在桓公三年是何时，可知是同年（公元前 709 年）9 月 29 日 22 点 50 分（通俗来说是 30 日上午 10 点 50 分）。这是世界时，按前例更改为曲阜时间，则为 14 点 58 分（通俗来说是 30 日上午 2 点 58 分），是七月朔日即一日之后的七十五天。按当时历法已过了两个半月。但是，从七月一日到七月中的中节，一般情况下不到十四五天，四十五天无论如何都不合常理，必然是遇到了不合规则的情况。所谓不合规则，是指没有中气的月，即所谓的闰月，这里闰月为七月（后世历学称之为闰六月）。当时月份的编号和后世的编号不同，如果否认月份有差异，则无论如何都无法说明。如同宣公八年的例子所说，把十一月作为正月是理所当然的事。如上所述，从《春秋》记述的日食片段推步，比较儒略历与春秋历法，则《春秋》记述的年代极其正确。

如果不进行上述观察，就不能充分证实《春秋》记事日期的正确。综上所述，《春秋》的确是实录，不愧是孔子编撰之作，同时反映了鲁国历代史官记史慎重，恪尽职守。

推步的方法仅以上述两则为例，下面我们来看看历法换算方面的

---

① 中气，古代历法以太阳历二十四气配阴历十二月，阴历每月二气，在月初的叫节令，在月中以后的叫中气。处暑是农历二十四节气中的第十四个节气。

实例。9世纪中叶,即唐宣宗以后,阿拉伯商人和旅行家们纷纷前往中国南方,留下了许多实地见闻的纪行、见闻录,大部分都幸运地流传下来。例如,苏莱曼(Sulaiman)的纪行[1]是在大中五年(851)左右写成的,现在还保存着,这是流传下来的最古老的阿拉伯商人见闻录。从唐末大乱到五代乱世,阿拉伯人的文书中记录了这段时期的中国情况。

阿拉伯商人聚集之地是被他们称为Khanfou的地方,这里是南洋诸国船舶辐辏之所,是阿拉伯货物的集散地,是阿拉伯商人批售货物的都会。然而,所谓Khanfou是指何处呢?欧洲历史地理学学者有种种说法,尚未形成定论,下面我们且根据所见,尝试确定这个Khanfou的位置。

在阿拉伯人的见闻录中,常常记述被称为Banshoa的谋反,希吉来纪元(穆罕默德纪元)264年Khanfou陷落,那时穆罕默德教徒、犹太人、耶稣教徒、波斯人等十二万人被屠杀,留下了这样残忍的记述。此后五代大乱,贸易难以为继,阿拉伯商人等离开Khanfou,Khanfou的贸易盛景一去不返。此处称为Banshoa者,是哪个中国人名的讹传呢?追溯根源,便能大致猜出来。虽然也有把Banshoa传成Yanshoa的写法,但是ya无疑是写错了,阿拉伯假名的bā和yā非常相似,所以固有名词一不小心将两者写错了,在这两者之中,Banshoa是对的。这事发生在希吉来纪元的264年,换算为耶稣纪元则第一天是877年9月13日,最后一天是翌年的9月2日,即从877年到878年一年的时间。从中国方面来看,这是从唐僖宗乾符四年(877)到乾符五年(878)的一年间。这段时间的中国,谋反者中影响力最大的是王仙芝和黄巢。所谓Banshoa,无疑应是这两者其中之一,但王仙芝三个字无论怎么读都不像Banshoa。与之相反,黄巢的发音更接近Banshoa,用今天广东话的发音来读黄巢二字,就成了ホウァンチァオ(hovannchao)。唐朝时期广东话的发音,想必和现在广东话的发音相差很大,比起ホウァンチァオ(hovannchao)更接近Banshoa,而且阿拉伯人不会发类似于ホ

---

[1]　苏莱曼(Sulaimān at-Tājir,阿拉伯语:苏莱曼商人),9世纪波斯的穆斯林商人、旅行者和作家,留下了公元850年左右的航行记录。他先到帕拉帝国时期的印度,又抵达唐时期的广州,逗留广州时期,记述了港口的贸易、集市、市政管理的运作方式、瓷器制造等内容,离开中国之后又去往巴格达。

ウァ(hova)和チァ(cha)的声音,应该是选择了能发出的最接近的发音,是以马上就能想到 Banshoa 即黄巢。

那么,如果 Banshoa 是黄巢,就必须稍微调查一下黄巢的事迹。《新唐书·逆臣传》中有黄巢传,摘取其中最紧要处如下:

> 黄巢,曹州(山东省曹州府)冤句(县名)人。世鬻盐,富于赀。善击剑骑射,稍通书记,辩给,喜养亡命。咸通末(希吉来纪元 260 年左右),仍岁饥,盗兴河南。乾符二年(同 261 年),濮(山东省濮州)名贼王仙芝乱长垣,有众三千,残曹、濮二州……而巢喜乱,即与群从八人,募众得数千人以应仙芝……巢方围亳州(安徽省亳州)未下,君长弟让率仙芝溃党归巢,推巢为王,号“冲天大将军”,署拜官属,驱河南、山南之民十余万掠淮南,建元王霸。……逾江西,破虔(江西省赣州府)、吉(江西省吉安府)、饶(江西省饶州府)、信(江西省广信府)等州,因刊山开道七百里,直趋建州(福建省建宁府)。……时六年三月也(希吉来纪元 265 年第 8 月)。儳路围福州(福建省福州府),观察使韦岫战不胜,弃城遁,贼入之,焚室庐,杀人如艺。……是时闽地诸州皆没,有诏高骈为诸道行营都统以拒贼。巢陷桂管(广西省桂林府管辖之十五州,在广州以西),进寇广州(广东省广州府),诒节度使李迢书,求表为天平节度(镇治在郓州,管辖郓、齐、曹、棣四州),又胁崔璆言于朝,宰相郑畋欲许之,卢携、田令孜执不可。巢又丐安南都护、广州节度使。书闻,右仆射于琮议:“南海市舶利不赀,贼得益富,而国用屈。”乃拜巢率府率。巢见诏大诟,急攻广州,执李迢,自号“义军都统”……其十月(希吉来纪元 266 年第 3 月),巢据荆南……

从引用的记述来看,黄巢围攻广州是在乾符六年(879)三月之后、十月之前。换算为希吉来纪元,是在 265 年的第 8 月之后、266 年的第 3 月之前。那么,阿拉伯人见闻录等所说的 264 年过于早了,多半是间接听来的误传。不管怎样,所谓 Banshoa 即黄巢几乎已是共识。另外有观点认为所谓 Khanfou 并不局限于广州,黄巢之乱的确不仅限于广州,现在闽地的城镇在当时都遭受了严重的破坏,但 Khanfou 无疑就是指广州。

调查一下就知道,首先黄巢没有占据因钱塘江而闻名的临安,所以首先排除临安。其次当时在闽地一带,要说阿拉伯商人居住在哪些大城市,能列出来的有明州、台州、温州、福州、泉州、漳州。不过明州、台州、温州三处都避开了黄巢暴乱。所谓"焚室庐,杀人如艺",倒霉的应该是福州、泉州、漳州一带。但难以相信黄巢时期阿拉伯商人就居住在福州及泉州,在阿拉伯书籍里出现泉州的记述是很久之后的事。据我所知,福建省一带成为外国商人的聚居地,是在南宋绍兴年间,至少是12世纪上半世纪以后的事。那么,遭遇黄巢暴乱的贸易港口,唯有南洋和阿拉伯商人大量聚居的广州,除此之外别无其他。唐朝时期广州聚集了大量的外国贸易商,是中国第一的贸易港,其他文献也佐证了这一点。因此,可以进一步肯定阿拉伯人所谓的 Khanfou 就是现在的广东,Banshoa 就是黄巢,这是非常明显的事实。阿拉伯人之所以称广东为 Khanfou,是因为当时中国人自己也把广东叫作广府。原本应读作"广府",不过阿拉伯人发这个音就如同江户时期的日本人一样,把"广府"读作了 Khanfou。对照阿拉伯历、儒略历以及中国历法的调查结果便是如此。接下来我们唤出考古学。

五、考古学

一般来说,考古学分为"有史以前"和"有史以后"两个部分,从人类学家的立场来说,最重要的是"有史以前"的部分;但在史家的角度,"有史以前"即没有历史的时代,总归是无用的,没有回顾的必要。因此,历史学家说"考古学"时,一定是指"有史以后"的考古学。现在意大利的大学设立了考古学课程,不言而喻是指"有史以后"的考古学。

考古学如名称所示,是研究古物的学问。研究古物,探究不同时代作品的设计、样式、手法的变迁,由此得知某一时代的社会状态是怎样的,以及下一个时代又发生了怎样的变化,为史家提供参考。这里所说的古物,包含了种种物品,一方面要考虑土木工程的全部分类,从建筑道路、桥梁到器具、武器、装饰品等,另一方面也要考虑仪式、礼仪等的变迁,即精密地划分考古学的话,应划分为古土木学、古器学、典章制度学等。考古学通常被认为是对古器具刨根问底,所谓的古董店或旧货店的店主们,都被认为是这方面的专家,这实是大谬不然。意大利的考古学家们,当然也钻研古器具类、武器类,但同时也致力于古代道路、桥梁、房屋、城寨等各种建筑的研究。因此说起考古学家,可以说是半个建筑学的专家。

考古学何以成为史学的辅助学科? 如果研究的是后世的历史,幸运的是有记录类或古文书类的种种书籍,可以在书桌上比较便利地展开研究;如果研究的是古代历史,则几乎没有如此适宜的史料,或者史料极其匮乏,反之有许多传说、口述。因此,那些在书桌上研究历史的人,研究古代史而突然产生困惑之时,只能援引古代流传下来的传说并满足于此,他们并非是忘记了学术性的方法,而是受制于狭窄的视野。像这般去调查全然无书籍史料的太古历史,应该先唤出考古学,向其问询意见。但这不是在书桌上就能完成的工作。如果要研究古器物,去博物馆仔细观察附有说明的实物当然很好,然而那些今天还留存着的残破不堪的古建筑,或是仅存桥墩或桥柱台基的桥梁,或是处处残留铺路石的道路,要研究这些事物,必须穿上草鞋走出去踏察,否则就一无所得。也因此,要做这些事,不是年轻人不行,这是老人们坐在书斋闭门不出,全凭空想而不可能完成的研究。

总之我们所谓的考古学,正是这样性质的学科,目前没有什么进步,世人热心于此的也不多。如果这条道路上依然如此门可罗雀,那么古代史研究终究无法进一步推进。以今日日本的情况来看,仍然前路漫漫。且以实例为例,讲述这门科学的重要性。

首先列举一个以古建筑为史料的实例。希腊建筑各个部分样式之繁多毋庸赘述,但其中特别显眼的是柱子的样式,这在建筑学上议论已久。下图是南意大利佩斯托(Pesto)古废墟中从希腊时代残存下来的神庙遗迹。所谓佩斯托(Pesto)即公元前 600 年左右希腊人建立的波塞多尼亚(Poseidonia)[①],此处残留下来的神庙遗迹共有三处,下图所示极可能是三个之中最古老的。从图纸观赏这个柱子,底部到顶部逐

---

① 波塞多尼亚(Poseidonia),今意大利坎帕尼亚地区的城镇。公元前 6 世纪前后希腊人建立了这座城市,取名为波塞多尼亚(Poseidonia),即波塞东城(City of Poseidon)。之后被卢卡尼亚人(Lucanians)征服,称为 Paistos。公元前 273 年被罗马控制,称为帕埃斯图姆(Paestum)或佩斯托(Pesto)。

渐变细,中间的部分稍粗。这种柱子的轮廓,因场所不同而大小不同,
这便是希腊柱制,其轮廓曲线被称为圆柱收分线(Entasis)。虽说这是
希腊建筑,不过日本古建筑中也有类似的柱子,法隆寺的柱子中就有圆
柱收分线的柱制。因此,学界认为日本古代建筑样式受到了希腊文化
的影响。希腊文化要传到日本,不外是在中亚和日本之间,通过一些方
法,或不知不觉,或自觉地传来,虽然不清楚其中过程,但某种意义上,
这就是所谓交通的证据。在我看来,这种传来并非是自觉的,而是不知
不觉间伴随佛教而来的建筑样式,从犍陀罗国(Gandhara)那边传来。
伊东忠太博士《法隆寺建筑论》中,如下文所述,说明了中门的柱制。

波塞多尼亚古城的得墨忒尔(Demeter)之宫

中门建筑中,吾人尤感奇特之处莫过于柱子的形状。其柱没
有础盘,如同希腊的多立克(Doric)式一般,柱子轮廓是名为希腊
圆柱收分线(Entasis)的曲线,虽然底部直径为 1 尺 7 寸 6 分,但在
底部上方大概三分之一柱长处直径变为 1 尺 8 寸 4 分余,底部上
方三分之二柱长处直径再变回 1 尺 7 寸 6 分,顶部的直径则接近

1 尺 4 寸(第 33 图)。

根据以上结果考量柱子形状,则轮廓从下部相当于柱长三分之一处开始,上下方向都是相同的曲线,上部延伸至"大斗",下部比较短的地基是"古典(classic)"建筑,与所谓的圆柱收分线(Entasis)相仿。更进一步思考,所谓圆柱收分线(Entasis)即数学上的"Conchoid of Nicomedes(尼科米迪斯蚌线)"。法隆寺中门柱子轮廓由同样性质的曲线构成,只不过东西方人喜好不同,

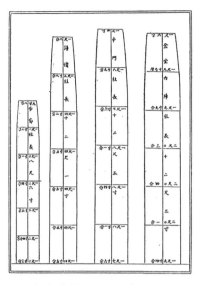

《法隆寺建筑论》附图第三十三图

使这个曲线的系数产生了些许并不明显的差异。其他还有一种"大斗"之下"颈缩(necking)"的"皿斗"。如果对以上事实进行解释并予以历史的观察,就会得出东西交通的结论。

以上是古建筑类的实例,接下来再看看其他类的实例。先从古纹样的例子开始。奈良朝器物的装饰,有着各种各样运笔自如的纹样,种类之繁多,这里无法一一详述。关于此有专业杂志《考古》等,可径自阅读观赏。这里我想谈谈葡萄唐草①,即中国人所谓的葡萄纹。

"葡萄"是今天的写法,古时并非如此,多写作"蒲桃"或"蒲萄"等。葡萄固然形似"蒲"字,但它的果实其实并不像桃子,所以"蒲桃"二字没有实际的意义,这是非常明了的事实,葡萄的称呼是由汉语以外的语言音译而来。于此前人已有大量论说,这是将希腊语的 o'βórpus 音译过来的写法,但不是完全按照原音,中国方面是采取截断词尾缩短词汇的做法,o'βórpus 省略了 rpus 只保留了 o'βó。这种叫作葡萄的水果,相较于原本作为食用的水果,更多是作为酿酒的原料。根据希腊神话的

———————

① 唐草,指将叶子、茎以及蔓藤等植物生长、缠绕在一起的形状图案化的植物纹样。

说法，酒神狄俄尼索斯（Dionysos）曾周游到埃及、小亚细亚、美索不达米亚、波斯以及印度，将葡萄作为农作物之一教导人们种植。因此，原本葡萄酒是希腊人特制之物，然而在太古时代，如上所述可以想象各国人民输入并学习了相关的制作方法。历史上小亚细亚、美索不达米亚，还有里海南岸等地，以葡萄酒的产地而闻名，这是毫无疑问的。年代再往后到元代中期，伊犁河盆地的居民已经会酿造葡萄酒。如果稍稍翻阅地理书，会发现伊犁河盆地附近非常寒冷，不禁令人思考这里的葡萄真的会结出果实吗？实际上是会的。如此看来，在西南锡尔河中流的扎拉夫尚（Zarafshan）河流域等地，葡萄种植相当普遍，我想就不必惊讶了。从古至今，波斯人都以擅长饮酒而闻名，宴会上宾主之间鲸吸牛饮，人人皆以好酒量为荣，容易醉倒者会因过于羞耻而不出席宴会。因为时常酒气熏人，所以将柑橘类的花放在酒杯中给酒增香，以分散消解酒的臭味。

中国方面，众所周知汉武帝元狩中派张骞到西域，张骞自西域带回当地特产。这是葡萄第一次传入中国，此后在中国开始少量栽培，但实际上有没有酿造葡萄酒还不清楚，恐怕是没有。到了唐朝，中国与西域交通频繁，长安都城一带应该有葡萄酒了，正如段成式提及："此物实出于大宛，张骞所致。有黄白黑三种，成熟之时，子实逼侧，星编珠聚，域多酿以为酒，每来岁贡。"但是，这是否已经是中国人一般饮用之物？究竟如何难以确定，不过从"葡萄美酒夜光杯"的绝句来推断，似乎是西域那边的人们饮用的酒。

葡萄酒的事暂且不论，将葡萄蔓用于装饰器物也相当古老，当然，这无疑也是从希腊人那里学到的。这里列举了三种希腊式的葡萄唐草样本，正如观察到的那样，是非常有趣的运笔自如的纹样。这些与希腊文化一起传入中亚，又传至所谓大宛（费尔干纳盆地的中心），可能又由此在某个时间传入中国，古老的汉镜中就有葡萄唐草的纹样。这种纹样不只中国有，日本也有多处发现。法隆寺所藏宝物之一的橘夫人念持佛厨子①，是闻名遐迩的名物。橘夫人是藤原不比等的夫人，即光明

---

① 念持佛，是个人放在身边，私人礼拜的佛像，多为像高40—50厘米左右的木雕像和铜像。厨子是将佛像、佛舍利、教典、牌位等安置在里面的一种佛具。广义上，佛龛也包含在厨子里，厨子也被称为"龛"。橘夫人念持佛厨子，相传是存放光明皇后母亲橘夫人念佛的厨子。

希腊式葡萄唐草

橘夫人厨子的密陀模样

长1米
长1.22米

（《法隆寺建筑论》
附图第四十八图）

罗马的古瓦皿

台伯河发现
（坪井文学博士所藏）

中国的古青铜镜

镜面直径9.65厘米
侧面厚度1.1厘米
重量99匁

明治三十三年（1900）十二月
大和国宇陀郡松山
奈良时代的古坟中发现
（东京帝室博物馆所藏）

皇后的母亲。虽然厨子的制作年代不详,不过据其样式推断,应该是在推古和天平年间①。厨子的纹样亦极浩繁,其中便发现了葡萄唐草的一种,正如伊东博士所述:

> 纹样二是几种奔放自如的美妙曲线的配合,如所示其起源地明显是印度、西域及希腊,其中特别值得赞赏的是须弥座②上部多重的线脚以及下部的唐草纹样(四十八图),其纵横奔放的运笔极为绝妙,其分布亦十分巧妙,其叶、其干、其果实使人联想到葡萄的变形。这个药师寺的须弥坛上装饰的葡萄纹样的确可称为先驱,但其起源难以追踪,总之是源于希腊、印度的样式。这种样式脱却了推古时代的古拙而有一种优雅之趣,可明显地观察到自推古时代以来的进化,纹样左右并不相同,随笔而画,任由其意,分布却没有失误,是吾人尤感惊叹的地方。

纹样的例子就讲到这里,现在来看看物品的例子。在荷兰领地的马来群岛中,虽然不是所有的岛,但在一些极小的海岛上留下了非常有趣的古物,当地人视之为国有的传国宝物,不断向其供奉供物,作为神来祭祀。在这类物品中,最显著的是青铜制的大鼓,其次是青铜制的铜锣,还有其他很多不可思议之物。尽管荷兰的考古学家们多次进行调查,但仍未弄清楚这些物品传来的原产地。

这个青铜制的大鼓,有趣在哪里呢?因为这个东西,不只在马来群岛被发现,也出现在暹罗的内地,甚至在暹罗王室,今天也作为实用品依然使用着,而且从历史上来看,中国湖南、贵州、广东、广西诸省都有此物,更往南,今天的越南东京也就是当时的交趾也将此作为实用之物,这在中国史书中是有明确记载的。这个物品到底是什么呢?据我们所知,中国书籍中最早精确记述此物的是南宋乾道年间周去非在广西任职时基于实物观察留下的记述,如下所示。

> 广西土中铜鼓,耕者屡得之。其制正圆,而平其面,曲其腰,状若烘篮,又类宣座。面有五蟾分据其上,蟾皆累蹲,一大一小相负

---

① 推古天皇在位时间为593—628年,此时日本无年号。天平为日本年号,起讫时间为729—749年。
② 须弥座,佛像的台座。

也。周围款识,其圆纹为古钱,其方绞如织簟,或为人形,或如琰璧,或尖如浮屠,如玉林,或斜如豕牙,如鹿耳,各以其环成章。合其众纹,大类细画圆阵之形,工巧微密,可以玩好。铜鼓大者阔七尺,小者三尺,所在神祠佛寺皆有之,州县用以为更点。交趾尝私买以归,复埋于山,未知其何义也。……亦有极小铜鼓,方二尺许者,极可爱玩,类为士夫搜求无遗矣。

现在暹罗内地仍有此物品,当地人称为 Mahoratuek,在掸族部落中使用的也是青铜制的 Klong kup 即虾蟆大鼓,厚度为 1/4 英寸(即曲尺的 2 分)①,大小不同,质量参差不齐,价格亦高低不同,但是最便宜的也要 50 提卡(Tical)②左右,普通的要 500 提卡左右。提卡换算成今天的银币大概是 60 钱③,这么一来,大概就是 30 日元到 300 日元价值不等的东西。

在掸族部落的西方,还有属于同一种族的克伦族。克伦部落同样视此铜鼓为珍重之物,其铜鼓也大小、品质不一,其中极粗糙者价值 30 卢比(Rupee),极精巧者则价值可达到 1 000 卢比。假设 1 卢比是 50 钱,那就约等于 15 日元到 500 日元的价格。

另外,在马来群岛上,类似的铜鼓虽然数量不多,但到处都有发现。在至今已知的地方之中,发现最多的是塞拉亚(Selayar)岛。塞拉亚岛位于西里伯斯(Celebes)岛④的南海岸以外,这是非常小的海岛,是在粗略地图上都没有标记的小岛,这样的地方居然会留下来铜鼓委实令人不可思议。这个塞拉亚岛的青铜大鼓鼓面直径是 1.26 米,重量大约是 13 贯。

卡伊(Kai)群岛之中还有一种铜鼓直径是 1.30 米。

各地的鼓,全部的样式都是一样的,与周去非所描述的当时从广西省地下发掘出来的东西,样式上也都是一样的。即大体为圆筒状,一边堵塞着,另一边空而无底。敞开的这一方越来越窄,就是说,比起有底的一边,朝向空着的另一边是一个稍稍变窄的薄金筒。底部理所当然

---

① 国际英寸为 25.4 厘米,日本曲尺按旧时尺贯法,1 曲尺约 30.3 厘米,1 曲尺等于 10 分。
② 提卡,泰国旧货币单位。
③ 日本直至昭和时代仍发行银币,分别为 5 钱、10 钱、20 钱、50 钱、1 元。
④ 西里伯斯(Celebes)岛,今译为苏拉威西(Sulawesi)岛。

就是大鼓的面，因为要击打此处，为了便于悬挂或抬起来，附有一耳。鼓面中央轻微凹陷，通常为圆形花纹，图案如太阳的光线一般，数条光线从鼓面中央向边缘迸出。此外，大鼓还进行了各种修饰，修饰品大多为浮状花纹。根据出现的地方不同，图案的种类可能会有少许变化。出现在广西的鼓正如周去非详细描写的那样，花纹繁复多样。而根据其他地方的报告，花纹有身着铠甲的武者，有花、鸟、树、鱼、兽之类，极为罕见的情况也有龙、鹤等。另外，已知有一种原物没有留存的铜鼓，用古篆雕刻了"云雷"二字。但诸如龙、鹤、篆字等都是极个别的例外。

在各种花纹中，特别奇怪的是各种各样的动物。在这些动物中，最让学者头疼的是蟾蜍。周去非已然指出，青铜大鼓十之八九都是蟾蜍大鼓。这些鼓上都铸有各种不同的蟾蜍，有的是蟾蜍，有的则是蟾蜍留下的足迹。蟾蜍的数量并不固定，虽然多数情况是四个，但数量更多的也大量存在。如周去非所说，有相互交叠背负排列者，也有极罕见的在大鼓边缘成群成群蹲伏者。蟾蜍之外不可思议的花纹有大象、犀、孔雀，其他的还有船、鱼、棕榈类的树等。

总之，不论是在何处发现，这种青铜大鼓所附加的装饰中，最奇怪、最引人注目的是蟾蜍。这一点向来难以理解，许多学者尝试说明却依然如堕云雾。在中国的书籍中，这种青铜大鼓最早出现于六朝的记述，按照当时的话来说是南方的蛮族，六朝以后则常常出现在夷獠相关的记事中。从种种记事来看，毫无疑问这是蛮族部落所使用的固有物，不是中国人制作的，无论从哪一点来看，都是夷獠的制品。

所谓夷獠，今天应该大量生活在贵州和云南，现在总称为苗子。这是中国古籍中很有名的有苗的子孙，三千年来种族名称未有改变，人种也未有灭绝，从有苗被讨伐，到汉族建立中国之帝国，与汉族杂居已经有三千年的历史。虽然现在已经没了谋反起事的精神，但在清初，有苗还保持着威风凛凛起兵抗敌的元气。日本的阿依努，在我看来原本也是一群居住在北边猖獗一时的家伙，东以天龙、西以信浓川一带为界，后来被我们的祖先追讨得走投无路，现在已经变成了生活在北海道的没出息的阿依努族。这是我们的祖先曾经披荆斩棘的历史，笔墨难书，武士的起源，甚至进一步说武士道的起源，皆探本穷源于此。阿依努今天人种尚存,也不失其语言,苗子也大致如此,但也不完全如此,相比较而言,苗子人口众多,居住地域极为广泛,今天仍然使用其固有语言,只不过曾经的英气已荡然无存。这个民族今天在生活中还使用铜鼓吗?如果不实地调查的话无法获知,但在两百年前确实有使用铜鼓的经历。

在暹罗内地生活的掸族及克伦族,是与苗子非常相近的人种,尽管对其语言没有什么研究,不能清晰严密地论证,但我认为从广义上来说,掸族及克伦族应该都是苗子的部落,所以现在仍自制铜鼓,用于实际使用。

日本博物馆有一个铜鼓标本,是暹罗皇族赠送之物,实际是掸族所铸造的。如图所示便是这个标本。其大小如所见,鼓面直径2尺5分,高1尺5寸5分,底部直径1尺6寸,鼓面有四个蟾蜍浮雕,中间是放出八股光线的星形,外以同心的圆形层层包围,圆形线条的缝隙间,如图面所示雕刻着各种花鸟。

青铜鼓
（东京帝室博物馆所藏）

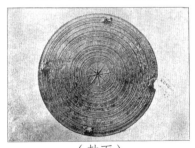

（鼓面）

（侧面）

与此相反,在马来群岛当地人中没有自制铜鼓的说法。即使问这是从谁那里进口的也回答不上来,经常说是当地人在土里发现的。诚然在爪哇或者苏门答腊,印度文化曾经相当盛行,特别是爪哇青铜铸物的铸造技术非常先进,所以似乎不应对其自制铜鼓有所怀疑。而且据明末张燮的记述,爪哇盛行铸造铜鼓,马来群岛中以爪哇铜鼓最负盛名,价格高达数十两。然而,这些铜鼓去哪里了?今天爪哇岛很少发现铜鼓,现在所知的仅仅三四个无价值的样本,不是什么名作,只是三四个极其粗糙的劣质品。张燮的记述究竟是否属实,这是目前最需要研究的事。如果张燮所说不假,必须追究爪哇的铜鼓为什么消失;如果爪哇的铜鼓事实上数量极少,质量又极其低劣,那就可能是从某处输入

爪哇岛发现之古铜鼓
（德累斯顿博物馆所藏）

的。总之，只要是品质好的铜鼓，就会以高昂的价格出售，无法想象葡萄牙人、荷兰人打碎铜鼓，将其碎片作为金属原料带回欧洲的行为。

至于塞拉亚、卡伊，以及其他许多小海岛上发现的铜鼓，我认为相较于当地人自制，外来输入的可能性更大。特别是塞拉亚流传下来的绝世名物，在这片土地上被尊为神，是传国的宝物，荷兰政府以 3 000 荷兰盾（Guilder），大约 2 500 元的价格收购失败，正因为当地人奉之为土地之物所以不卖。塞拉亚岛的名物尤其是铜鼓，大量被德累斯顿（Dresden）的土俗学博物馆收藏。这些铜鼓是从何处传来至此，接下来还需要更多的研究。

另外，说起婆罗洲（Borneo）的住民，虽然是非常有名的野蛮人种，但却有着龙的模样的青铜铜锣。龙是中国固有的装饰，似乎在其他国家从未发现过。而且这里既不铸造青铜，也没有制作铜锣的技艺。显然都是来自他处的输入品，这是需要好好研究的。对此张燮也有记述，我认为有一定的参考价值，这里引用如下。其中所谓文郎马神，恐怕是婆罗洲南方今天的马辰①，记述如此写道：

> 入山深处，有村名乌笼里弹，其人尽生尾，见人辄掩面，羞涩欲走。然地饶沙金，夷人携货往市之，击小铜鼓为号，货列地中，主者退丈许。深山人乃前视货，当意者置金于货之侧，主者遥语，欲售则持货去，不售则怀其金蹒跚归矣。邻境又有买哇柔，每夜半盗斩人头，以金装之，故夜必严更以待。

由此可以想象，这里的小铜鼓恐怕就是在达雅族（Dayak）中发现的青

---

① Banjarmasin，又译作班贾尔马辛。

铜铜锣。铜鼓则至今在婆罗洲岛未有发现。

日本当然也不可能发现铜鼓之类的东西，所以不曾听说从地下出土过。偶尔有三四个，大抵都是从国外传来。如果按照若林胜邦[①]的说法，一个藏于德川公爵家；一个是羽后国[②]仙北郡大曲村的小西家所藏，高9寸2分，鼓面直径1尺7寸9分，庆应三年（1867）漂流到羽后国的海岸；还有一个是叫轰氏的人所藏。据说大给恒子爵[③]也有一个，明治十六年（1883）以《古铜鼓考》为题写了一篇未发表的论文。根据若林氏绍介的引文[④]，如此说道：

> 余近获铜鼓，前面径一尺六寸八分，施轮廓十一，边侧傍高九寸四分，施轮廓十四。边廓间画纹每处异样，铸法极精致，铜色黯澹，衬水银色，点赤绿斑，古色都然，试叩之，革声也。……思西南蛮夷，久有铜鼓，由马援、孔明获之，其名始显，故后世谓此鼓之类，统名为汉铜鼓乎。……

子爵又如下说道：

> 古铜鼓，在我邦者，其一公爵德川家藏。其二子爵清冈家藏，此鼓四隅有蛙，余得观之。其三宽政年间丰前守从五位堀田正毅藏，观其图与余之家藏形相似而非也，不知堀田氏今犹有之否。其四冈内氏藏。其五、六，二商人所藏云，余未及观之。盖此鼓之类形质年代大概相同，皆二三百年前赍来于我邦者，想应千余年前南蛮制之，非马援、孔明所造也。而古鉴拘传说，夫乾隆帝古今之英

---

① 若林胜邦（1862—1904），1885年毕业于东京物理学校（今东京理科大学），在神田小学工作。同年加入日本人类学会，当时名字叫"人类学之友"。1887年与坪井正五郎一起对埼玉县的吉见百穴遗迹进行调查。1889年开始在东京帝国大学理科大学人类学研究室工作，1890年成为技术员，1893年起以助手身份工作，参与多处遗迹的调查。据同学会的鸟居龙藏《某位老学徒的手记》（朝日新闻社1953年）记述，在坪井正五郎游学欧洲期间，若林胜邦与鸟居龙藏两人曾有龃龉。1895年转至帝国博物馆历史部（今东京国立博物馆）担任技术员，直至42岁早逝。
② 羽后国，日本古代令制国之一，属东山道。明治元年（1868）戊辰战争结束后，出羽国南北分割为羽前国、羽后国。时间持续很短，1871年废藩置县后，羽后国被纳入秋田县、酒田县，羽前国改为山形县。
③ 大给恒（1839—1910），旧名松平乘谟，雅号龟崖，幕末三河国奥殿藩藩主、信浓国田野口藩藩主。明治维新后受封伯爵，作为官僚、政治家活跃。1877年与佐野常民一起创立了博爱社，奠定了日本红十字会的基础。生平可参考榎本半重《大给龟崖传》。
④ 引用文章为若林胜邦：《大给恒氏纂述的〈古铜鼓考〉》，《考古界》1901年第1卷第6号。

主，编纂官亦一代之博识，岂不之知而为然乎，盖尊中国而讳蛮
夷耳。

明治戊戌暮秋　　龟崖识

在日本，大给子爵是最了解铜鼓的人，其调查结果正如子爵文章所写的
那样。这实在是性质不明的道具，着实让很多人头疼。

即使在欧洲，有关铜鼓的调查也是近年的事，所以事实上能提出观
点的人非常少。夏德氏（Friedrich Hirth）[1]1896 年译注《诸蕃志》"海
南"条时，因为原文出现了"铜鼓"，有必要对"铜鼓"进行说明，所以稍稍
做了研究，但其论述不过是据《西清古鉴》囫囵吞枣而成，没有任何新
意。另外，荷兰学者 Van hoëvell 基于铜鼓实物而写就论文，但只基于
实物而完全没有查阅中国的书籍，很遗憾地沦为臆测杜撰之说，也没有
引用的价值。去年莱顿大学的教授高延[2]，写作了前所未有的缜密的
《古铜鼓考》[3]，虽然他的观点还未有定论，但是已经做了大量前人未能
考证的工作，对学界大有裨益。最近我已翻译过来，多处做了增补，放
到了《史学杂志》上，深愿各位研读。《考古界》第一编第二号、第四号、
第六号这三册中，登载了大给子爵、若林胜邦、八木奘三郎的相关论说，
亦盼诸君一读。

关于铜鼓的用途，招致的争议最多。基于中国的古书和掸族、克伦
族或泰族（即暹罗人）今日实际使用的情况，以及马来群岛小海岛上的
铜鼓及当地人使用的情况，参考上述情形，大致观点如下：

首先，简单地说是为了召集更多的人。特别是在战时为了招募军

---

① 夏德（Friedrich Hirth，1845—1927），德裔美国人，汉学家。曾在莱比锡大学、柏林大学和格赖
夫斯瓦尔德大学接受教育，并在 1869 年获得博士学位。1870 年到 1897 年在中国海事海关
工作。1902 年开始作为哥伦比亚大学的中文教授，以古典语言学的方法研究中国文学、东
西文化交流，著有《中国古代史》《中国与罗马：中国文献中的古代与中世交往》等。与美国驻
华公使柔克义（W. W. Rockhill）合作，将赵汝适的《诸蕃志》译为英文，1911 年在俄国圣彼得堡
出版。
② 高延（Jan Jakob Maria de Groot，1854—1921），荷兰汉学家、宗教史学家。1873 年进入莱顿大
学，跟随荷兰汉学家施莱格（Gustave Schlegel）学习。1876 年至 1878 年前往厦门学习闽南方
言，之后在巴达维亚出任翻译。1883 年因病回国，次年以在厦门写作的《厦门的年节与风俗》
取得莱比锡大学博士学位。1886 年至 1890 年再次访问中国，调查中国的风俗和民间信仰，根
据调查完成其代表作《中国宗教制度》。1891 年后在莱登大学和柏林大学执教。
③ 高延著，坪井九马三译：《东印度诸岛及东南亚大陆的古铜鼓考》，《史学杂志》1902 年第 13 编
第 3、4、5 号。

队而击鼓，也就是阵鼓，这是铜鼓最初的用途。

接下来是祭祀神和死者灵魂时，抬着鼓巡游敲打，大概是在祭祀的队列中使用，即祭祀用的乐器，这是第二个用途。

然后是悬挂于神社中，为祈祷时敲击而准备的铜鼓；又或是生病的时候，文化程度比较低的人们不知道喝药，向神祈祷时敲打。即用于祈祷或为了请求神的注意而使用的乐器，类如鳄嘴铃①，这是第三个用途。

接下来是在公共仪式和其他盛大祭典时敲打的乐器，大致可以称之为仪式用乐器，这是第四种用途。

然后是报告时间、报告日升日落的工具，与时钟相似，这是第五种用途。

最后，作为传国的宝物，国家的命运取决于这个物品的存在与否，国民非常重视它，以神一样的方式来对待它，简单地说，就是所谓的神器之类，这是第六种用途。

铜鼓的用途大体可概括为上述六条，铜鼓的使用方法也大致包括于内。难以理解的是铜鼓特有的装饰蟾蜍。

蟾蜍之于铜鼓而言关系重大，掸族称为虾蟆大鼓，以蟾蜍数量多为价值高，可见蟾蜍与铜鼓有着密切的关系。欧洲现存的铜鼓，十之八九皆有蟾蜍，另外图片应当比较可靠，《西清古鉴》中出现的铜鼓图，一半附有蟾蜍。日本现存的铜鼓中，有蟾蜍的只有两个，而且鼓上也只有四只蟾蜍。仅凭上述铜鼓的用途说明铜鼓上蟾蜍数量的意义，是非常为难的事。高延氏最近提出了全新的观点，具体内容读一读他在《史学杂志》上的考证文章便能明了，这里仅先摘录扼要。他主张铜鼓的用途之一是乞雨时分敲打，这听起来似乎非常合乎情理。但是，正如高延本人亦十分踌躇的是，无论是中国的书籍，还是暹罗内地各部落的记述，抑或马来群岛当地人的讲述，所谓求雨时敲打是铜鼓最重要的用途，所以蟾蜍附于铜鼓之上这种说法，是一下子出现的。现在使用铜鼓的人，也给出了同样的解释。如果是祈雨使用之物，那就意味着蟾蜍寓意幸福。蟾蜍是下雨时出现的动物，将之作为下雨的神崇拜是古代印度人的习

---

① 鳄嘴铃，于佛殿、宝塔檐下悬挂，参拜者参诣时打铃。

惯,将之作为降雨的工具是古代中国人的习惯,把蟾蜍附于乞雨用的铜鼓之上,看起来似乎非常有道理。让人为难的是,这些都没有确实的证据。那么不得已之下,暂且先将蟾蜍理解为幸福之意。

蟾蜍之所以意味着幸福,可能是因为蟾蜍出现在降雨之际,雨即意味着幸福。比如汉语里把上天的恩赐称为"雨泽",细想这个词语来源的意义,雨就必然意味着"惠"。其他将雨作为"惠"的同义语的例子,搜索一下的话很多,宝井其角那句"如果是在田间巡游的神,下雷阵雨吧",①说明在日本,对"雨"和"惠"也多少附加了一些联想。毕竟,作为农民的习惯,主要依赖的事物是雨,适宜的时候顺利降雨就会丰饶富裕,反之则将陷入贫穷之中,所以"雨"即是"惠",这样的想法就显得理所当然了。当然这是一种臆测的说法,不过是一种想象,但总而言之关于汉铜鼓的蟾蜍的解释,这是唯一的说法。

如上所述,从中国南方到后印度再到马来群岛,广泛存在的铜鼓来源自某个原产地,从那里开始流传到各地,技术也在这一过程中得到了传播。要查明铜鼓的原产地非常困难,马来群岛恐怕十之八九不是原产地,后印度的掸族虽然现在可以制作铜鼓,但其技术是从某处传来。从铜鼓的形式、装饰的设计等向更早的时期追溯,我认为是从中国广东、广西两省附近传来。如此说来,六朝初期所谓夷獠原本就是铜鼓的专卖者,这种特产物的铸造,可能是从他们太古时代流传下来。那么接下来要追问的问题就是,马来群岛的铜鼓是直接从广东、广西海岸装船运过去的,还是经过暹罗内地从今天的柬埔寨海岸运过去的? 这里的研究非常有必要,直接关系到古代中国南方与马来群岛之间的通商路线。倘若这个研究可以推进,那么今天广东作为贸易港开始于何时? 在广东集散的贸易品是什么? 出入广东港的商人主要来自何处? 在"支那"(古音)这个国名还未出现之前如何称呼中国?"支那"的称呼何时开始流行? 又是谁赋予的称呼? 诸如此类的问题都可以逐步展开研究。

我稍稍做了一点研究,"zhina"的名称在唐代即指广东,是南洋诸

---

① 宝井其角(1661—1707),江户时代前期的俳谐师。"夕立ちや 田をみめぐりの神ならば"是元禄六年(1693)他为了祈雨而念诵的俳句,据说在他念诵之后,立刻发生了降雨。

岛商人使用的词语,恐怕从太古时期便是如此。一说广东最古老的名称是番禺,我不知道这一说法是否确实,因为广东市区内有两座山分别叫番山、禺山,据说是采用了山名,但这一说法并不可靠,或许是更有意义的由来也未可知。还有一个旧称是南海,因为这里临近中国南海,这当然是中国人的命名。不管怎样,据我所知广东作为贸易港是在三国吴时期,到六朝初期已经是对外开放的繁荣港口,云集了从南洋至印度诸国的商人。但是广东最早成为贸易港的时间应该更早,恐怕比马援占领今天广西省一带的时间更早。换言之,当时此地还未完全归化为中国的领土,所以中国的史料没有详细记述相关史实。以上是想象之说,总之马来群岛的铜鼓如何传来是非常不明确的,经由一步一步的推演,大致得出上述想象。

这是以古器物作为史料,对极不明确的时代进行钻研的一个例子。

六、系谱学

系谱学,简短地说,即所谓系图的学问,无论在哪个国家都出现极早,自史学产生之时便与之并立。比如日本的《古事记》,大致可以说是以皇室系谱为目的的叙述。又如波斯、埃及的古碑铭,往往也记载着系谱。虽然历史上的事实毋庸置疑是普通国民的工作,但如前所述,如果全体国民都吵吵嚷嚷地商议事情,那么,实际上任何工作都做不了,因而必须要有统率全体的人,或是代表全体国民提出意见的人,国民依赖这个人作为执行者,某天这个人提出自己的意见,与一般国民商谈后,经过全体同意之后执行。总之,因为处于代表普通国民的地位,肩负着责任尤为重大的职务,所以在古代历史中,全体国民的工作容易被记忆成某一个人的事业。在极古老的时代,国民的记忆已无法触及,这样的人物就渐渐变成了神。即便在太古时代没有成为神,在稍后一些的时代,在我们已知的历史清晰的时代,处于这种地位的人,人们都认为他们是少数的卓越人才,具有某种特别的力量,这样传来传去,逐渐催生出英雄崇拜。如此说来英雄崇拜是基于人的天性,几乎是毫无疑义的普遍性质的东西,无论哪个国家都至少存在着某个英雄崇拜的时代。

现在的法国人多数以民主主义主张一个人的自主自由,尽管如此,说起拿破仑一世,几乎是全法国都崇拜的人物。又如对以自由、平等、自主、自尊主义闻名世界的美利坚合众国人民来说,华盛顿是特别值得崇敬的人物,远比其他历任总统都受到爱戴,以至于华盛顿的子孙都成为一种特殊阶级的人。

像这样,率领一国国民或一个地方的团体又或一个部落的众人等,带领大家共同工作的人,不仅被众人铭记,而且他的子孙们,托其恩惠也被记得很清楚,因此在记忆中,自然就记住了他的儿子是谁、孙子是谁、外甥是谁、表兄弟是谁,诸如此类的关系,所谓系谱就这样出现了。

因此,系谱所要处理的材料,仅限于个人,而不是团体或者国民。但是并非单独研究那个人,而要研究那个人的肉体由来之所,又或者那个人的肉体生殖的其他的肉体,归根到底来说,研究一个人的生殖力的发展情况。虽然说是一个人,但与医学上将人的肉体作为标本不同,我们要研究的是吃饭、睡觉、工作、有脑子、有血肉的活生生的人。自然随之也要研究这个人思想如何、行为如何、工作表现如何,这便是系谱学的史学贡献所在。一个人是何年何月何日何处由何父母所生,何年何月何日何处因何种原因而死,仅仅这些对于学术的贡献是极少的。而当研究一个家,证明这个家的人们代代继承家族传统,践行家族理念,立足于社会之时,系谱学会发挥不小的作用。

以上是系谱学的大意,这是一门非常麻烦的学问,即使在欧洲,认真仔细研究的人也非常少,严格来说所谓系谱学也是近四五年才出现的。当然,如果是普通的系图或系谱,早在数千年以前就存在了,但是对系图或系谱进行学术研究,产生建立一门科学的想法,并以此方针来进行研究,是最近四五年的事。今天系谱学是否能称之为一门科学,尚不能断言,如果继续前进,会达到那个阶段吧,所以现在可以理解为正在研究中。

以系谱学作为一门科学来展开研究,困难在于,一家之中,人们繁衍生育的相关手续,并非任何情况都是必要且明了的。常见的情况是,如果没有子嗣,收养弟弟为准养子以继承家督,如果没有将收养一事记录在系图中,后世便不知是父子还是兄弟,这种例子很多。又比如不知道是儿子继承的还是孙子继承的,甚至连从别人家收养了养子也不知道的情况也大把存在。近世法律齐备，对于防范类似情况可谓万无一失，然而公开的登记书也未必可信，姓名的谎报、年龄的谎报、亲等的谎报等无论在哪个国家，往往都是存在的。因此，要完成非常精密的系谱学的研究，是非常困难的工作。总之，系谱学对史学贡献颇大，古人也早就承认这一点，事到如今我们也不必再一一罗列它的好处。系图首先需要三种：为了明确家督继承顺序、分家发展情况而作的图；为了揭示生殖力发展情况、禀性遗传程度而作的图；为了确定亲等关系而作的图。第三种系图在东洋并不发达，在西洋则是为了在争夺财产的时候做出判断裁定，为了明确出身与亲等关系而开始制作。

系谱学给予史学的辅助，稍加思考便能明白。首先是一个国家代表者世世代代继承的手续。国家的代表者即帝王或诸侯，如果是豪族则是家主，都是治理之地的国家或家的代表，主要是对外部的显著代表，换言之即表面的代表，一般在外交和政治关系中会很明显。

因此，继承的顺序极有规则，其间不规则的情况并不多，即国家的治理常常是太平无事的，否则就是国家的代表者帝王乃至诸侯手无实权，只是徒有虚名，这两种情况都存在。如果在短时间里，代表人的继承顺序是极为有序地进行着的，可以视为国家治理良好的证据，但如果持续了数百年仍以绝对顺序继承，国君是否有实权？会有这样的疑问产生。多数情况实权掌握在臣下手中，国君不过徒有虚名。即使是这样的情况，如果持续数百年，掌握实权的臣下即掌握实权的家族也难以避免治乱，也必然会屡屡变动。每当实权所有者的家族发生变动之际，也必然对居于其上的国君的家族产生几分影响，这一点在历史上是显而易见的。

如上所述，帝王、国君继承的顺序，是国家治乱、君家兴衰的一个反应剂。在这个意义上，系谱有很多有趣的地方。如果好几个国家并立，这些国家的代表之间就会产生联姻关系，以女性的血统为基础，可能会引发非常有趣的国家大事。欧洲诸国这样的例子很多，读一读所谓万国史教科书便能马上明白。正因如此，德意志的哈布斯堡（Habsburg）家族两百年前就预先注意到了这一点，纂修了非常精密的系图。哈布斯堡诸家族的系图即使与今日的系图相比，价值也丝毫不堕于其后。哥廷根大学所谓历史法学派的代表人物斯特凡·皮特（Stephan Pütter）[①]根据系图，大有感悟，所以把政治史课程的重点放诸君位继承的顺序、姻亲的关系等。

上述情况不只在欧洲诸国，在日本、朝鲜、中国，系图也是史家不能视而不见的重要史料，具有彻底地精密研究的价值，不可思议的是向来少有人注意及此。那么且举两三个实例，以说明其重要性。

第一例：

这里以欧洲中世史上有名的加洛林王朝（Carolingian）的先祖系图为例，尝试进行说明。

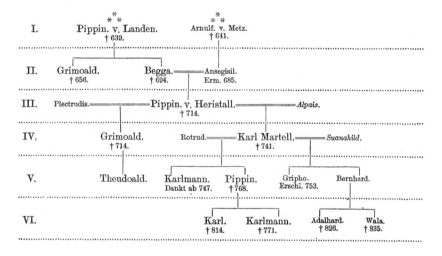

这个系图是查理曼大帝的先祖，从兰登丕平（Pippin of Landen）开始到大帝为止，乍看起来是非常不规则的家督继承。墨洛温王朝时期宫相（Majordomus）一职专擅朝政，如果要在日本寻找与之相符的官职，大概是将军与内览[②]兼而有之。这个家族开始担任这一重要职位

---

① 约翰·斯特凡·皮特（Johann Stephan Pütter，1725—1807），德国法学家，"国家法之父"。素有神童之誉，13 岁进入马尔堡大学师从沃尔夫（Christian Wolff）等名师学习，此后相继进入哈雷大学、耶拿大学完成学业。1746 年开始在哥廷根大学教授法学，主要研究德意志帝国国家宪法的历史发展，被视为德国历史法学派或哥廷根学派。著有《德意志帝国历史手册》（哥廷根，1762 年）、《德意志帝国现行国家宪法的历史发展》（哥廷根，1786 年）等。系谱学方面，撰有《通过谱系表来说明帝国的历史和原则》（*Tabulae Genealogicae ad Illustrandam Historiam Imperii Germaniamque Principem*），里面梳理了多个德意志家族的早期系谱。

② 内览，日本古时呈送给天皇的文件先由摄政、关白等大臣阅览的政务处理方法，也指阅览文件的人。

是在先祖丕平之时,当时这个职位还不是世袭,丕平的时代这个职位还未固定下来,丕平死后其子格雷蒙德(Grimoald)想要废立王权,立自己的儿子为王,尝试篡夺天下,当然谁也不听从他的命令,最后父子都被诛杀,这个家族因此而一度败落。幸运的是格雷蒙德(Grimoald)的妹妹比吉(Begga)依附于梅兹家族,在这个家族中生下了血缘的继承人,接替了丕平的事业。这就是赫斯塔尔·丕平(Pepin of Heristall)。

赫斯塔尔·丕平是一个豪杰,各豪族归服于他,不仅维系家族,而且使宫相这一重要职位确实地变为世袭,他生前就让嫡孙做了东部的将军,自号法兰克公,以禅让的方式使世袭成为事实。也就是说,赫斯塔尔·丕平死前,能够继承家督的儿子在8个月前都死了,最终由嫡孙直接继承他的事业,结果又引发了家族的厄难。侥幸的是丕平留下了一个私生子卡尔(Karl),继承了其父的禀性,诸将归服之,最终继承了家督。这个卡尔(Karl)是击退撒克逊人入侵的有名的武将,并因此而得到了"Martell"(锤子之义)的称号。

在卡尔·马特(Karl Martell)的时代,完全奠定了家族的权势根基,旁人难以撼动,更不用说卡尔·马特有四个儿子,家族譬如已经有了坚固的地盘,可在其上建造任何建筑物了。于是,卡尔的次子丕平(Pippin)最终接受了墨洛温王朝的禅让,成为卡洛林王朝的太祖。

正是这样在险境之中侥幸存活并得以发展,最终取得了天下的家族,因此,系图便如呈现的这般不规则。

第二例:

同为源氏,新田和足利两家关系极近,新田的血统比足利高贵。然而,足利颇有势力,新田则一向积弱不振,处于非常不幸的境遇,这是众所周知的事。当然,这里面包含了许多细节,绝不是单纯的问题,但为什么是弟弟的家系掌握了权势,看一看足利家的系图便一目了然。

看足利家这个系图,会发现源赖朝和足利义兼在母方的关系上,有着深深的血缘关系。这是足利义兼让源赖朝信任的第一个要点。

其次,两人都娶妻自北条家,其后足利家完全效仿义兼的例子,世世代代都迎娶北条家的女儿。诚然足利家的父方是源家,是源义家的子孙无误,但母方完全是平家,是北条的血统。因此,北条氏也非常信

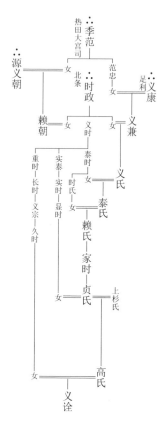

任足利家,因为足利家显然是将源氏的大名们和北条氏联结到一起的一个重要的联络点,这是一种密不可分的关系。至于足利义诠,分析其血统,则北条家以外的血统只有 6%,即九成以上是北条氏的血统。

因为足利家有着这样的血统,所以到了足利家时的时代,不出意外地出现了代替北条家掌控天下实权的野心,根据传说,家时向八幡大菩萨祈祷,许愿在三代之内夺取天下,然后切腹而死,当然这件事是不可信的,但是显然这个家族已经拥有问鼎天下的实权。在北条家昌盛之时,足利氏不过是联结源氏诸大名的联络点,而北条家一旦衰败,足利氏自然就取而代之成为当权之家。这是足利氏的历史,至于新田氏就不是这样了。

新田的氏祖是源义家的孙子,是足利家祖先的哥哥。但是新田的氏祖源义重子嗣很多,其子孙又分为很多家,而且成为家督的人不是嫡长子。嫡长子太郎义俊反而与里见氏一起生活,而庶子太郎三郎义范改姓山名[1],继承本家的则是三郎经义。德川氏的氏祖新田义季也是次郎,颇让人意外。所以,新田义贞的先祖便是按照这样不规则的顺序继承了本家,这并非好兆头,之后虽然继承顺序上不再有例外的情况,但不幸的是,没有与当时的权门势家结成姻亲,渐渐没落。

这便是新田、足利两家一方雄飞、一方沉沦的过程。关于这件事,诸君可以读一读平出铿二郎于《史学杂志》第四编第四十二号登载的论文《镰仓时代的新田氏和足利氏》。

---

① 山名义范,生卒不详,新田义重的庶子,此处"太郎三郎"为其通称。

第三例：

王氏高丽即后高丽，以新罗的王室金氏为外戚，巩固了在高丽的地位。最初十五代的系图如下所示，历代右上角圆圈内的数字表示代数。

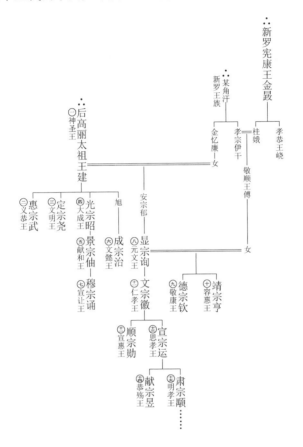

新罗敬顺王的祖父，后来被追封为懿兴大王，名字叫官什么角汗，官后面的字模糊不清无法识读，暂且称为某角汗。角汗（干）、阿干、伊干等都是王族的称号，与匈奴、突厥的可汗是同一个语源。可汗读作Khagan，是か（ka）行的气音。据我所知新罗语也曾有过气音，借用角和阿来表达同一个音也证明了这一点。伊干的伊是角、阿的转音，否则就是阿的讹字吧。但是这一点还未展开研究。

第四例：

接下来是揭示一个人的生殖能力，同时也显示性格遗传的一例系图。所谓性格的遗传，并不是说孩子全部继承了父母的性格，仅仅是讨论性格受父亲性格影响大、受母亲性格影响小；或者是受母亲性格影响大、受父亲性格影响小；或者同时受到了父母双方性格的轻微影响；又或者完全不受父母性格影响，却隔代继承了祖父或者曾祖父的性格。正因如此，一对父母所生的孩子们各有不同的性格。各兄弟之间没有丝毫不同、性格完全一样的例子还未曾有过。虽然有同一对父母，但兄弟中有贤能者、有不肖者，这种情况也随处皆是。

日本的系图往往是父方详细，母方疏略，这是基于非常错误的认知，完全无视了母方对血统的影响。肚子并非借来之物，①所谓母方的影响，一方面关系到家族的社会地位，一方面也影响到家中诸人的性格。按此调查母方，如果母方的情况不够精密，就无法从系图中揭示出家族的真相。然而即使在下面列举的例子中，也很难对母方进行精密的研究，只能示以大略。

从这个表来看家康的子孙，会发现在众多子孙之中，愚人非常少。大体上说，应该是继承了家康的禀性吧，特别是有两位以贤明著称的人。此以附录揭示这两个人的系图。

根据前田的系图，前田纲纪继承了父方即利家血统的12.5%，继承了母方即家康的血统18.75%，家康的血统比利家的血统还多5%。这样的话，比起利家，更应当看到的是纲纪继承了家康的禀性。接下来是细川重贤。

根据细川的系图，重贤血脉中家康的血统占比0.78%，藤孝的血统占比3.12%。这两个先祖血统所占分量都非常少，因为隔了许多世代，每一世血统分量都减半。然而从这两个先祖的血统的比例来看，家康的血统和藤孝的血统形成了1：4的比例，即在重贤血脉中继承藤孝血统是继承家康的四倍。所以重贤与其说是继承了家康的禀性，不如说是继承了藤孝的禀性。

① 日本俗语"腹は借り物"，意为母亲的肚子为借来之物，孩子身份的贵贱只依据父亲身份的贵贱判定。

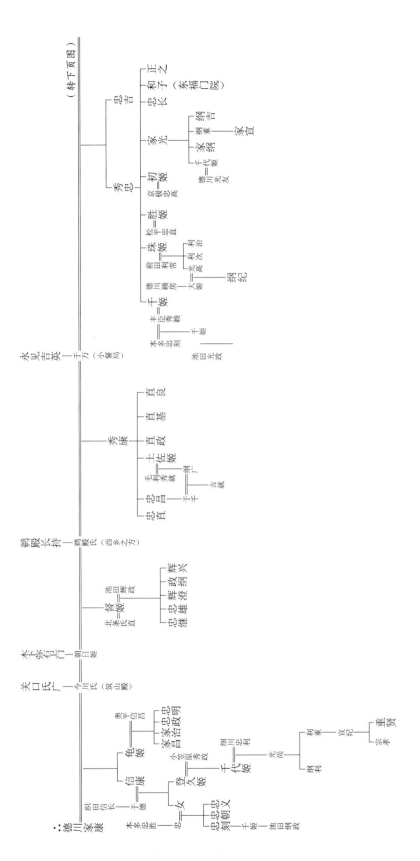

（转下页图）

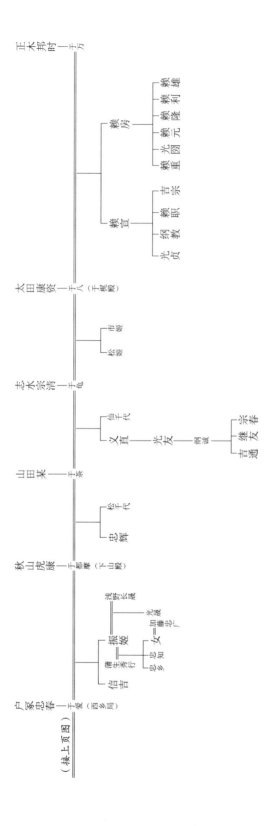

（接上页图）

户冢
忠春——于爱（西乡局）

秋山
虎康——于都摩（下山殿）

山田
某——于茶

志水
宗清——于龟

太田
康资——于八（于梶殿）

正木
邦时——于万

户冢忠春支系：
浅野长晟
光晟
振姬
蒲生秀行——信吉
忠知
忠吉
多罗知
女＝加藤廉忠广

秋山虎康支系：
松千代
忠辉

山田某支系：
仙千代
义直——光友——纳诚——吉通
继友——宗春
宗春

太田康资支系：
松姬
市姬

正木邦时支系：
赖房——赖元——赖雄
赖隆——赖利
光圀
赖重
赖宣——纲教——吉宗
赖职
光贞

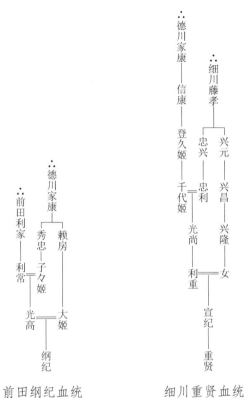

前田纲纪血统　　　　　细川重贤血统

第五例：

下面列举一例表示亲等关系及其延续的系图,即罗马帝王的家族恺撒家的系图。人名下方的缩略语中,mor.（mortuus）是死,aetas 是寿、享年,vir 是丈夫,ux.（uxor）是妻子,IMP.是 Imperator 的缩写,皇帝之意。数字上有负数符号的是天文学的书写方法,表示纪元前的年代,比正常数字减少了一年。

第六例：

最后举一个谎报名字的例子。最近源氏本家的系图引发了历史学家的疑问,果真如一部分史家所说源氏系图有误,那么就是源氏的本家虚报了氏名。源氏本家的系图,一般被采信的如下图所示。

关于清和天皇的系图,最近有争论的是,经基王不是贞纯亲王的儿子,相反是继承了阳成天皇的血统。也就是说,应当如下面的系图所示。

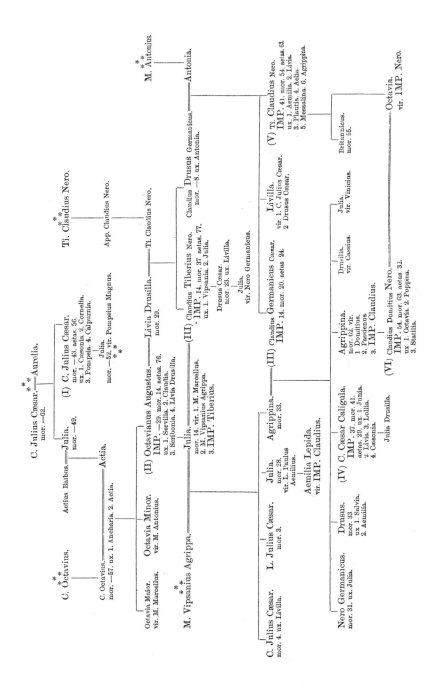

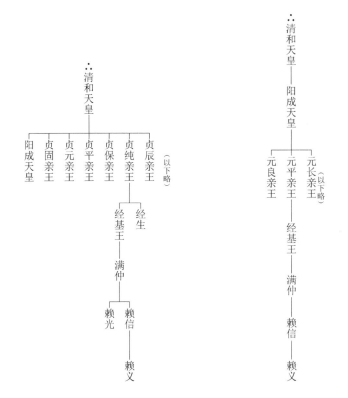

对此，星野恒博士论述如下：

　　元平亲王的享年，据古书所见，御兄元良亲王宽平二年(890)出生，天庆六年(943)薨，年五十四(《日本纪略》①《尊卑分脉》②)，御弟元长亲王延喜元年(901)出生，贞元元年(976)薨，年七十六(《大日本史》二引《源氏系图》)，所以元平亲王大致是宽平六、七年(894、895)左右出生，享年六十四。然而根据告文，如果经基为元

---

① 《日本纪略》，平安时代编纂的史书，记述神代至长元九年(1036)后一条天皇为止的历史。编者不详，汉文编年体，全34卷，成书时间为11世纪后半期到12世纪左右。部分内容节选自六国史，可与现存六国史相互比勘。从宇多天皇到后一条天皇，仁和三年(887)到长元九年(1036)的记述是新编撰的部分。

② 《尊卑分脉》，正式名称为《新编纂图本朝尊卑分脉系谱杂类要集》，日本早期各家系谱之集大成。编者是洞院公定(1340—1399)，公定死后洞院家几代子孙也参与了编撰、增补、校正。正如书名"尊卑"所示，天皇为尊，一般贵族为卑，此外还有神道系谱、四道(纪传、明经、明法、算)系谱、医阴(医道、阴阳道)系谱等，但大多佚失，现存版本以藤原氏、源氏等系谱为中心。系谱中的男性官人，附有包含实名、生母、官历、卒年月日、享年的略传，是研究平安时代及镰仓时代的珍贵史料。异本很多，分别有30卷、20卷、14卷等不同版本。

平亲王之子,出生之年为延喜二十一年(921),时元平亲王二十七八岁,父子的年龄协调[若据《分脉》经基享年四十五,出生于延喜十七年(917),时亲王二十三岁,则父子年龄更加协调]。如果经基是贞纯亲王之子,则提前了一世,父子的年龄不免乖谬。据《尊卑分脉》、类从本《绍运录》①等元平亲王之下是源兼名一系(这是根据《绍运录》,《分脉》中写作兼右),贞纯亲王之下是经基、经生系(《分脉》中写作经生,《绍运录》中写作经主),之所以如此,是因为《源氏系图》将这两者相互交换并记述之,后来者又原封不动地纂录。飞鸟井本《绍运录》中元平亲王之下为兼名系。

如果是这样,源氏的本家就不是清和天皇直系的孙子,要经过阳成天皇,有一世的差异,虽然也是源氏,但已是不同的家,通常称呼的清和源氏即是谎称,应该称之为阳成源氏。到赖信那一代为止:

先人新发,其先经基,其先元平亲王,其先阳成天皇,其先清和天皇。(文告)

文告内容如上,明明白白地写着赖信作为阳成天皇的四世之孙,既已确定是阳成源氏,为什么要谎称为清和源氏呢?怎么也难以理解。不过,我推想的是,在足利义家的时代,称清和源氏比较好,起初可能只是私称。虽然不足为信,但义家的遗言是:

让我七代之孙代替我夺取天下。(《难太平记》)

据说在足利家流传着这样的说法。这种说法出自今川贞世《难太平记》,愚蠢得不值一提,只有足利家流传并相信这样的传说。这种说法暴露了足利家的野心,但在义家的时代,无论有多少野心也是合理的。

源氏本家谎报氏名大致如此,其他有名的家族虚报氏名也并不稀奇,如果追根究底,可以列举出来许多证据。前面列举的卡洛林王朝祖先系图,记录得非常详细,系图追溯到了墨洛温王朝,但无疑是虚报氏

---

① 《绍运录》,全名为《本朝皇胤绍运录》,神代以来的皇室宗谱。由后小松上皇敕令洞院满季编撰,应永三十三年(1426)成书,据说与《尊卑分脉》一起编成。书名仿照中国宋代《历代帝王绍运图》,内容从神代开始,自天照大神以下五代,至神武天皇以下历代。历代天皇都以谥号或院号为中心,列出代数、生母、讳、在位年数、即位退位情形、驾崩年月日、御陵等事项。其他父子、兄弟等皇族关系采用从右至左的横系图形式,实名、生母、略历等添附注释。

名。对于这一部分，史家们谁也不信，所以前面的系图直接省略了这一部分。又如奥州的安倍氏、羽州的清原氏等，[1]我认为也虚报了氏名，疑点重重。从各种情况来看，这两家都是阿依努酋长的家族，安倍、清原都是根据情况自作主张的称呼。如果只是在阿依努部落内部行使权力，接受朝廷赐予阿依努酋长的氏名没有什么问题，但若已经占据了奥六郡，好似天下的大将军一般威风凛凛，就不太合适了吧。总之从史家的推论来看，安倍、清原谎称氏名并不完全是牵强附会之说。

七、古钱学

古钱在东洋作为史料的效力并不彰显，所以以往史家不太以之作为参考，但在西洋却并非如此，往往会给史学提供不可小觑的帮助。要说是什么场合给予帮助的话，如果之前已经有大量的日记或古文书等，自然没有必要再援引其他各种辅助学科，然而像这样史料无可挑剔的情况并不多，所有史家都必须要有史料匮乏的觉悟。因此，就要请求各种辅助学科的帮助，古钱学就是这样一个例子。没有日记也没有古文书，研究陷入困境之时，古钱学就成为史学咨询的学科。

欧洲的古钱中希腊式最为完备。希腊式的古钱，必然具备货币发行地的君主肖像、国徽、王的尊号。而且因应各种情况，或列出货币铸造的年份；或两个人共有王位时铸造两个人的肖像；或同时领有数国就雕刻数国的徽章；或即使还未实际领有数国，但为了主张并显示权力，也一并雕刻各个国家的徽章。因此，由于种种原因，古钱有时可以代替年表，有时可揭示王室系图，有时明确地展示着国家的领土疆域。

比如从中亚的阿富汗一直到北印度，以前是古希腊血统的君主占领的国家，这里经常发现当时的古钱。这就是所谓的巴克特里亚（Bactria）古钱，即北印度希腊王国的古钱，古钱上就有国王兼并的诸地方的徽章。另外，波斯萨珊（Sassanid）王朝的古钱，必定铸刻年份，如"王即位几年"。因此，如果将萨珊王朝的古钱全部搜集起来，就有了这个王朝的年表。但这样的好例子太少，我所知道的就只有萨珊王朝。

下面揭示的是英国的古钱，那个铸刻着在列侯逼迫下饱含血泪签

---

[1]　奥州，指日本古代令制国陆奥国；羽州，指出羽国。

订《自由大宪章》（*Magna Carta*）的有名的约翰王硬币,是在哪一个亨利时期? 我不太清楚,恐怕是约翰的继任者亨利三世吧。然后是伊丽莎白和詹姆斯一世。正如看到的那样,其正反面都铸刻着有用的史料。

英国的古钱(坪井文学博士藏)

第一,约翰王的货币。正面为戴着王冠的王,他是一个大圆眼、络腮胡子高耸、瘦脸、形容萎靡的人,周围一圈是拉丁文拼写的"约翰王"的字样。背面类似新月和星星,周围有铭文。因为原来的尺寸稍微大了一点,所以有剪切边缘的痕迹。总之非常薄,极为罕见。质地为银,直径 1.75 厘米,重量 1.39 克。

第二,正如前述所及,虽然不知道该头像是哪一个亨利,但铭文显示是亨利王。正面可见胡子蓬松、头发卷曲,虽然是长脸,看上去却非常肥胖。背面在十字架之间刻出四片叶子。正反两面边缘都有拉丁文的铭文。边缘也有削去一毫米的痕迹。质地为银,直径 1.80 厘米,重量 1.39 克。

第三,伊丽莎白的古钱。正面是戴着王冠的伊丽莎白,看起来相当老态,女皇头后的花是蔷薇,即王室的徽章,边缘有拉丁文的铭文。背面是所谓的回文,中间有代表英国徽章的豹和代表法国徽章的菖蒲花,还有数字 1 569,边缘也有拉丁文的铭文。女皇的服装为当时的盛装,并且特别显示了作为王室徽章的蔷薇花,意义非凡。背面年代的用处自不必说,刻有法国的徽章表明女皇君临法国的权力。古钱的质地是银,直径 2.45 厘米,重量 2.70 克,我想可能是稍微削了一点,但大体上是完整的。

第四，詹姆斯一世的古钱。正面是戴着王冠、穿着长袍的王的肖像，容貌鲜明，铸刻非常巧妙。这个国王被称为"欧洲第一聪明的傻瓜"，从他的容貌来看，我认为这个评价是正确的。王的头后，用罗马文刻着十二个字，周围照例有铭文。背面不列颠王国的徽章狮子、英国的徽章豹、爱尔兰的徽章竖琴、法国的徽章菖蒲花清晰可见，其他一些则消失了。周围循例也有铭文。古钱较厚，几乎没有削切的痕迹，是完整的标本。质地为银，直径 3.00 厘米，重量 5.36 克，是四个标本中最完整的。

上面所列举的四个标本，看完大致便有了粗略了解，正如所见，希腊式古钱仅仅一枚就提供了各种相关史料。

第一，假设铸造古钱的国家有徽章，根据徽章便可简单地推得该国家的来历。例如，菖蒲花原本是波旁家的徽章，因其长期统治法国，实际作为法国的国徽而存在，即国家的徽章同时显示了统治的王室。

第二，古钱上必然有王的肖像，借此可推论出王室的人种。

第三，由古钱必然可知当时服装的一部分，而且其上所着服装往往是同时代最盛重的服装。借由古钱亦可观察到武器，因为所刻肖像往往持有武器，有时候是枪，有时候是太刀之类的武具。

第四，因为古钱上一定有王的尊号，自然可以推知其时的国体，又从尊号所用的语言，可推及官方的语言即这个国家的通用语。在上面的例子中，尊号所用的语言都是拉丁语，不拘是何人种，可见当时英国以拉丁语作为政府的通用语。又如帕提亚帝国，原本兴起于赫卡尼亚（Hyrkania）地区，虽然不太清楚，但好像是在里海东侧居住的北方蛮夷与南方波斯迁移过来的伊朗种族相互融合，总之，其官方以希腊语为通用语，帕提亚历代古钱上的王的尊号都是希腊语，也证明了这一点。

第五，古钱必然显示了当时的技术。一般在美术兴盛的社会里，古钱铸造的方法是精妙的；反之在美术衰败的社会里，古钱的铸造也随之变得粗糙。因此，古钱成为观察美术盛衰状况的反应剂，在研究文化的历史时可给予我们重要的帮助。

第六，说到古钱，质地一定是在金、银、铜之中，很少有把其他金属作为钱使用的例子，从对金属的使用可见当时工业进步的程度。简单地分析古钱的金属质地,金或银或铜,精炼程度如何,都是显而易见的。精炼金和银不需要那么先进的技术,但是炼铜需要非常高超的技术。化学上纯粹的铜极为难得,往往与金、砷等混合在一起。如果拥有没有金也没有砷的纯铜,即可知冶金术当时在那个国家盛行。只有冶金术先进而所有其他艺术都非常幼稚,这是不可能的。所以,如果追溯古钱的品质,就可以知道当时的工艺水平。

第七,古钱的品质必然与当时的经济情况相对应。经济充裕时古钱必然品质优良,经济紊乱则古钱品质随之堕落。举个较近的例子,江户幕府时代的金银币品质,从庆长至元禄、宝永逐渐下降,以至于元禄的古金和宝永的古银,因质量低劣而闻名。元禄时代幕府财政紊乱达到极点,这在经济史上众所周知。到了正德、享保年间,经过德川家继、德川吉宗两位将军的努力,虽然古钱品质又变好了,但是经济形势不允许,所以只坚持了二十二年,到元文年间又变得极坏。故而无论哪个国家哪个时代,古钱品质如何都是当时财政如何的标志。

第八,除了某些特殊情况,如果流传下来的古钱数量多,说明当时的铸造量多;如果流传下来的数量少,可以想象最初的铸造量就少。所谓特殊的情况,比如某个时代的古钱质量低劣,评价不太好,所以到了下一个时代,政府为了用尽旧钱,就在铸造新钱时全部收回旧钱。这样的例子在货币铸造史上是常见的事,比如江户幕府的三宝银、四宝银等,这是研究者要注意的要点。

第九,上面列举的标本中,伊丽莎白的古钱上有“1569 年”,詹姆斯一世的上面铸刻着“12”。“1569 年”是耶稣纪元,显然是铸刻这个银钱的那一年。这一年,伊丽莎白是怎样的容貌? 英国的工艺发展到怎样的程度? 这是古钱大致告诉我们的。又詹姆斯一世的古钱上有“12”,无疑是指国王即位第 12 年的事即 1614 年。由这一年铸造的古钱,可以推知出当年国王的容貌、英国的经济情况、工艺进步的程度等。

古钱给予我们的帮助是极大的,以至于古钱学者往往有夸大这门学问作用的倾向,甚至有人相信即使历史已经丢失,只要还有古钱,就能复原那个国家的历史。比如有的古钱学家相信,中亚的粟特(Sogdiana)、巴克特里亚(Bactria)、北印度的希腊、月氏等,这些一向没有史书的古国历史，只有古钱才能复原。这实是独行其是，夸大其词。如果依循他们的推论，那么大致情况如下。

首先古钱必然有一定的形制，该形制必然由一定的技术铸成，但是技术并非朝夕可就、突如其来、随性而至的新发明，必然是从以前时代传来的东西发展而来，所以时代相近的古钱，形制相差不大。如果形制多少有些不同，那就意味着年代相隔较远。于是古钱学家有这样的推论：如果形制非常相似，但是王的肖像不同，那么铸造这两种古钱的王可能是亲子关系。如果古钱正面、背面出现不同的肖像，那么可能是兄弟共治天下。

上述情况中，诚如古钱学家的推论，两枚古钱年代相近，但是两枚古钱上的肖像，如果没有证明亲子关系的证据，那可能是兄弟，也可能是叔侄，亦可能是祖孙。又正反两面肖像不同，据此就说是兄弟则失之严谨，即使看起来是同一血统，也有可能是叔侄，或是从兄弟，甚至可能是一点血缘都没有的陌生人。又说是共治天下的证据，事实也不完全如此。如前所述，为了古钱的信用，执政者会特意采用旧货币的肖像，即一面打上亡国之君的肖像，一面打上自己一般即是新王的肖像，这样的情况也是存在的，特别是篡夺者所制钱币，比如月氏诸王的古钱便是这样的例子。

又古钱学家根据古钱形制的技术异同及巧拙程度，详细推定了各古钱之间相隔的年代，这也是极不可靠的。古钱学家的眼力究竟是如何确实地识别细微的技术异同及巧拙程度，是否可以推断出准确的年数，对此，作为史家不得不持怀疑态度。不过，如古钱学家经常提到的，以古钱的质、量、技术为基础推测那个时代的经济情况和工艺情况，我认为这些是合理的。另外，古钱的发现地与铸造古钱的国家，通过何种途径而产生关系，即是基于某种意义而产生交通的证据。例如，甲州古金①有西洋式的圆形货币，又如格里松斯州（Kanton Graubnden）的山间发现了亚述的古货币，这些都是交通顺畅的证据。但古钱学家常常将发现古钱的国家视为铸造古钱的国家的领土，这点史家不能苟同，这

---

① 甲州金，日本第一个系统完善的货币制度和金币。战国时代在武田氏的领国甲斐国等地流通，一直铸造到江户时代的文政年间。

是相当不合理的推论,恐怕在任何情况下都算是考虑不周。总之,发现古钱对于某地而言,仅仅作为交通存在的充分证据,除此以外的事情不能妄言。

综上所述,古钱终究没有揭示一个国家历史大脉络的效力,无法作为历代王位继承顺序、领地变迁、文化盛衰等百般事情的反应剂。研究一下月氏历代古钱,应该能清楚地知道古钱学的作用。月氏的历史经历了普林赛普①以来诸多学者之手,现在仍如堕五里雾中,这正是对古钱学不信任的票决。

以上列举了很多史学的辅助学科,并陈述了其必要性。毋庸置疑,史学应当参考所有的学科,不管选择哪个学科,其他学科都会怀揣不平,但也不必列举并说明所有学科。上面所说的七个学科,目前公认是最紧要的辅助学科,所以在此特别列出。有必要的话其他学科不管是什么,只要有需要就应请求其给予帮助。

上述内容均与材料有关,材料即搜集的史料,哪些学科会给史学提供哪些史料,这方面的内容暂且告一段落。《史料编》就此结束,接下来转到《考证编》。

---

① 普林塞普(James Prinsep,1799—1840),英国学者、东方学家和古董家。曾为印度担任铸币厂的检查员,亦因一篇冶金相关论文成为英国皇家学会会员,孟加拉《亚洲学会杂志》创刊后出任编辑。他是最早破译印度佉卢文与婆罗米文的学者之一,1837年最先对阿育王的诏敕碑文做出解读及年代考订。其研究涉猎面极广,考古学、碑铭学、古钱币学、气象学、冶金学、建筑地理等不一而足。

考证编

总　　论

　　所谓"考证编"，这里使用了通俗的语言，严格地说称为"批判编"更恰当。凡批判者，即解剖、分析事物，以此检定事物的性质、成分，明确其来历、用途等。用通俗的话来说，说起"批判"，总被认为是恶言恶语或驳斥攻击，其实不然，特别是在史学中，丝毫没有说坏话的意思，批判既非褒贬亦非毁誉，只实事求是地陈述事实而已。因此，所谓批判，即解剖、分析一个材料，研究其性质、成分，力求确定其来历、应用方法。这是搜集材料之后，下一步必须采取的步骤，不独限于史学，所有学科都是如此。首先搜集材料，材料搜集好了之后，接下来必须对其进行批判。未经批判就将材料原原本本地传播出去，不是学者应有的作为。

　　同所有学科一样，史学有自己专门的材料，必须尽可能精密地对此材料进行解剖分析，以供己用。在《史料编》中，笼统搜集的材料究竟有没有配合协助学术的目的？这一问题尚未理清头绪。如果配合协助了学术目的，又在多大程度上进行了配合？这就更不清楚了。彻底厘清此类问题，就是批判的目的。以前一般称为考证，为了便于理解，此处沿用这一称呼。

　　接下来开始讲考证，考证包括了各道手续，如果不按照顺序履行正当的程序，结果便不会清楚，也就是说，有产生混乱的可能性，所以，以下按照顺序逐个讲述。

　　在《考证编》中，一个史料被称为证物，即对应一个事实的证物。又把证物所参与的结果称为证据。无证据的宣言，在史学上绝无可能，史家不管说什么，必然都具备某种证据。当然证据的程度各自不同、千差万别，但是没有证据，史家便不能开口。所以证物与证据，几乎是史学的命脉，没有它们就没有史学。

检定一个史料作为证物是否有用，这是所谓外部的批判；证物对于事实而言，提供了多大程度的证据，如何检定，这是所谓内部的批判。

外 部 的 批 判

先从外部的批判开始。何以要特别说是外部的批判，因为正如所有物品的鉴定法一样，史料也必须先大体看一看。所谓大体，首先是外形，比如这里有一份古文书，要鉴定这个古文书，先拿起来看看它的纸，然后看墨色，然后看笔意，然后看书法风格，诸如此类。阅读纸上所写的文章是很久以后的事。如果看建筑物，先看地形，然后看建筑的样式，然后看所用的材料。如果是一本书，先看是卷轴还是册子，然后看纸，然后看笔意，然后看书法风格。万事皆有顺序，从粗略之处渐渐深入至细致之所，像这样粗略的外部鉴定就是外部的批判。

如果是显而易见的赝品，当然只靠外部的批判就会露出破绽。如果是精妙的赝品，这样粗略的批判则不会露出马脚。不管怎么说，要视情况而定，首先作为鉴定真伪的第一步，必须从外部批判开始着手。

甲、作伪

所谓真品，所指为何？ 要说明清楚非常困难，很难下定义，总之从我们使用这个词的意义上来说，大凡真品，即自身与自称不相违背之物。

所谓赝品，所指为何？ 即指似是而非，自身与自称不符之物。

史料中的每一件物品都必须注意其是真品还是赝品，这是必须要做的事，史家的研究程序实际上非常繁琐。如果是从古代流传下来的有名的史料，毫无置疑之处，那就让它直接通过，但如果其流传稍有疑点，又或是新发现的史料，就必须经过缜密的检定。总之，不管是什么史料，都要设立一个根本原则，即不经史家之眼试验的就不能通过。也就是说，像上面所说的，自古以来谁都没有怀疑的确凿无误的东西，是以特殊的待遇免试通过的，这在众多的史料中属于特殊处理的特例。

所有的史料，正如前文所说，都是古物，不管是什么古物，见过古物的人都清楚地知道，古物中往往有许多赝品。字画、古董、刀剑之类，尤其以赝品多而闻名，即使是外行，不先让鉴定家鉴定也不敢粗率地购买。不幸的是史料大多为文献资料，世人往往认为与字画类、古董类、刀剑类情况不同，全部为确实的东西。然而事实绝非如此，资料同字画类、古董类、刀剑类一样都是古代流传下来的东西，古代流传下来的东西赝品很多，哪一个是真品哪一个是赝品，未经调查研究之前绝不能轻信。

请务必反复仔细地查明事实，如同字画、古董一般调查古文书，调查记录，注意研究的积累、经验的汲取。要相信这些古老事物，必须经过慎重的审查。仅凭上述之言，或许诸君还不太明白，所以我再稍微列举实例来进行说明。

一、地理

人们通常认为真假鉴定最容易的是地理。地理是世界表面的一部分，随着时间的流逝而变化，虽然变化极少，也难免会发生自然的变迁。但是，在历史年代仅仅五千年的时间里，通常情况不会发生显著的变化，概而言之，今日地理应该还保持着过去地理的样貌。大地震、大洪水时有发生，这些都是例外。因为是这样的性质，所以地理上的赝品几乎是很难出现的。

例如山城的叡山①，并不是传说中创立宗派的那个台岭②，这样的议论从未有过；关原的古战场，无论是现在还是以前都没出现过异议者。在欧洲也是如此，伦敦的城市，滑铁卢的古战场，从古至今都没有出现过异议者。证明大事实的地理，如前所述不可能出现赝品，也没有相应的企图。

但是，证明小事实的地理，有大量的赝品。比如藤原藤房的临终之地，在日本就有几个，不胜枚举。不仅仅在日本，若根据其他说法，应该

---

① 叡山，比叡山的缩写。
② 台岭，指中国浙江省天台山，隋朝智顗和尚在此创立天台宗。比叡山是日本天台宗本山延历寺所在之所，故也仿称台岭。此处指比叡山不是天台山。

在中国也有。又比如，比这年代更往后，传说中石田三成的死处也有两三个。总之，古建筑遗迹、伟人的遗迹等，总有许多疑点，要想检定查明非常困难。光源氏须磨的遗迹、奈良的猿泽池边采女的衣挂柳等传说①，诸如此类荒诞无稽的地理，也有人相信着。

之所以如此，是因为在那片土地上的人们，不管那片土地有什么历史渊源，都努力地宣扬当地的名声，与其说是爱乡之心的流露，不如说是人之常情。但是作为人情来说，如果一直认真地坚持这些主张就不免使人为难，对此，当历史学家提出异议的时候，请一定要虚心平气地听取。最近好像出现了古迹保存会之类，说是可以保存很多的古迹，但如上所述，要彻底去除感情，以学术之冷眼，进行踏实的调查，即使有冷酷的历史学家来审查，也请虚心平气地接收。

如果用欧洲的例子来说，瑞士乌里（Uri）湖边的威廉·退尔（William Tell）②遗迹，在伯尔尼（Bern）各处的鲁道夫（Rudolf von Erlach）③遗迹等，诸如此类都是当地人坚信之物，但以史家的眼光来看，明显是赝品。日本荒诞无稽的古迹也随处可见，必须要特别注意。

二、古器物

继地理之后，人们认为容易鉴定的还有古器物。之所以这么说，是因为自古以来人们就知道古器物中有很多赝品，如果是偏远乡村的绅士还情有可原，否则，凡是稍有留心者，不会轻易把古器物当真，一定会委托鉴定家予以鉴定。所以即便古器物有无数赝品，人们也不会轻易地被欺骗。

然而从实际情况来看，很多人都稀里糊涂地持有赝品，甚至看不出自己的蹩脚鉴定，得意扬扬于自己没有赝品。

这是很久以前的事了，在欧洲的一所大学里，有一位满腔热忱的古生物学家，在他研究工作的地方，有一个不良的学生，学生恶作剧地按

---

① 相传日本奈良时代有一名采女因为失去了天皇的宠爱，悲伤不已，最后将自己的衣服挂在猿泽池畔的柳树上，跳水自尽。为了抚慰这名采女的灵魂，人们修建了一座面向猿泽池的神社，但是采女的亡灵不忍面对自己投身的猿泽池，一夜之间将神社调转方向，就有了今天猿泽池西北角背对鸟居的采女神社。
② 威廉·退尔（William Tell），瑞士民间传说中的英雄，瑞士国父。15 世纪的史书有所记载，席勒的剧本《威廉·退尔》(1804 年) 和罗西尼的同名歌剧 (1829 年) 使他闻名世界。
③ 鲁道夫·冯·埃拉赫（Rudolf von Erlach, 1299—1360），劳彭战役中瑞士联邦军队的指挥官。

照想象捏造了容易残留成为化石的软体动物、昆虫等的化石,偷偷地埋在某个地方。某日故意把其中一个掺杂着石屑的假化石带到老师面前,说在某处发现了这个东西,应该是非常珍贵的东西,请老师鉴定一下。老师见之大喜,惊叹连连,说一点也不知道有这么珍贵的化石,这实在是千古未有的大发现,我们快去挖掘吧。挖掘之后,挖出了大量罕见的奇妙的化石,老师详细地记述了这件事并配以插图,得意地出版了著作。结果这位恶作剧的学生内心自责煎熬,坦白了这是恶作剧制造出来的东西,老师听了之后面红耳赤,面红耳赤之余把煞费苦心写作的自得之作全部买了之后烧毁丢弃。因此,由于对事物过于热心,有时候擅长鉴定的人也会相信来历不明的东西,如果不好好注意,也会陷入危险的境遇吧。

世上有名的古人的雕刻物、收藏品之类的东西经常出现,但十之八九不是真品,所以史家把古器物作为史料来使用的时候,也有踌躇不定的例子。奈良一带,有一个制造奈良时代古器物的制造厂,那里制作出来的东西非常精巧,不是随便就能买到的。意大利的罗马也有这样的制造厂,盛产仿造的古器物,将其作为真物出售,耶路撒冷也是如此,大量生产制造模拟物。

日本古坟中发现的物品,比如金环、铜环、曲玉、管玉之类,赝品很多,实在让人头疼,不知道是否有赝品制造厂,但大家明知道是赝品仍然喜欢的情况也很多见,今后也许依然如此。

这种情况还抓着赝品不放,是因为喜欢而蒙蔽了双眼,没有勇气进行研究来鉴定真伪。如果鉴定的结果是好的,自然很好,但不幸是赝品的时候,就会灰心丧气,有的人因为缺乏足够的勇气,就不让人鉴定。如果是日本古坟出土的物品,帝国大学的人类学标本室、上野的帝室博物馆等都有大量真品的同类物品。拿着实物去,与陈列的同类物品对照观看,如果吻合自然很好,这是比较容易的做法。如果完全没有同类物品,即是罕见之物,最好同相关方面的人商量一下比较好。如果那个方面的人也从未发现过类似物品,那就是极其珍稀之物,如果是第一次发现,那就会成为学术界的新发现。

神社、佛阁等陈放的所谓宝物,往往会有一些不知真假莫可名状的东西掺杂在一起。但是神社、佛阁等，参见宝物的人们，不一定都是学者。只要购买东西的人们满足就好，所以也不必全部准备真的东西，从学术上来说，可以称为不太可靠的陈列馆。

三、古记录、古文书

接下来是古记录、古文书。对此，以前不乏许多盲信之人，但最近很多人开始对古记录、古文书严格要求，大部分人认为必须经过专业人士的鉴定。虽然这方面的工作还在推进中，但欣慰的是已经抓出了许多伪作。古文书伪作数量之多，与古器物相比也不遑多让。

特别是作为家族履历证物的古文书，人们往往趋之若鹜，古文书鉴定的商人便乘虚而入，制作了大量的伪作，然后售卖给特定的人群，甚至根据特定的要求制作文书。更有甚者，地位极高的人为了让自己的家族更加尊贵，或是为了确保某项权利，由博闻强识的某位杰出人物亲自动手作伪。

欧洲古文书中伪作极多，可以追溯到久远的往昔。举例来说，欧洲现存的墨洛温王朝古文书，几乎一半都是作伪，而加洛林王朝最初四位君王时期的古文书，大概有 15% 是作伪，这是法国古文书学家的鉴定结果。日本古代的古文书，幸而大部分都是真品，奈良时代的古文书作伪之类几乎没有听说过。欧洲作伪之盛有种种由来，现在无暇详分细缕，总之在墨洛温王朝时期，由于当时社会上的一些问题，出现了很多伪作，伪作的制造者都是一些有头有脸的人物。

日本古文书的作伪，后世方才兴起。首先是在镰仓以后，自然而然地出现了作伪。欧洲的例子揭示的是有地位的人作伪，这种情况日本不能说没有，但多数情况是没有地位的人为了确认自己的领地，或是像小偷一样通过诈欺取得原本不属于自己的领地，总之多出自身份低的人。年代更往后，元禄前后出现了大量的作伪。毕竟从庆长到宽文的时期，还保留了战国的杀伐之风，这样杀气腾腾的氛围下，幕府缜密的公文手段略有收敛，到元禄前后风气变化，学术发展起来，书籍受到重视，受此影响，作伪风潮兴起。

又世上所谓的茶人，往往尊崇名士闻人的书法，认为茶会上普通的东西没有价值，必须要有珍奇之物，因而给作伪提供了机会。茶会上的伪作，不是从德川时代开始的，而是从足利时代开始的，只要是珍奇之物就可以，甚至张良的兵书、孔明的出师表等类似之物都是珍品。这样一来，无论是藤原镰足还是弓削道镜，只要是名士闻人的作品就好了，没有人会议论事物原本的真假。毕竟茶会不是古器物、古字画的鉴赏会，而是享乐的集会，本来就察觉不到真假，在茶会上什么都可以被随意地欣赏。因此给作伪提供了机会，赝品制作商们可谓是适逢其会。

诚然，相比一般的书画，人们总是想要更珍奇之物，于是大量的名人书画出现了。清盛的书信、赖朝的书信、菅公的写经①等大量诸如此类之作，世间所存的几乎都是伪作。比如平清盛的亲笔，据我们所知一个也没有，只有清盛的花押，但与世人一般相信的清盛花押不同。赖朝的亲笔据已知也没有留存，一般所谓赖朝亲笔都是其左右之人的代笔。菅公的亲笔，最近在田中义成的著作中已说得非常清楚。至于楠木正成的亲笔，有很多流传下来，其中大概只有两三个被认为是确实之物，但是不可思议的是，他的古文书都是同一篇文章，哪一个是真的，哪一个是假的，很难鉴定出来。如果真品只有一个，那剩下的便都是伪作了吧。时代极近的人，德川家康的亲笔我们就没见到过，留下来的只有传给狩野家的"家康"这两个字的署名。

因为上述情况，所以要想确认古文书的实物，必须请专业的人进行鉴定。如果纸是用煤烟熏旧的，字迹胡乱轻率，这样的东西就不能相信。记录也是如此，不是猫啊勺子啊什么都记录下来。② 胡乱轻率的东西也称为记录是非常不可靠的。所谓记录，是本人以认真的态度某日亲笔记述某方面的事。

因此，无论多么堂皇的所谓大家的古文书，也不一定都是真品。下面列举一个实例，即欧洲奥地利家族世代相传的特别重要的文书。

说到奥地利家族，在欧洲各国的诸帝室中也是特别的门阀家族之一，家族非常古老，出了大量的名人，而且长时间继承神圣罗马帝国的皇帝之位，可谓是世界上屈指可数的帝室。在这个奥地利家族世代相传的数量庞大的古文书中，这里所说的特别重要的文书是指：这个家

---

① 　清盛、赖朝、菅公，即平清盛、源赖朝、菅原道真。
② 　"猫も杓子も"是日本俗语，意思是"不管是谁，什么都……"。参见《一休咄》："我们被生下来，然后我们死掉，所有的都一样，佛陀、达摩、猫和勺子都一样。"

族曾在神圣罗马帝国古代被破格受封,作为被破格受封的证据,那份规定了奥地利家族领地规模的文书。以此为基础,该家族随后取得神圣罗马帝国的帝位,在欧洲诸国之间极受尊崇。然而,让人难以置信的是,这份规定领地规模的古文书是伪作。随着研究渐渐发现,奥地利家族某个时代的主君伪造了文书,听起来非常荒唐,但事实便是如此。

距离神圣罗马帝国灭亡匆匆已过百年,在此期间,历史学家的研究越来越精细,奥地利家族也没有特意去庇护这份伪造文书,所以今天奥地利大学课堂上公开讲述这份文书是伪造的。

这份文书的真伪性在学术界引起热议,已经是五十年前的事了,但的确是对古文书学略有研究的人都会质疑的文书,下面将其详细情况大致讲一讲。

奥地利家族破格受封领地的古文书,该家族有两种。假设将其分为甲类和乙类,则甲类由以下五通特许证构成:

一、1058 年 10 月 4 日,皇帝海因里希四世的特许状。

二、1156 年 9 月 17 日,皇帝弗里德里希一世的特许状。

三、1228 年 8 月 24 日,皇帝海因里希六世的特许状。

四、1245 年 6 月,皇帝弗里德里希二世的特许状。

五、1283 年 6 月 11 日,皇帝鲁道夫一世的特许状。

乙类是相同的特许证,但只有两通:

一、1156 年 9 月 17 日,皇帝弗里德里希一世的特许状。

二、1245 年 6 月,皇帝弗里德里希二世的特许状。

仅以上二通。

如上所述,历代皇帝赐予的确定家族领地规模的特许状有两类,这是很奇怪的,让人难以理解。还要注意的是,甲类文书都是原始文书,乙类只有两通抄本。因为没有其他选择,到底是甲类比较好,还是乙类比较好,最终只能在甲乙之中决定。

甲类都是原始文书,乍看的话会认为甲类更好。总之,必须对甲、乙的古文书进行缜密的研究,如果一通一通地仔细观察,则甲类第一号海因里希四世的特许状非常可疑。的确乍看之下书法风格及文体都是11 世纪的东西,但仔细观察,有的地方少了些许 11 世纪所固有的风格特色,有的地方有悖于当时官方的惯用形式。这样已经可以大致定性了,但为了慎重起见再读读其文章,结果发现文章写了更过分的事。即奥地利家族拥有尤利乌斯·恺撒和皇帝尼禄所赐予的特许状,这一部分内容自古以来就被认定是造假——罗马的恺撒时代也好,帝国之初的尼禄帝时代也好,毫无疑问还没有奥地利家族。有脑子的人都不会相信这件事,这件事纯属造假,然而第一号文书堂皇地引用了这部分作伪的内容。皇帝海因里希四世在第一号文书中,按照恺撒和尼禄赐予奥地利家族的领地规模,允许奥地利家族继续领有。除此之外,文书还记述了种种无稽之事,这里不一一赘述。总之,第一号古文书的作伪者,细致地阅读了真正的海因里希四世的古文书,然后仿效之,某些地方视具体情况做了改动,所以文体、书法风格乍看之下同真品一样。

如上所述,第一号文书轻易地露出了马脚,但接下来的问题是,只有第一号是伪作,甲类其他四通尚不能断言全都是伪作,还必须耐心地进一步研究。不过已知的情况是,神圣罗马帝国朝廷曾数次将文书当作真品,被无耻的诈伪手段蒙骗之后授予特许状。因此,基于第一号文书出来的剩余四通文书,不能不受到质疑。在神圣罗马帝国的宫廷中,还没有准备好防止古文书作伪的措施,所以伪造文件、假造圣旨之类,现已被大量发现。

作伪一般出现于何时? 一般是家族的上一代死去之时,或者皇帝帝位更换之时,作伪者希望继续领有以前的领地及其他特权。这种时候,就要拿出作为证物的文书,而相关人员受理文书后,将进行怎样的审查? 一般来说,没有违反惯例即可,另外这个文书是由谁执笔的,只要笔迹与那个人相仿即可。然而中间亘隔着久远的年代,相关人员并不熟悉早先时代的惯例,更不具备鉴别字迹的能力,因此伪作出现时,相关人员极易受骗。

据上述情况,甲类第二号以下不知真假。因此,有必要先对第二号到第五号进行彻底研究。

首先看看这四通特许状的外形,都是在漂亮的纸上用漂亮的字书写的,没有发现任何不对劲的地方。那么相对于这四通,乙类的两通如何呢? 乙类的两通只有抄本,完全找不到原文。相反,甲类方面如果想要寻找原文以外的抄本,则一通抄本也找不到。即是说甲类的四通只有原文没有抄本,乙类的两通只是抄本没有原文。

然而,甲类这四通没有抄本无论如何都不合情理,显然违背了当时即12、13世纪的惯例。无论在哪个时代,如果是家族的重大文书,必然会小心翼翼地对待原文。不仅如此,倘若原文万一遗失,作为预备重新提交的证据,必然会取得抄本并保存起来。特别是12、13世纪以后,德国的列侯们开始对古文书进行非常细致的处理,不仅将原文慎重地保存于仓库中,而且特别制作文书的备忘录,凡重大的文书皆制作备忘录并保存。这个习惯是基于人情或社会的状况而形成的。对此,不禁使人联想到,这在日本原本是寺院的惯例,武家最初仿效于此。如此看来,至少第三号以下的甲类文书不可能没有抄本,一直没有抄本真是奇怪至极。乙类的两通看起来如何呢,13世纪诸文书的备忘录中,乙类的两通抄本多次多处被记载着,现在也被记载在奥地利家族的文书备忘录中。甲类文书的抄本则出现在1360年之后,在此之前从未出现过,这是为什么呢? 如果研究过古文书学,便可以知晓甲类是存疑的,乙类才是正确的。

仔细地观察甲类四通文书,它便慢慢地露出马脚。从书法风格来看,一看便知是14世纪,很难说是12世纪乃至13世纪的风格。又从文体的形式、所谓的文例来看,也有不合理的地方。慎重起见再看看其记述的事情,也多次出现极不合理的地方。

首先是第二号文书,上面写着"不允许分割奥地利家族的领地"。德国的列侯们不分割领地给诸子是很久以后的事,至少是13世纪下半叶以后的事,在那之前,通常的惯例是分割领地之后分封诸子。奥地利家族居然提前发明了后世的惯例,并且有皇帝赐予的敕许,这是无法想象的。除此之外,还出现了大量与神圣罗马帝国宪法相矛盾的事。其中最夸张的莫过于奥地利家族的家督在古文书上写着"世世代代让长子继承下去"。然而事实上在奥地利家族中,14世纪之前都不是长子继承制。其余各种各样的事省略不述,总之第二号文书上所写的事情,全部符合14世纪的社会,不符合之前的时代,而且奥地利家族的历史也明确佐证了其矛盾之处。基于这些理由可以断定,第二号文书是伪作。

　　第二号虽然也是伪作,但不能说第三号以下就是伪作。理由前已述及。然而第二号文书所写的事情,至少 14 世纪开始才成为事实,所以要让大家相信第三号、第四号、第五号,也是不可能的。与一时代的宪法相矛盾,就不可能有那个时代皇帝的特许状;没有那个时代列侯的出身和门第,就不可能得到那个时代皇帝的敕许。因此,第三号以下没有必要一通一通地仔细审查,综上所述,先假设其为伪作。

　　这样假定之后,接下来的问题是,是谁在何时制造了这个伪作? 如果回答了这个问题,自然也就证明了第三号以下是伪作的事实。综合其他方面来看,甲类文书所示的大致情况,与 14 世纪神圣罗马帝国的情况相吻合,最符合卡尔四世颁布的有名的黄金诏(Aurea Bulle,指盖有黄金印的文献,按神圣罗马帝国宪法规定的法律,特别重大的文献上要盖黄金印)之后的德国历史。

　　那么,14 世纪奥地利家族的主君中有没有人抄录家族文书? 搜索了一下,这是 1366 年 7 月 11 日的事。当时奥地利家族的主君是鲁道夫四世,一个真正的野心家,这一天在维也纳的城堡中,他把有学问的出任高官的僧侣们聚集起来,抄写甲类文书及其他文献。这么说来,在这一天之前,甲类文书的抄本肯定是没有的。然而,在这之前不久,鲁道夫四世时期,甲类文书中记载的奥地利家族破格的领地规模已经一定程度上成为现实。而且,1359 年 6 月 18 日这位主君的文书中引用了甲类文书的语句。这样的话,1359 年的夏天,甲类文书就应该存在了。假定甲类文书是 1359 年夏天出现的,对比一下黄金诏的领地规模和甲类文书中的领地规模,两者非常相似。正因有黄金诏,才有如此破格的领地规模;如果没有黄金诏,不可能有如此规模。

　　黄金诏分别于 1356 年 1 月 10 日和同年 12 月 25 日两次发布,所以甲类文书的伪作应该在此之后。鲁道夫四世是皇帝卡尔四世的女婿,如果皇帝没有子嗣,按顺位他就是帝位的继承人,然而尽管他野心勃勃最终却没能继承帝位。1358 年他继承奥地利家族之时才十九岁,有着他这个年龄不应有的野心勃勃与急躁冒进。1359 年的夏天,即继承家督之后一年多的时间里,他暗中伪造了甲类文书,伪造好之后,为了堂堂正正地向世人公开,召集了有学问的出任高官的僧侣们,堂而皇之地抄写抄本。

鉴于奥地利家族的实力，加之鲁道夫四世是皇帝的女婿，因此即便有人有所质疑，也不敢公开质询如此重大的文献是从哪里拿来的，最终形成了不得不相信的风气。如果鲁道夫四世是个温良谦让的君子，对他有如此过分的质疑是不恰当的，然而实际上这个人既使用暴力，又进行欺诈，总之为了扩大自己家族的规模，不惮于采取任何手段。制作甲类文书伪作的，正是这个人，作伪的年代，如上所述是在 1358 年到翌年夏天之间。一切均有迹可考，不能随便使古人蒙冤。据推测乙类两通的原文没有流传下来，正是因为甲类的伪作制成之时，因恐乙类的文书会带来麻烦，便将乙类的文书摧毁了。

总之，像这样通过作伪手段制作的伪书，奠定了奥地利家族领地规模的基础，历代神圣罗马皇帝都将之作为确定的事实，当然这本身也是奥地利家族实力强大、权尊势重的证明。

上面列举了一个伪造古文书的夸张之例，在记录体①中也有类似的伪作。举个简单的例子，被称为《楠正仪公事实书》②的记录体文书，是宽正元年(1460)三月楠木正虎③为了后世子孙而留下的伪作，最近变得非常有名。很多人相信这个记录，认为其价值珍贵，那么我们就来稍微谈一谈。

这一记录的要点是细川赖之极力劝说被南方贬抑的楠木家，以庞大领地利诱，想要说服正仪归降北方。正仪与其家臣商谈，独正仪一人坚守忠义，反对归降。

---

① 记录体，以变体汉文书写，即使用正规汉文中没有的日本式的用字法、语序等书写的文体。多用于公私日记、有职故实书(指根据自古以来的先例，记载公家、武家的仪式、法令、制度、风俗、习惯、官职、仪式、装束的书)。《东鉴》被视作代表，又称为"东鉴体"。

② 楠木正仪，生卒不详，生年有 1330 年、1331 年、1333 年说；卒年有 1388 年、1389 年说。日本南北朝时代的名将，父亲是楠木正成。作为南朝总大将，多次从北朝手中夺回京都。主张南北和平谈判，多次担任南北交涉的南朝代表。曾归降北朝，最后又复归南朝，因此颇受争议。楠氏是南北朝时期河内、和泉的豪族，本姓橘氏，一般认为是伊予橘氏橘远保的末裔。但在楠木正成之前的系谱多有不确。明治之前如《太平记》中表记为"楠"，明治时代开始，多表记为"楠木"。

③ 楠木正虎(1520—1596)，战国时代至安土桃山时代的武士、书道家，担任织田家、丰臣家的右笔。楠氏因拥立南朝天皇，室町时代被视为朝敌。宽正元年(1460)三月，楠木一族被处死。然而，随着《太平记》的流传，世间对楠氏多有同情。至战国时代，楠木正虎自称楠木正成之孙，尽力恢复楠氏一族名誉，请求朝廷取消祖先"朝敌"的罪名，后在松永久秀、织田信长的帮助下，永禄二年(1559)正亲町天皇赦免楠木正成的朝敌罪名。

山名、赤松组成一队,向摄州出发,进攻楠公城池,细川赖之[①]则由水路到达和泉境内,意图从敌后向河内进发。正仪公难拒前后之敌,于是从摄津国撤退,返回河内。两军对阵十数日略去不表。僵持多日后,山名豆州[②]密遣二位使者至正仪公扎营之尼崎,说服其加入将军一方。正仪公细读密文后,答复道:"值此末世,重义而轻个人生死之人太少,而像豆州之流却又太多。我欲宁取少量正义之金,也要舍弃众多邪欲之土石[③],便不予书面回复,且作歌一首相送:隆冬时分,山名深处的晚风吹不动高山之楠的树梢。"

豆州和师义[④]都觉得面上无光。另一方面,右马头赖之从四国集结战船,渡过和泉国境,径直前往河内,向正仪公发起进攻。此时京中小儿都在传唱:

"细川氏的船,依赖着举棋不定的山风。"

闻此歌谣,山名父子思及屡屡降顺于将军而被天下嘲笑,不免有几分悔意。

仁木义长投降时,也是赖之秘密派人游说。赖之派使者前往伊势长野城,对仁木说道:"您从将军即位以来一直是大忠之人,可与畠山入道比肩。之前是相州[⑤]等听信奸佞小人谗言,专断独行。将军那时尚年轻,未料想竟将您视为怨敌,如今将军悔之深矣。您如果舍弃几代忠义,与行将末路的楠方敌军为伍,将逆谋之名流传后世,把无道之祸传遗子孙,即是人之大耻。我深为您惋惜,故以此隐秘之言告知于您,今若派遣使者向将军归降,或还能得到赦

---

① 细川赖之(1329—1392),细川赖春之子。受将军足利义诠遗命,成为室町幕府第二代管领,辅佐年幼的将军足利义满,主导幕政。
② 山名豆州,即山名时氏,因官位"伊豆守"又称山名豆州。"豆州"为伊豆国简称。山名时氏(1299 或 1303—1371),镰仓时代末期到南北朝时代的武将、守护大名。伯耆国、出云国、隐岐国、因幡国、若狭国、丹波国、丹后国守护。母亲和足利尊氏的母亲上杉清子是表姐妹,由于这层关系,跟随足利尊氏作战多年,曾归降南朝,晚年复归北朝。
③ 邪欲之土石,此处引申指领地。
④ 山名师义(1328—1376),山名时氏长子。因若狭的领地问题与佐佐木高对立。以此为契机,与父亲一起归降南朝。后复归北朝,继承丹后、伯耆的守护职。
⑤ 足利直义(1306—1352),足利尊氏同父异母的弟弟,因官位"相模守"又被称为"相州"。"相州"为相模国简称。

免。"义长被土岐^①所围数年,困守孤城。正不知如何是好之间,被右马头派人前来游说,正中下怀。义长于是派使者陈书予道朝禅门^②和右马头,得御教书^③,大喜过望,随即进京,仍受封原伊势一国,但未几病故,着实可怜。世人皆不知赖之此种种谋略,真相被巧妙地隐藏起来不为人知。赖之见正仪公麾下聚集名士和云游遁世者,又遣隐士劝说正仪公道:"您家世世代代侍奉吉野殿,不失主从之礼,重视君王之命,在战场上舍生忘死、裹尸马革。然而如许之臣,过去两代尚有,今日吾朝已然不闻。诚然,世人对尊氏卿颇多非议,但对君臣不义之事决绝反对者,多见于异朝。观当今之世,公家政治骤然打开局面,但平定天下全凭刀戈之利。现今兵戈不止,百姓无庇身之所,春秋无片刻安宁,按其所由,则唯足下一家不降武家之故也。仕无道之君,而苦天下万民,岂是仁政之道。望痛思前非,觉悟公武合体方是鱼水交融。若愿归降,则除大和国、河内国、和泉国、纪伊国外,淡路国、阿波国、赞岐国皆一并授附予您。山名氏、大内氏也已归顺武家,故遣人来见您。"正仪召集部下商议,和田的和州、恩地、势州、安马、高安、志贵、丹下等众人齐聚下馆,正仪公见及众人,一言不发良久,默默流下泪来,满座皆惊。正仪公说与众人道:"如今主公大势已去,所以请来诸位商议给细川赖之之回信要旨,评正是否委曲求全归降武家,使楠木家的名节荣誉毁于一旦,背负罪过。吾欲知诸位心中如何打算。武家兴数国之力前来征讨,而诸位意欲归降京都保全家族之心已然昭昭,如有此等之心,今后战事难矣。家父有遗言道,若为保全性命、享受安逸而行不义之事,即是将逆臣贼子之名传于后世。而为臣者,与敌人交战当时时抱持赴死之心,如果被敌人砍取首级送往京都,亦应以偿还主君恩典为荣。"对此,和田、恩地两家各持两端,唯正仪公固执不从。正仪公说道:"家父正成公自从元弘之乱立下忠功以

---

① 土岐赖康(1318—1388),南北朝武将,效忠足利尊氏、直义兄弟。美浓、尾张、伊势三国守护。
② 斯波高经(1305—1367),法号道朝,足利尾张守家第四代家主,所以又称足利高经。越前、若狭、越中守护。
③ 御教书,镰仓时代承将军之意而发出的奉书。奉书是奉上级意旨下达的文书,日本古代依据上级身份的不同奉书名称也不同。奉书原本多用于私人内容,但渐渐也用于处理公务,特别是幕府将其作为公文使用。这里指义长得到将军足利义诠的许诺。

来,不仅重新继承先祖们长久以来的守护职,领地也骤增百倍。所以诸位,吾等是该忘记仰仗已久的君恩,转而侍奉大逆无道的尊氏子孙,使楠木家贪享荣华? 还是与主君生死与共,使楠木家忠义之名流于后世? 此中是非得失诸位权自衡量。"如此,正仪公叱责了众人心底残存的贪念,众人皆以袖拭泪,心生敬仰。故尊氏以来天下乱离,尊氏、直义兄弟以恩赏领地为奸诈手段夺取天下,这并非楠氏之祸,也非君主不公。只奈何此乱世之中,寄心风流欲望者太多,重义之人又太少。传言称赖之以义为本,执政无私云云,殊为可笑。正如上所述,这不过是赖之与犯上作乱的武家为伍,对天道正统的君主弯弓搭箭的奸计罢了。而正仪公无愧为重义轻生、古今无双的武士楷模,其以义为先的事迹,从今往后当代代相传。

正仪公今世讹传假说纷纭,予欲洗刷正仪公之污名,以为后世子孙者记之,莫令他见矣。

宽正元年庚辰三月　　　　　　　　　橘正虎谨书

读完这篇文章,如果稍微调查一下这个时代的历史,应该会觉得非常不可思议吧。先说楠木正仪这个人物,与父亲正成、哥哥正行不同,绝对不是单纯的武人,与其说是武人,不如说是政治家,极具政治手腕,当然本身是以武将的身份行事。比如正平二十二年(贞治六年,1367年),南方和北方之间有过和解的说法,当时代表南方进行交涉的人是正仪,代表北方进行谈判的是佐佐木道誉。作为证据,这里引用了两三个记录。中原师守《师守记》[①]:

> 今月(〇贞治六年四月二十七日)自南方洞院前大纳言(实守卿)进状,外记补任出来付此使可被进云云,彼使者语之,御合体治定,仍自南方敕使叶室中纳言光资卿(别当)今朝上洛,宿五条东洞院但马入道道仙宿所云云。

> 今日(〇四月廿九日)申刻,南朝敕使叶室中纳言光资卿(别

---

① 《师守记》,日本南北朝时代的北朝官人中原师守的日记。中原氏世袭外记,师守本人也在北朝担任权少外记的职务,外记是律令制下朝廷最高机关太政官的外史、起居郎。《师守记》采择史料内容丰富,大至南北朝军事小至街头巷尾的事件,详尽记述了从1339年至1374年的历史,是研究南北朝历史的重要史料。师守的哥哥中原师茂担任权大外记的职务,师守称其为"家君",日记中随处可见来自师茂视角的记述,也被称为"师茂记"。

当)参向武家第,依和睦治定也,(中略)镰仓前大纳言(○义诠)于寝殿对面云云(下略)。

(头书①)后闻,南朝论旨持向拜见之处,□降参□□峰□□互□损气,不及是非问答云云,大树所存以外参差,□□合体之仪破了,佐佐(○木脱力)大夫判官入道道誉突鼻云云,为之如何。

传闻,今日(○六月八日)楠木代官河边对面镰仓前大纳言,南方和睦之故欤,引出追以安东被送遣云云。

今朝(○七月廿九日)摄津扫部头能直为武家使节参南朝,若党十余骑着行腾云云。

传闻,今日(八月九日)摄津扫部头能直自南方归洛云云,于南朝料御马一疋引赐之,楠木无对面,铠一装束马一疋引之,和田马一疋腹卷一引之云云。

今日(○九月十六日)午刻,家君(师茂)着衣冠出给,(中略)参向洞院前大纳言(实守卿)北野在所给,亚相被对面申,去月下旬之比自南朝出京,是家门事为被申所存也云云,南方边事被语申云云,合体之仪也云云。

这一段记事的精髓在于四月二十九日条的"头书"部分,一读便明白了。然而不幸的是,在著者的自笔本中由于某种原因"头书"圆圈处已字迹不清,即便仔细阅读剩下的文字,也无法得知其内容。押小路家的抄本则根本没有这个"头书"的部分。这是从以前开始就无法读到的内容,实在是非常遗憾的事。

佐佐木高氏入道道誉②是当时风评极好的武士,也是一位政治家。后来《愚昧记》③记载道誉死去时,惋惜地写道:

当时于武家聊敬佛神知道理者也,可惜可惜,天下衰微之第一也。

这也是道誉应有的评价。道誉的和歌收录在《新续古今集》里,嗣子高

---

① 头书,指眉批、头注,是正文上栏的加注。
② 佐佐木高氏,佐渡判官入道为其官职名。
③ 《愚昧记》,也被称为《愚昧御记》《实房记》等。平安末期至镰仓初期的公家三条实房(1147—1225)的日记。历记18卷,附记15卷,现在只剩下仁安二年(1167)到建久六年(1195)的部分。

秀画了道誉的肖像,画上留下了道誉的自赞:

> 高秀写陋质觅赞,乃敢书其上。参评不误,遗德于阴。风生叱咤,月出哦唫。虽乏才望,坚持贞心。时或汗隆,斯文不沈。立身戎马,扫清零霪。小子图我,孝义效参。斋心克祭,予神必歆。
>
> 前廷尉道誉自题,时贞治五年六月一日

如此大言不惭地自赞,道誉果然对自己的学识才干颇为自持吧。楠木正仪的学识才干则一向没有直接证据,不过应该不相上下,因为被委以与道誉对等的任务,必然有相当的手腕。

然而当时,南方的谈判条件是非常苛刻的,这一点非常重要,不幸的是如上所说,唯一的史料无法完全识别,难以清晰地释读,只能明确地读到一些词如"降参"①,或者"互□损气",这或许是叶室光资谈判的主张,要求北方准备投降仪式迎接南方的天皇。楠木正仪过去的谈判方针,我想大概也不至于达到这种程度吧。总之,谈判以失败告终,楠木正仪束手无策。

不久,十二月七日将军足利义诠薨,嗣子义满同月晦日继任将军,但是年龄仅十岁,万事皆由细川赖之监护。接着第二年三月十一日后村上天皇驾崩,长庆天皇继位,但其外戚方面没有威势,御弟后龟山天皇则受到外戚藤原氏及大多数公卿的拥护,总之,权力格局并不稳固。主张和谈但最终谈判失败的正仪,同时又作为从先代以来北畠系统的人,显而易见处境非常困难。细川赖之利用机会,设身处地地站在正仪的立场上,成功地说服他归降前往北方。正仪在北方入朝的情况,有一两个记录记载甚详,即如下所引。在三条公忠《后愚昧记》②(应安二年三月廿二日条,1369 年)中:

> 传闻楠判官正仪与南方向背,随而一族又离畔之间及合战,正仪被退出馆引退天王寺边云云,彼正仪自去年降参当方之间,执事

---

① 降参,投降。

② 《后愚昧记》,南北朝时代公卿三条公忠(1324—1384)的日记。也称《公忠公记》《后押小路内府记》。记录时间从 1361 年到 1383 年约 22 年,期间部分年份佚失。内容由日记和附带的文件构成,以朝仪为中心,传达了公武的政治形势、思想状况,还记述了歌坛、佛教法会等各种信息,与《愚管记》《师守记》同为了解北朝后期公家社会的重要史料。

相催军势等欲救正仪云云。

又《花营三代记》：

> 二日（○应安二年正月）楠木左兵卫督依可参御方之由申之，被成御教书毕。
>
> 七日（○二月）楠木参御方之由令相触和泉、河内两国云云。
>
> 十六日（○三月）为楠木合力赤松大夫判官入道等差向南方。
>
> 十八日细川右马助以下为同合力差向南方。
>
> 廿日（子时）楠木引退天王寺之由申之。
>
> 廿三日同引退榎并之由申之，赤松大夫判官入道自天王寺同引退云云。
>
> 二日（○四月）楠木左兵卫督正仪上洛（同夜管领对面）。
>
> 三日夜楠木御所御对面。
>
> 同日（○廿二日）楠木下向河州十七个所云云。
>
> 一日（○应安三年十一月）和田以下寄楠木要害合战，后日颈九上洛云云。

根据当时日记正仪确实前往北方，这是显而易见的。虽然不太清楚正仪到北方后做了什么，但他为了北方尝试镇压河内、和泉二国，这一点是没有疑义的。这个时期楠木家的文书大部分传给了和泉国的一族，建德二年（1371）以后这一族统治和泉国，由桥本民部大辅正高和楠木伊予守正显担任代官。在河内国发生了什么不太清楚，大概是和田氏发起对河内的进攻，这是因为正仪背叛同族而导致的合战，和田氏站到了反对正仪的一方。

在此期间细川赖之多次支援正仪，非常担心正仪在河内的经营，甚至一度宣布辞去执事的职务。近卫道嗣《愚管记》中，有如下的记述：

> 晓更人告参云大树并管领相共俄赴西芳寺，人不知其故云云，惊闻之处，无程皆归洛云云，天明之后相寻子细处，南方进发军士等不随命不渡河之间，愤怨之余管领为遁世赴西芳寺之由风闻，仍大树驰向制止相伴归洛云云（○应安四年五月二十日条）。
>
> 凡渡河事，为置楠木正仪于河内国，军士去比发向，然而正仪更

非可安住河南之势云云,仍渡川无要之由军士等皆存之云云,赖之一身骨张,仍及如此之仪云云,此事诸人颇奇云云(○同日条里书)。

传闻相模守赖之朝臣有违所存之子细软之间,辞重职可令下向四国之由申暇之间,将军再三止之,犹固辞之间,行向相诱之间,可罢止之由令领纳云云,或云,是春屋和尚归住嵯峨事,人人有筹策之旨之由,赖之闻之令都结云云(○应安五年九月二十六日条里书)。

为此,赖之暂时打消辞官的念头,继续经营着河内国,然而到永和五年(1379)闰四月,赖之终究还是被罢免了。如果想参考罢免之时的相关记述,《愚管记》中写道:

今朝大树向花亭,未刻世间鼓骚,武将召集勇士于花亭云云,人不知子细云云,武藏守赖之朝臣下国之由,内内有武命,是诸大名存异议之故软,酉刻赖之朝臣兄弟亲类等悉没落,不及向打手,然而兄弟郎从等宿所四五个处放火了,自去春秋之比诸大名异议之由风闻,大树一人羸负剩连署异议之辈及严密之处置了,而今又如此,定有子细乎。

传闻赖之朝臣昨日出家于京都,请等持寺长老遂其节以与下国云云,或人云,虽为出家仪实无其仪云云(○永和五年闰四月十四日条)。

《后愚昧记》:

未初刻武士等多上边へ驰上之由路人称之,仍开富小路西门见之,白河等方军兵数万骑一条西行万里小路北行大树上亭(今出川边号花御所)事出来之间驰参之由称之云云,分明无其说,大树兄弟,时在彼所云云,武士等围绕之聊不入人云云,在京大名等无残者云云,酉刻许南方有炎上,武藏守赖之朝臣宅以下放火皆以没落了云云,赖之朝臣势三百余骑云云,大树以使者可退出京中之由仰遣之云云,佐佐木大膳太夫高秀并土岐伊与入道等以下一揆众所行也,大树同意之由或称之,或又大名等围大树宅强而不可令追讨赖之朝臣之由称之,两样说不一决之,但多分说大树处置之趣也,后闻今夜着西宫(摄州云云),为赴四国软云云,赖之朝臣亲类虽一人不相残者也,后闻赖之朝臣宅不放火,人多群集壤取云云(○永和五年闰四月十四日条)。

事情至此,方才明白那首诗《人生五十愧无功》的意义。在永和四年(1378)到五年(1379)的冬天,和泉国发生叛乱,和泉国的南方主将,正是之前提及的桥本。从这一点来看,可以认为这个时期正仪已经回到了南方旧巢。通常认为正仪是天授六年(1380)回到南方,也就是说北朝的康历二年(1380),我认为恐怕并非如此。当时细川赖之已难保自己的地位,义满也不再支持他,这是永和五年(1379)春天的事,恐怕正仪就是在这前后离开了北朝。这是基于赖之和正仪关系的推理,若非如此,便不合逻辑。更何况,桥本家之前是正仪在和泉国的代官,要在和泉国以南军总督的身份作战,一定是遵照正仪的命令而行动。

如此,楠木正仪到北方完全是事实,至于为何会去北方,存在各种错综复杂的政治理由。总之,长庆天皇和后龟山天皇兄弟之间不能和睦一致应该是正仪最为难的原因。前面引用《正仪公事实书》上所写的事,并非当时的事实,而且从正仪本人来看,也不是所谓《事实书》中儒者风度的人。

这些事情史家大抵都知道,但总有不相信史家的话而沾沾自喜于自己臆说的人,故以这个伪造的记录作为例子。

四、传说、杂说

说到传说、杂说类,假的东西实在很多,故意制造的杂说无论在哪个国家都多如牛毛。一般流传下来的列入传说、杂说类的东西,大多是故意制造的,真正往昔留下来的传闻几乎没有。

日本处处皆有这一类的传说,一点也不稀奇,世界上的其他国家也是如此。这也是一种人情世故,人们之间流传着往昔有趣可笑的故事,即使是捏造的谎言也有人迎合、相信,更在不知不觉间添油加醋、口口相传。举一个近一点的例子,源义经离开了日本,又去国外立下丰功伟业,这是一个极其愚蠢的传闻,但亦不乏相信之人。

所谓义经逃离衣川去了北方,衣川当地人完全不知道这样的传说。平泉还有义经的纪念堂,这是按照伊达纲村的命令建造的,据说是义经坐着切腹的石头,后人在这块石头上建造了纪念堂。现在把纪念堂拆了,应该能看见那块石头。此外,在最上街道的岩崎的深山里,有一座声称是埋葬着义经之躯的墓,八幡宫还是其他什么宫为了纪念伫立于此。也有记录说津轻家以前叫大浦,当时只是一个小小的乡下武士,曾经帮助藏匿落败的义经,最后义经顺利地到达了北海道。当时家臣中的一人死了,其首级被送到镰仓。虽然我们没有见过这份记录的实物,但毫无疑问是赝品,否则就是将荒唐无稽的杂谈转录下来,即制造出来的记录。

又如北海道的十胜,那边有义经宫,据说是古时候阿依努为了纪念义经而修建的。这是根本不可能的事,阿依努根本就不知道源氏也不知道义经。除此之外北海道还有义经的纪念堂等,都是明治以后修建的。满洲那边更是如此,不可能有义经的遗物,事实上也从未发现过。蒙古地区也一样,别说义经的遗迹,连日本人的遗迹都没有发现过。因此,实际调查各地的情况,所谓传说中义经曾至之处,什么遗迹、证物都没有,只有在义经临终之地的平泉,留下来本人绝命之处的遗迹。不管世人有什么说法,不可思议的是在平泉当地,至今仍然不知道义经逃走的事。那些义经到了各个地方创立各种事业,或是成为有名的帝室元祖之类的传说,不必说自始至终都是非常滑稽的,但人们总爱讲述这类的故事。

所有所谓的杂谈,都是因为有趣而讲述,并不是为了让人相信,说起来不过是席间为了凑兴的闲谈,不是为了探究真理。换言之,真的接受这样的杂谈的家伙是笨蛋,然而,即使真有这样的笨蛋,认真反对的史家也是笨蛋吧。我们平常也不会反驳这样的杂说,但现在是研究法的讲义,不得不指出来。

下面列举一个这一类的例子①:

推古天皇御宇时,三韩八千人来袭,以铁人为大将。铁人刀箭

① 这个例子出自《予章记》。《予章记》是中世纪以伊予国为根据繁荣起来的越智氏一族的河野氏记录自己氏族来历的文书。作者、编撰过程、成书时间不详。一说是应永元年(1394)河野通义去世之后编写。目前流传有几个不同的版本,最古老的是上藏院本,最广流传的是长福寺本。内容引用了记纪的神话传承、《平家物语》及室町时期的一些文书,真实与虚构混同一处,是研究伊予国中世历史的基础文献。

不入,以人为食,筑紫九国之内无人能敌。与之交战者,大半或被击杀,或逃匿至山林,渐而无人应战,大军攻至西国。因家族有击退夷狄的先例,益躬承敕前往讨伐。益躬者弓弩过人,又有谋略之名,五年戊午岁末益躬向九州出发,因为没有同盟势单力薄,所以冥思苦想心生一计,先向铁人诈降,称"我生来便得武艺,日本武将见识浅薄不知我的才能。我已厌烦日本的住居,愿做您手下奴仆,为您效忠,以承蒙您的恩顾。日本山峻水深,如果没有向导,恐怕人与车马都会折损,请让我在前面领路"。益躬模样伶俐,精通各种技艺,堪为大用,铁人接受他的归降,赦免之,使其马前侍奉。益躬伺机接近,寻思铁人虽唤铁人,但实为肉身,欲窥其端绪。铁人等行至播磨明石海滨时,因陆上风景更秀丽,将船停在室津高砂,骑马越过蟹坂。此坂须上坡下坡,风景比须磨明石海滨景致更好,铁人乘兴,在马上抬起脚向远处眺望,益躬奇怪,于是问起。铁人回答称其脚底有眼。益躬大喜,此真乃神明之示。立即以袖中隐持之箭矢(箭头称为肠缲,又名扫鬼)射之,贯穿其脚心,铁人从马上跌落。益躬手下名为出江、桥立者,按住铁人,使益躬击打其头。铁人筋疲力竭后,益躬轻松取其首级,高举于手中。夷国习俗,大将死则士卒自杀殉死,故八千戎人多数自杀。残党仓皇而逃,逃至须磨垂水一带者被全部斩杀,其他上交武器投降者,被赦免后割断脚筋放逐海边。幸存者之子孙在西海海滨以钓鱼捕捞为生,号"海士宿海",西海渔民也因此被定为河野家臣。还有残徒在四国之地流窜侵扰,益躬继续南下追讨,将其尽数斩杀,其被斩杀处在和介郡三津之北,此地因此而得名"鬼谷"。又播磨大藏谷以西有三岛大明神,益躬将杀死铁人的箭矢供奉于此。益躬自己后来也被追谥为鸭部大(明)神,一说是伊予皇子第十七代孙。益躬之子武男,武男之子玉男,玉男之子诸饱,诸饱之子万射,万射之子守兴。天智天皇御宇时,守兴承敕讨伐新罗国,在其边境逗留了三年。若问茶碗何时成为定器①,即从守兴这一代开始。原本神佛像前的朝夕定器都是陶器,但因当时滞留在遥远的异国,船上准备的陶器数

---

① 定器有两层意思:一指日常器物;二指盛饭等供奉在佛前的器皿。

量用尽,不得不使用大唐的茶碗。从那之后,处处皆开始使用。也开始使用漆器,一般只在斋戒法事上使用,如用来盛放赞殿①的御饭,即带着覆面②用漆器盛放供奉神佛的饭食,如果吃供奉剩下的饭食,则有疾病立消的不可思议的功效。至守兴为止,镇压朝敌已有三次,守兴之子为玉兴(散位伊大夫,号伊兴大镇)。人王四十二代文武天皇御宇三年,役优婆塞③在葛城山向诸神念持咒语,命其一夜之间修成久米岩桥,结果未能修成,行者④怒不可遏。有歌云:"岩桥之夜契约断,天亮丑陋的葛城神。"⑤葛城神亦因此怨怼,向上诬告行者,行者被处以流刑。玉兴申辩行者并无过错,被罚以同罪。玉兴与行者一道被流放到摄州,在难波一带流浪。由于过去重视王命,没人愿意借船给被贬之人,两人只能徒自徘徊。此处即三岛江,行者问到要往哪里去,玉兴答称在伊予国有见岛,那里可以找到便船。伊予见岛是贺茂的领地,行者是贺茂重生,还记得这一带的事情。当时还没有摄州中岛,海岸因常有大唐船只靠岸,所以被称为唐崎。玉兴正好看到有两艘唐船停在岸边,先向其中一艘请求搭乘,声明无论任何国家都愿意随之前往。对方知其是被贬之人后,怎么也不肯借船。玉兴又向另外一艘的船主求情,说我们唯有您可以依赖了。船主被说动后即刻掌船,解开缆绳,载上两人,驶入漫漫西海。玉兴担心各地的敕令,又干渴不已之时,在备中⑥的海面上,用弓弭搅动海潮,称"此处有淡水"。船员饮用此水,果然是清水。大家止住了渴,感觉又活了过来。此后这片海域被称为水岛渡。玉兴向船主说道:"值此危难之际,有赖搭乘您的

---

① 赞殿,日本律令制中附属于内膳司的机关,保管、管理各国作为祭品(向皇室进贡的食物)上缴的各地特产。
② 覆面,指供奉神佛、处理贵人的食案时,要用纸或布捂住嘴鼻。
③ 役优婆塞,本名役小角,俗姓贺茂,也叫役优婆塞、役行者,7世纪后半期的山岳修行者。综合众多传记,他出生于大和国葛上郡茅原乡,在葛城山进行山岳修行,后作为日本山岳宗教修验道的始祖而被供奉,江户末期光格天皇追赐谥号神变大菩萨。有关他的奇迹传说很多,一些文献认为他是实际存在的人物,但也有人对此提出质疑。
④ 行者,神道、佛道修行之人,负责神事的人。此处指役行者。
⑤ 歌出自《俊赖髓脑》。葛城神是奈良县葛城山的山神,又称一言主神。役小角擅咒术,命葛城神在葛城山和金峰山两山之间架设石桥(岩桥)。葛城神因容貌丑恶,不敢白昼出来,只在夜间施工,桥终未修成。
⑥ 备中,日本古代地方行政区划的令制国之一,属于山阳道。

便船,我们才得以活下来,这真是不可思议的缘分。那么您是哪国的人呢?"船主恭敬地说:"我是大唐越国之人,我母亲是游女,那一年日本为了击退蒙古而远渡,那时的大将军叫作伊予大领守兴,将我母亲视作御妻爱护,我母亲不久就怀孕在身,守兴退敌后回国,我母亲留在越国生下两子,思念着日本虚掷光阴。母亲逝去后我们成为孤儿,不愿再留在越国家中,思及种种,来到此地。没有人指引,亦无人可以拜访,徒劳度日。刚才另外一艘船上有我的兄弟,我们约定有一天在父亲面前再度相会,我正等待那一天的到来。"说罢转头流下泪来。玉兴听完,说如此说来,你即是我弟弟,有无信物可证。船主答有传家之物如御剑和手迹等,待取出过目,果然是守兴的手迹。正可谓宿缘深厚自会相逢,这是来自祖先冥冥之中的指引。玉兴道:"我已年长,无有子嗣,我收养你,你来继承延续家族血脉,可以通过契约转让家督。"其先祖原姓"小千",玉兴谨慎起见,令改姓"越智",取越国出生之人之意,后来音不变,改一字作"越知"。当时探得的淡水,是从伊予国高绳山上流出来的水流末端,高绳山是观音菩萨灵验之地,曾有十六个天童在彼处游玩,即三岛大明神十六王子的灵迹,号称新宫的庙宇流下来的水,是奇遇祥瑞之地。之后便定居在此水之旁,将这条河命名为"予里",两字相合为"野",故又依其居住之地称"河野",此即其姓氏之由来。

类似有趣的杂说大量存在,其中有一类我们称为"游历杂说"。这种杂说不只限于一个地方,也不限于一国的人民,而是讲述一般人类有趣之事,即在没有任何关系的各国人民之间,在没有联系的各个地方之间,往往流传着同样的故事。例如,居住在西伯利亚的冻原(长着苔类的原野)中的萨摩亚人、丹麦人、苏格兰人、瑞士人等都流传着同样的故事。这些地方之间没有一点联络,国民之间也没有什么关系,尽管如此,仍然流传着同样性质的故事,证明了一般人类感兴趣的故事、传说无论在哪个国家都存在。这样的故事,我们称为"游历杂说"。我不知道这个词是否妥当,暂以此命名。瑞士爱国者有名的威廉·退尔的故事便属于此类。

五、逸话

还有一类材料被称为逸话①，是简短而有趣的故事，因其简短、有趣，听起来既让人愉悦又使人受益，总之，是非常受世人欢迎的东西。逸话之受欢迎，不独在日本，世界各国皆是如此，尤其在日本和中国，人们交口称赞，教育家也视之为教育孩子的好材料。只讲原则的话，很难在孩子的头脑里形成概念，但若讲述历史上仿佛真实发生过的事，就能在孩子的脑海里永久地留下印象。不过认真的史家们，对于真实发生过的事，总是喋喋不休地记述。因此，虽然故事讲起来很有趣，但令人困扰的是，史家写出来的历史却很无聊。

所谓逸话，就其本质而言，都是似是而非的，很难确定其是否真的发生过。这些可能发生过又难以否定其可能发生过的事，史家委实难以处理，认真的史家都不会把逸话放在眼里，对其进行研究。史家采用的材料必须是实际的证据，而不是拿可能发生过的事来作为参考，这样的情形绝无可能。事实上，史家并不知道自己研究的东西是否会成为教育家的材料，因此，对教育家所珍视的逸话一向冷淡。人们把史家的这一态度曲解为"对教育漠不关心"而非难，史家则不免感到困惑，归根结底，这是一种误导性的批评。

逸事既家喻户晓，似无必要特别举例说明，但是为了慎重起见，如果此处要举一个例子，那就是下面这个故事。

神圣罗马帝国皇帝卡尔五世，即西班牙王胡安·卡洛斯一世，是16世纪有名的君王。他是一位非常杰出的政治家，一生操持政务，晚年让位于太子，隐居起来。隐居时没有特别需要处理的事务，他每天日常的习惯就是摆弄时钟，但不管调整多少遍，时钟总是不正常，于是每天都为修理居室的时钟而煞费苦心。时钟最终还是未能修好，他不由感叹道："我这一生经纬天下，想让国民按照我的想法来行动，现在回想起来，实是大错特错，即便是无心的时钟，也不会完全听凭我的意志。"

这的确是一个有趣的逸话，对于世上的帝王们来说，这是一个很好的教诲，却难以让人相信其真实性。当然，这样的事不是不可能发生，

---

① 逸话，字面意义指不为世人所知的逸事、趣闻，相当于英语中的 Anecdote。和制英语中，又译为 Episode，多指与特定的人物或事物有关的意味深长的故事。和制英语是日语词汇的一种，利用英语单字拼合出英语本身没有的新词义。

但是如果无法证明，也就无法确定其真假。仔细想想，这件事极不可靠。无论多好的时钟都有可能失常，如果只是修理失常的时钟，只要认真修理，再怎么失常的时钟也可以修好，这是我们已知的经验。比起让活着的人们按照自己的想法行动，修理失常的时钟容易得多；如时钟失常一样人民也会发狂，这是普通人也知道的事实，贤明的卡尔五世不可能不知道。这则逸话显然是虚构的，但听起来很有趣。日本《畸人传》《近古史谈》中所记载的故事都是这一类，虽然对午睡的朋友来说很有意思，但似乎并不是令人敬畏的值得一读的故事。不过，这是从史学的角度来说的，如果教员在学校里作为对孩子们的教诲而讲述这样的故事，我们也绝不会有异议。

逸话之后，是人们总是容易弄错的觉书。

六、觉书

所谓觉书，是根据自己的记忆记述过往世间的事情，交织着自负与吹牛的东西。即使认真执笔，人也总是免不了记忆出错。人类的头脑，稍稍思考便知，是不争气的东西，并非如世人所想象的那样是正确工作的机器。所有器械类的东西都是越复杂越容易出错，无论多么精密的东西都会出错。

人的头脑也容易出错，这是非常复杂的事，以今日学术的程度，尚无法对其进行研究，极其粗略的分析也难以做到，因为将活人的头脑取出来分析之际，其本身就已经变质，不知能否将活人的头脑取出来，但即便取出来也无法分析出结果。因为是复杂精密的器械，因为容易出错，因此，不管是眼见还是耳闻，总是会出现错误。这个道理，哪怕是稍稍学过理化之学的人都知道，理科观测的错误在记录观测结果之时就已经发生了。更何况在脑中储存了几年、几十年的记忆，到很久之后复原脑中残留的印象之时，几乎无法测算究竟有多大程度的误差。

即使是诚心诚意写出来的东西也可能错误百出，何况谁都有自负之处，更有人喜好吹牛。正因为有这样的弱点，所以在拿起笔的时候几乎不知道自己到底写了什么。因此，觉书类是相当危险的史料，不能随便采用，无论是怎样的豪杰、怎样的学者也不能轻易采用。采用觉书作为证据，必须考虑驾驭之道，也有可能无须驾驭。

所谓无须驾驭的可能，是指如果有确实的当时的日记，或者保存了当时的古文书，那么就没有必要依赖觉书。即使到了万不得已的情况采用觉书，也只能在古文书和日记的允许下方可采用。

这也正如逸话一样，在日本和中国，总有人喜欢把它当作史料，请注意不要因此而传播严重的错误。在欧洲，虽然不像日本这样重视觉书类的东西，但也不是没有采用，不过即使采用，也不像日本那样重视，而是作为危险的史料谨慎地采用。

七、仿制系图

无论何种史料，如果想要制作赝品，多少都能制作出来，其中最容易的要数仿制系图。仿制系图的目的，和仿造古迹完全一样，是为了制造自己家族的光辉历史。具体来说，从制造家族历史的各种史料来看，有人为了得到财产，有人为了博取名誉，有人为了卖弄学术，还有其他各种情况。

日本的仿制系图大多是三百年以来的产物，在江户幕府长治久安的时代，政府用人重视出身，有家世、有门第的人会被擢升，没有的则会沉沦，因此间接地激励了仿制系图。江户初期还保留着战国的世道人情，人人都磨砺自身才干，以自己的技艺为荣，以原本的出身为傲。但是随着时代趋向太平，渐渐地不得不贴上金箔的现象出现了。如果原本就是真金，完全暴露出来也不羞耻，泥制的人偶则不行，所以必须要贴上金箔。换言之，由于人格堕落，产生了这样的弊习。

这样的仿制系图，无论在哪个国家都是极其古老的事物，日本古代虽然也不能说完全没有，但这三百年以来尤为严重，没有必要再特地列举实例。

关于赝品的制作，零零散散的话暂且说到这里。下面谈一谈鉴定真假的大体心得。

一、先看史料的外形，与已有定论的同时代同场所的确定之物相比较，观察是否相合。

二、接下来是史料的内容，调查是否和同时代同场所的确定之物相符。

三、然后观察史料所显示的整体精神，是否能体现那个时代的面貌。

四、最后仔细调查史料上有没有留下人工制作的痕迹。

真假鉴定的要点说到底就是这四条。从地理、建筑、器物之类到日记、古文书、系图、传说之类，都按照这四条标准来进行研究。

第一个心得是调查其大体外形，这是通过观察就能鉴定的东西。也就是说从形式来看，如果是书籍，纸怎么样，书法怎么样，语言文章怎么样等，大体上都要注意。日本的赝品，目前为止十之八九都是粗制滥造，仅凭第一条心得来观察，大抵都会露出马脚。

不得不应用第二个心得的大多是比较困难的场合，对于一般的鉴定家而言是比较罕见的场合，没有史家就无法鉴定出结果。例如，如果说是确实之物，必须具备应有的显著的精神；又如果作者是同时代的人，必须参考同时代的其他事物。洞见此类事物，只有具备深厚的历史知识方能做到。

至于第三个心得，则更难应用。通常称为时代精神，即我们所说的当时的社会心理，如果不是事先已有研究的人，这个方法几乎使用不了。然而想要理解一个时代的社会心理并非易事，仅仅深入研究是不够的，还必须要求头脑极其冷静极其机敏。因此，这不是学了史学便人人能达到的境界，完全因人而异。

第四个心得，如果翻阅大量史料并积累经验，就能发现不对劲之处，这一点意外的简单。举例来说是怎样的呢？即记述之物存在不可思议的地方。如通常认为不必叙述的事情，反而叙述了；又编纂物引用了编纂者的时代并不存在的书籍，或者有证据表明参考了后世的作品或其他史料；还有一种常见的情况，即混淆时代，把数十年乃至数百年间不同时代的事杂乱地写在一起。此外更多的情况是作伪者的意图明白地显露出来，或是为了伤害某个人，或是为了炫耀自己的门第，或者其他某种特殊的意图。这些都是制作赝品的目标和原因，这一方法其实意外的简单，稍稍熟练都可以做到。

乙、搀入

史料都是古代流传下来的物品，在其流传至今的时代中往往会发生一些变化，数百年乃至两三千年的古老史料，不知经历了怎样的变

更，无法想象它仍然保持传来之时的样貌。如果这样的事果真发生，要
么史料选用了当时的金属来记录，要么选用了材质极其坚硬的石材来
雕刻，然后将金属或石材深埋土中，土质又是水极难通过的类型，气候
亦极少降雨，若非如此，就不可能保持原貌。

　　举例来说，在埃及古坟中往往会出现纸莎草纸的古书，这是理所当
然的，因为埃及是出了名的不下雨的国家，水不会流经地底，所以尽管
是纸莎草纸那样难以保存的东西，也有可能两千年以来一直保持原状。
波斯王大流士一世（Darius）为了将他的功绩传承千年，削平了那座有
名的比索通（Behistun）山半山腰的悬崖。悬崖上的石头材质是石灰
岩，因为要切割并抛光很大的坪①数，而有些部分材质不够好，于是从
别处采来了优质的石灰岩，将原本材质不好的部分取出，切割同一形状
的优质石灰岩嵌入进去。为了不露出缝隙，嵌入的时候使用铅封好，封
好之后石质便宛如一块，然后慎重地把文字深深地刻在悬崖上。又担
心石灰岩被雨水冲刷可能会溶解，在石灰岩上涂上一种硅酸制成的涂
料，防御雨水带来的影响。凡碑一类，像比索通碑那样缜密制成的，古
今中外皆无类似的例子。然而尽管大流士一世十分谨慎，山上的水却
自然流经山土，流向悬崖，由于雨水的作用，石灰岩雕刻碑文的地方最
终出现一个涌水的洞，水开始渗出来，一部分碑文因此无法识读，其他
部分也被雨淋到，文字被腐蚀许多。幸而因为硅酸性的涂料，即使里面
乱成一堆，字形也依然保存了下来。于是，便有了今天流传下来的这座
著名的大流士一世的摩崖石碑。直至两千五百年后的今天，尽管其中
一部分文字已不能辨别，但大部分是可以识读的，这一部分必须审慎
以待。

　　再举一个相似的例子，即位于鸭绿江中流右岸的高丽好太王谈德
的碑。这也是有名的碑，对日本史而言这是非常珍贵的史料，应神天皇
时代得以确定多亏于此。碑文雕刻在极坚硬细致的花岗岩大柱上，文
字很大，雕刻亦深，是备受重视之物。然而后世山间溪水泛滥，反复冲
刷石碑，看上去多处被严重刮磨。特别令人惋惜与痛心的是应神天皇

---

① 坪，日本古代尺贯法的面积单位，主要用于计算房屋、建筑用地之面积。1 坪等于 6 日尺，为
400/121 平方米，约合 3.305 7 平方米。

事业相关的部分,完全没有留下字形,无法识读,令人惋惜之至。

正如上述情形,无论多么坚牢地遗留下来的史料,都经历了漫长的年月和变化,普通石板上的雕刻之物,或是更脆弱不堪的纸上文字,经历数百年之久还完好留存的是极其意外的。从地理上看也是如此,由于雨水和空气的作用,悬崖坍塌,地面移动,无论如何也无法留下过去的面貌。如果要一直维持过去的样子,就必须不断地修缮。修缮时工程师若是用心研究,毫厘不差地复原原形当然极好,但据我所知这样的工程师无论何时都不存在,至少以前没有。因为工程师多半按自己的想法来复建,甚至加入自己的设计但仍称为复建,这不是复建应有之义。建筑物等往往存此弊端,所以昔日面貌毫厘不改者,在留存至今的千年以上的建筑物中是没有的。最近关野贞氏等人在大和国等地频繁进行的修复工程,建立在诚意的精密研究之上,这是可以让人放心的,但过去工程师之类的人却不可能做到。至于书籍,更受这种情形的影响,几乎没有古书能保全原貌流传下来。书籍这种东西一般经历几代流传下来,即所谓"转写",转写之际往往发生变动,不读原文也就罢了,但往往在原文难懂的地方加上自己的思考,然后转写的时候一不留神就将思考的句子作为原文抄进去。又因书籍作为史料的性质,有些称呼和名字后世难以理解,研究的人往往在原文旁边写下注解,而转写的人因为不懂就删去原文,把注解当作原文。诸如此类的问题大量存在,是以转写本的研究非常困难,史家为此头疼不已殚精竭虑。阅读史家作品的人并不知此背后艰辛,某种意味上,史家可以称得上是无名英雄。像这样在史料中加入与原文不同的东西,史学上称之为搀入。

因此,得到一个史料,能够分辨出哪部分是原文,哪部分是搀入,这是史学研究者的重要工作,与判别真伪是完全相同的技艺。此处不再反复列举其他搀入的例子,大凡学过一点史学的人都是知道的。接下来谈谈如何区分原文与搀入的心得。

从最简单的场合开始,首先是书籍。凡是转写本,必然有各种的古写本,不可能只有一本,因此要竭力搜罗古写本以进行比较。这只是第一步,然后调查异同,根据异同把某某本标记为某某号,一一列出各本的异同。在这些异同之中,渐渐发现这一本来自比较晚近的年代,那一本是比较古老的。幸运的话,可能会发现著者的自笔本,或是距离其时代不远的写本,概率虽小但总会出现这样的情况。如果有著者的自笔本,无需顾虑认真地读便可以了,然后对照着删去自笔本中没有的内容。但多数情况并没有著者的自笔本,只能以较早的古写本为标准比较其后的写本。所以对书籍的辨别,不熟练的话不行,不是实物研究的话也不行。只是书桌上的理论的话终究行不通,不过要说理论的话,大致便如上所述。

从文风来看,如果文风质朴,写出来的东西没有无用之物,简言之,没有一句多余的话,这样的文风就会贯彻到底。即前后文风理应一致,文笔拙劣者则始终拙劣,文笔优美者则始终优美,风格贯穿前后者方接近原本。如果没有读过大量古书的眼界,很难辨识其中的微妙差异。所谓只有理论的话行不通,就在于此。

大量古写本在正文之外都有其他填入的内容,有的写在页头,有的写在行外,有的写在简介上,墨色、文意都有差异。倘若认真观察,往往会因为无法辨别哪一个是原文哪一个是搀入而非常困扰。最近让我们束手无策的例子是《亲元记》①,此书只留下一部分原本,其他都是转写本。转写本有好有坏,大多大同小异,然而不论差异如何,哪些是原文哪些是搀入实在无法鉴别。诚然记录局号称有亲元的自笔本,但在我们看来并非自笔本,完全是转写本。现在公开的官版《亲元记》,如果要我们指出哪一部分接近原文,哪一部分是想象的,恐怕谁也无法做到。鉴别自古以来流传于世的古书,这样的困难往往是难免的。比如《平家物语》《太平记》鉴别起来很难,但《平家物语》和《太平记》②多少还是能鉴别的,《平家物语》普通本最接近原文,《太平记》南都本和神田男爵所藏本最接近原文,有名的天正本则搀入最多,是最下等的坏本,但相反

---

① 《亲元记》,也称《亲元日记》,是室町时代的政所执事代蜷川亲元(1433—1488)的日记。现存的是宽正六年(1465)至文明十八年(1486)22年间的部分,是研究足利义政时期政务体制的珍贵史料。

② 《太平记》,日本历史物语、军记物语。全40卷,以南北朝时代为舞台,记述了从后醍醐天皇的即位到镰仓幕府的灭亡、建武的新政、崩溃后的南北朝分裂,直至第二代将军足利义诠死去和细川赖之就任管领为止,文保二年(1318)至贞治六年(1367)前约50年间的历史。"太平"有祈祷和平的意思,也有愿怨灵安魂之意。作者及成书时间不详,非一人一时完成,有小岛法师说、玄惠说等。整体思想以大义名分论、君臣论以及佛教因果报应论为基调,对后世水户藩编修《大日本史》有一定影响。

也记述了一些有趣的事情。总之,要经过这样的一些步骤,如果简单扼要地总结心得,那么大致如下。

一、如果是现存的极其正确的古写书,观察其正文与填入部分的文体、书法、笔意、墨色等方面是否存在异同。如果填入部分的文体、书法、笔意、墨色等与正文明显不同,必然是搀入,应果断删除。另外,要特别注意正文有无删改。偶然写错之后删改还好,但如果是基于某种情况删改,填入不同的字,或者故意用更浓的墨覆盖,就必须要特别留心,这些都是常有的事。

二、如果只有普通的传本,就查找年代最早的,即最接近作者自笔本年代的写本,以此为参考来进行审查。但在这种情况下,已不存在书法、笔意、墨色等方面的问题,除了注意文体之外别无他法。

三、如果转写本则品质更差,几乎看不到原文,无法通过研究文体抓出原文,就只能研究叙述的内容而别无他法。如果内容不符,应该是搀入。还要仔细看看前后文的关系,如果有驴唇不对马嘴之处即是搀入。

鉴别搀入和原文的心得以上三条大致足矣,这些都要熟练之后才能做到,然而即使是相当熟练的人,每个人的意见也往往相同。如果要运用这个心得练习如何稽古,目前最适宜的范本是《大镜》,幸有萩野由之①博士的校勘本,以此为参考精读普通本,将为大家提供宝贵的经验。

上述心得仅针对书籍而言,论搀入的鉴别,书籍的情况最简单,其他史料也有相似之处,如果根据史料的性质对书籍中确立的原则进行调整,那么无论哪种史料都可以适用。比如建筑物,哪个部分是最古老的,哪个部分显然是新的,哪个部分是锛子制作的,哪个部分是刨子制作的,或者甲部分和乙部分的木材不同,或者丙部分和丁部分的手法有变化,如此,有各种各样的着眼点。如果是地理,位于溪流边的地方地面容易崩塌,位于倾斜之处的地方容易被雨水冲刷,也有各种各样的着

---

① 萩野由之(1860—1924),日本历史学家、国文学家。东京帝国大学名誉教授,帝国学士院会员。研究领域广泛。一是法制史的研究,著有《日本制度通》(与小中村义象合著)、《日本财政史》《江户幕府职官考》等。二是古典研究,特别致力于《神皇正统记》、四镜的校订和考证。主张和歌改良论,合著有《国学和歌改良论》,推动了和歌文学的近代化。三是幕末维新史的研究,著有《王政复古的历史》等。此外,着重于其出生地佐渡岛的研究和史料收集。

眼点。像这样，根据史料的性质调整原则并加以适用。

外部的批判大致叙述到此，接下来是内部的批判。

内 部 的 批 判

甲、可然程度

可然程度即应该的程度，大体上指对一件事应该在多大程度上是实际存在的判断。从数学上来说，这是一个非常难的题目，但这里并非做如此精确的要求，只要确定其大致程度即可。史学要处理的事项涉及国家、社会的全部，范围极其广泛，正如每每所说的那样，证物可能多也可能少，但总有残缺。几乎没有事项具备完全的、完美的证据，史家唯有根据已有的证据，鉴定事项多大程度是实际存在的，而后提出观点，此外别无他法。上述情况换种表述也可以称之为可信程度，大体意思没有出入，但我们不喜欢可信程度的说法，所以学术术语称之为可然程度。

如果从数学理论出发，达成某个事项需要取得某些条件。那么只要取得条件，必定会正确地达成事项，在原本假定的条件之外，其他条件是多是少无关紧要。假定需要几个条件，在这些条件的基础上事情会怎么样，数学上都可以精密地计算出来。但是史学研究的事项成立于非常复杂的条件之下，不能具体数出要几个条件，也不能互相比较、计算这些条件的作用，只能概括全体、大致推算，因此，所谓"可然程度"的经验方法就尤为重要。

简单举例来说，医学是以人类身体的研究为基础，是以处理身体即所谓病体为基础的实际应用。然而个体的身体从来就不是平等的，每个人都有一些不同，医学只能取其平均别无他法。如果实际运用医学学理，首先要基于平均的程度决定治疗法，然后基于每个人身体的不同各自展开特别研究，对治疗法进行取舍。这个取舍的改动是实际医生的技能，所谓书桌上的空洞理论无法治好病人的说法，即源于此。关于史学的事项，则如上所述，在国家、社会中出现的各种现象，都是在那个时代国家、社会的所有事情所有条件的基础之上形成，如果要精密研究，先要研究那个时代出现的各种事情各种条件，然而这是不可能的，既然不可能,那就应该优先研究最显著最重大的条件。在最显著最重大的条件之下,一旦发生一个事项,这个事项会有怎样的活动轨迹,只能进行大致的推测。但也仅仅是大致推测,事情实际上并不一定按照史家的推测。史家考查一个事项,如果在既定条件之外又增添其他条件,那么这个事项的活动当然也会发生变化。因此,不能认为史学的事项一定按照史家的史论活动,史家也无法得出这样的主张。总之,史论只是论述了大势,如果史家精密调查,逐一对每一事项进行特别的研究,可以得知详细的内容,但若尝试对此进行总括、一以概之则非常危险。

由于这样的史学性质,史学的事项必然是基于可然程度存在的。史学不同于数学、天文学、物理学、化学等这些使用专门演绎法来计算的学问,即因为此。有人也因此认为史学绝对不能作为一门科学成立,但这另当别论,如果不能得出像数学、物理学之类的研究结果,就不能称为科学,那么所有的自然科学如动物学、植物学、矿物学、地质学,严格意义都不能称为科学,我们不赞成这样的说法。

以上不过是对可然程度的说明,在研究法中有必要立刻应用可然程度。作为史学的学问,不仅要以可然程度为基础,而且在实际的考证中,也必须对其加以应用。外部的批判不需要事先考虑可然程度,或者说通常是不需要的,但内部的批判则全盘基于可然程度。下面就考证时的实际应用,大致说一说。

如果要研究一个史学的事项,首先要搜集材料,材料就是证物。搜集完证物之后进行外部的批判,将不需要的部分全部删去,采用没有错误的材料。其次进行内部的批判,证物是何种程度的证物,又会推演出何种程度的问题。这就是基于所谓的可然程度而建立的批判。任何事项的审查,都必须按这个方针审查。可然程度有五个等级。

1. 确实

假设所得的证物,已经搜罗净尽与这个事项相关的所有证物,假设网罗的这些证物,都为研究的事项提供同一证据,而且完全没有疑点,那么以史学的角度来看,首先是获得了完全的史料,然后研究出来的事项又是完全确定的,这样的情况就可以称为"确实",这是最高"可然程度"的事项。绝对"确实"的事项,以人类的智识无法企及,这一点请先记下来。

如果列举一个达到"确实"程度的史学事项,就好比德川家康的父亲是谁这样的问题。最近世间出现了奇怪的异说,说家康是非人之子。然而关于家康的出生,调查现存有限的证物,虽然不知证物之真伪,但也没有一个证物能提供家康父亲是非人的证据。如前人所说,父亲是赠权大纳言德川广忠,母亲是水野右卫门大夫忠政的女儿。在这一点上,只有甲所主张的东西存在,乙所主张的东西一个都不存在,只能断然称之为"确实"。这样的例子很多,所谓事实便是指这种程度的东西。

2. 半确实

证物所提供的证据,没有全部提供同一的证据,而是多少有所不同。例如同等程度下有的证物支持甲,有的证物支持乙,这种情况是甲还是乙就看证物的比例。如果支持甲的过半数,在史学中即使过半数也应该承认是多数,就先采用支持甲的证物及甲方的主张。当然是在假定所有证物都是同等价值的基础之上。

这种情况称为"半确实",即普通的程度。在这样的情况下,史家不敢保证,只能推荐说大概会是这样,对此相信与否是每个人的自由,史家不敢以强权迫之。但是以人类的智识状态而言,这种情况应该选择相信,至少相信比不相信更可靠。半确实之中的上乘者,史家先将之编入事实之内,上乘以下者,暂且只作为所谓的"学说"放置。

这种情况的实例大量存在,不只是大量存在,大抵历史事项都属于这一类,至少十之八九都属于此类。兹提出实例,长庆天皇的事迹就与此情况相当。一种观点认为长庆天皇在历史上没有继位,这种说法的证据有以下两个。

一、《新叶集》[①]的序

> 从元弘开始,到现今弘和,世间已过三代。[②]

---

① 《新叶和歌集》是日本南北朝时期的和歌集,宗良亲王撰修,弘和元年(1381)奏览,也称《新叶集》。当时北朝歌坛活跃,陆续有敕传和歌集《风雅和歌集》《新千载和歌集》《新拾遗和歌集》等,所以有说法称宗良亲王苦于南朝君臣咏歌未被收录而私撰此集。长庆天皇知道后1381年补发纶旨准许敕撰,宗良亲王根据敕令修订内容,使之与敕撰集的形式相称,所以此歌集又被称为准敕撰和歌集。时间自1331年到1381年,历经南朝三代50年,共收录皇族、朝臣、后妃、女官、僧侣等150余人约1 420首和歌,直接反映了南朝政权的结构。

② 日本年号,元弘(1331—1334)、弘和(1381—1384)。

二、《新叶集·贺歌》

建德元年正月题为"松声遐节"的侍讲后

御制○后龟山天皇

直待十返花开之约,吾代之春并生之松。

这两个证物很有力,我们来看看缘何有力。首先是第一个证物,《新叶集》的序是宗良亲王的亲笔,宗良亲王所说万不可能出错。序是献给后龟山天皇的和歌集的序,不可能在序里出现假的说法,即便不是宗良亲王,也不论是读什么和歌之后写的序,写的应该都是极为确定的事。序中,明确指出是"三代","三代"是指后醍醐天皇、后村上天皇以及当时的后龟山天皇,即御三代,而不是指长庆天皇。

第二个证物是后龟山天皇的作品,建德元年(1370)正月所写的御歌的序。建德元年(1370)即北朝的应安三年(1370),足利义满担任将军的第四年,楠木正仪从北朝得到诏书的第二年,后村上天皇驾崩的第三年。建德元年(1370)正月"直待十返花开之约"①,歌咏的是持明院统与大觉寺统两个皇统迭立的惯例,写下了"吾代之春并生之松"。因此,第二个证物,即御歌没有明确说明后龟山天皇是何时继位。建德元年(1370)正月在位,但是何时继位的事没有说明,从御歌的整体来推论,只能推知这一年已经继位。那么,正平廿三年(1368)三月到建德元年(1370)正月为止的一年即十个月间,究竟是谁在位是重大的疑问。

以这两种史料为依据的人们,根据《新叶集》的序来解释后龟山天皇的御制,推测后村上天皇驾崩之后,后龟山天皇继位,继而推论长庆天皇没有继位过。比如井上赖圀、大槻修二两位先生的《东西年表》②等便持此说,不承认长庆天皇。但是,我们对《新叶集》有一些不同的观点。

说到《新叶和歌集》的歌集,当然是南朝三代的歌集,正如歌人名字直观所示,但不可思议的是从长庆天皇开始,某一些类的人名被省略

---

① 十返花,即十返之花,往往作为松树的花的代称,意思是百年的松树反复开花十次,后来也引申指年月漫长。

② 井上赖圀、大槻如电:《新撰东西年表》,吉川半七1898年。大槻如电,本名清修,通称修二,如电为号。

了。①难以想象在《新叶集》登载的歌人不是和歌的真正创作者,此为一个疑点。又据我们所知当时南方朝廷分裂为两派,互相倾轧,其中一派被抵制得厉害,似乎是因为这派所拥戴的主上不被认可的缘故。又有说法认为长庆天皇与后龟山天皇关系不睦,关于这方面的事,有确凿的古文书证据。由于以上情形,《新叶集》的歌集完全是党派之争的产物,不能成为党派所代表的那一方的证物,也不能成为南方朝廷整体的证物。宗良亲王虽然是一位极温厚的人,作为武将也是一位拥有显耀功勋的人,但总而言之,我认为他是拥戴后龟山天皇的。因此,只以《新叶集》的歌集作为证物而成立的观点是非常危险的,我们无论如何也不能赞成。

如果除了《新叶集》所提供的这两个证物之外,没有其他的证物留存下来,那么假设可以成立,然而幸运的是还有其他有力的证物。仅列举其中重要者如《金刚峰寺文书》《花营生三代记》《金刚寺古记》《本朝皇胤绍运录》《丹生社文书》《五条文书》等,都反驳了《新叶集》提出的证据。

不承认长庆天皇一方,只依赖《新叶集》的说法。我们除《新叶集》以外持有六个证物,六份有力的古文书记录,而另一方只有《新叶集》,则按照服从超过半数的原则,应该承认长庆天皇。

此外《嘉喜门院御集》中还说到,嘉喜门院是后村上天皇的女御②、二条师基之女以及后龟山天皇的生母,在她这本歌集的序中提及正平廿三年(1368)"内倚庐③的御所",以及同年八月"春宫的御所"④,这些都被认为是指后龟山天皇,但这些用来指长庆天皇也丝毫无差。⑤以此作为"非长庆天皇"说的论据完全不成立。

半确实的情况便是如此,如前所说称为"学说",即其程度是中等水平,不到中等者称为"假定说"。

---

① 《新叶和歌集》中长庆天皇所咏和歌署名为"御制",此外也有多人以官位名称相称,而无具体姓名。
② 女御,日本天皇后宫的身份之一,官名来源于《周礼》,位阶仅次于皇后、中宫。大体上是内亲王以及亲王、摄关、大臣的女儿,平安时代中期确立了皇后从女御晋升的惯例。应仁之乱后,上流贵族的女儿断绝入内,女御逐渐消失。
③ 倚庐,天皇、皇族为其父母服丧时隐居的临时建筑。
④ 春宫,即东宫,皇太子居住之所。"御所""御方"都可用于对天皇的尊称。
⑤ 长庆天皇与后龟山天皇是同母兄弟。

3. 未详

如果证物所给出的证据，正好各自居半，甲所主张与乙所主张都是相同数量的证据时，作为裁判的史家无法处理，不得已最后只能弃置。这样的情况称为"未详"。如果出现新的材料，新材料支持的是哪一方，那么裁判就要向那一方倾斜。"未详"一词经常被随意滥用，但在史学上，只有上述情况方可使用。实际上这种"未详"的情况极少，很难列举实例。

以史学事项的性质而言，要列举出与此相应的实例是非常困难的，近乎于没有，如果一定要列举出相近的例子，那就是楠木正成的战术。正成那些异想天开的奇计自古以来脍炙人口，但主要以《太平记》为依据，没有其他的出处。实际观察正成的战术，并没有多少奇计。正成及其家族战术最显著的特点是看准时机，突贯①突击。这种突击在日清战争②的时候可谓是一点也不稀奇的常例，但在南北朝时期，是其他武将几乎都不采用的战术，所以基本可以视为正成的发明。

但这种说法尚不能确定，今日只能暂且存疑。在《太平记》的记述里，正成的军队总是在做一些奇怪的事，如排列火炬阵，或者派出泣男③，几乎如狂言所写的内容一般，但实际情况究竟如何非常可疑。后世织田信长或丰臣秀吉每每使用奇计，正成是否也根据时间和场合偶尔使用奇计，目前无法研判。

当时对正成智谋的评价，只有《梅松论》中稍稍提及。是书记载了尊氏从九州起兵之时，因忌惮正成的智谋而派人侦查。除此之外关于正成的智谋没有已知的证物。《太平记》中提到的火炬阵或泣男等相关记录已经不存，但也没有证据表明其完全没有智谋。不过，虽然只有一处，但《梅松论》中列举了有人忌惮正成智谋的事，那就说明当时有人听到了这种说法。

硬作要求的话，这便是证物正好一半一半的未详的实例。

4. 可疑

证物提供的各种各样的证据中，与其说是甲，不如说是乙超过了半

---

① 突贯，军事用语，突入敌阵并贯通其纵深的作战行动，是进攻作战中的重要战术，主要用于迅速割裂敌方防御部署。
② 日清战争，即中日甲午战争。
③ 泣男，葬礼上雇来大声哭泣的男子。

数,甲所主张的正好是乙所反对的,史家虽有采用乙的义务,但实是不得已而为之,这样的情况称为可疑。

与此相符的实例很多,这里举一个非常有名的例子,即儿岛高德。儿岛高德这个人是否曾经存在过,今日的史家已经不再议论了,但这是相当符合可疑情况的例子。

儿岛高德相关的证物极其匮乏,南北朝诸将大抵都有古文书,但是高德的古文书一件也没有。而且在诸将的文书中也从来没有出现过高德的名字。这是非常不可思议之事。其次是当时的记录,记录了非常精细的内容,也未曾出现过高德的名字。那么,高德出现在何处?众所周知是出自《太平记》。搜罗《太平记》以外材料则没有其他证物,赝物或搀入之类另当别论,确凿的证物一个也没有。即证明儿岛高德的证物,唯有《太平记》一个。

其实《太平记》的记事也并不完全是捏造的,也有记述一些确实的内容。作为物语,有的以实际的事实为基础,有的则是架空的笔法,有趣滑稽。物语中可能包含真实的记事是明确已知的事实。所以《太平记》中儿岛高德的记事,究竟是基于事实,还是完全捏造,如果不以确凿证据来对其进行批判就无法获知,只出现在《太平记》中的话,无法直接采用。

总之,《太平记》的记事是证物之一。那么,较之一个证物都拿不出来的情况,只能拿出《太平记》作为证据即所谓史料唯一的例子,但这与史料唯一的情况又稍有不同,在这里只是将它作为一个可疑的例子。

这种情况,以防万一暂且存疑是妥当的做法。

5. 不确实

证物所提供的证据,全部向乙倾斜,而甲的一方四处搜寻也找不到证物,则甲这一方的史学事项完全没有证据,即自然的结果消失,这种情况称为不确实,是确实的反面。

在数学之类的科学中,这样的情况称为“不可能”。史学中虽然也常常使用“不可能”这个词,但多少有些语病,容易发生误解。盖因史学上所谓“不可能”,与数学等所谓“不可能”,两者意义不同。例如人类“不可能”有两个脑袋,因为作为一个人的人体,没有理由有两个头。但从实际来看,也有两个婴儿合为一体的情况即所谓的畸形,身体是两个,手和脚各两个,也有只有头是两个的情况。但这只是从外形来看,实际上两人仍是连在一起的,因此,也可以说是"不可能"。

另外,从哲学等的研究方针来看,所谓"不可能"是基于宇宙原理来解释的。但在史学的主张之中,完全没有类似宇宙原理的东西,史学研究的是人类社会的实际现象。哲学依赖宇宙原理,不容史家置喙,同理,哲学上的解释如果用到史学上也使人为难。史学并不知道宇宙原则是怎么回事,史学探究的是在实际的社会中是否存在,究竟是否存在全凭证据,没有证据就无法开口。也就是说所谓"不确实"并不一定是实际上不存在,理论上可能存在的事情,在史学上也可能会被视为"不可能"。这是哲学与史学的根本区别,如果不能充分理解这一方面的差别,就会把史学与哲学混同起来。

例如仙人、圣人,如果以哲学理论来说,无论在哪个时代、哪个社会都有可能大量存在。不仅如此,作为哲学的希望,无论是哪个时代,都希望全社会的人都成为仙人、圣人吧,想要创造出所谓黄金时代的人,就是怀着这样的希望。然而实际情况是,仙人、圣人千年才出一人或两千年才出一人,极为稀有,把这种稀有情况推展到所有时代是哲学的希望,然而希望只是希望。史学不研究希望也不采用希望,只叙述事实的真实,除此以外别无他法,所以只会说仙人是绝对没有的,圣人是稀少的。如果这样说,即使德育上感到为难,那也是没有办法的事。因为史学本来就不是伦理学的随员,不能为了伦理学而手提灯笼。[①] 这就是史学与所谓教育学即小学教育相冲突的地方。

如果要列举这方面的实例,可以说在史学上没有先例。因为完全没有证据,从一开始就是被删除的状态,所以不算史学上的问题。非要说的话,就是通俗所相信的捏造之谈。如义经逃亡北海道、丰臣秀赖逃亡萨摩、西乡隆盛出洋之类,不管通俗意义上多么相信这些故事,稍有学识的人都不会相信,因为完全没有证据。

所谓可然程度的实际应用,大致叙述到这里即可,接下来按照顺序逐一讲述内部批判的部分,当然每一部分都是以可然程度为基础立论。

---

① 这里指作为仆役,夜间在主人身前手提灯笼引路。

其中会出现一些非常棘手的情况,如同在医学的实际情况中,病人身体的病变出现的不是普通的征兆,大家为之非常烦恼,史学中也常常如此,历史的事项各种各样,讲义作为一般的方针,无法一一深入探讨。但研究者只要积累研究,自然就能达到那个境界。

乙、史料的系统

上述所谓可然程度,是假设全部史料都是同一程度的可然程度。事实上史料的可然程度根据物品的不同千差万别,如果不一一认真审查就无法得知。因此,应用可然程度的原则必须非常谨慎,不能简单地依凭证物数量多就做表决。无论证物数量有多少,如果没有与之相关的证据,即使数量多达几百个,效果亦十分薄弱。反之,即使只有唯一一个史料,如果与之相关的是确凿无疑的证据,只有一个证物也可以立论。正因如此,必须对证物逐一进行精密的调查。

兹以史料的系统为题,史料如同其他物品一样,也具有系统。史料有天然的,也有人造的,一般而言没有纯粹天然的,多少经过了人为加工,先大致称为人造物。既然是人造物,那就必须包括制造的时间、制造的地点以及制造的人三个要素。

就像所有动物都不会凭空出现一样,史料也必然有亲族。所以调查史料的系统,首先就是调查史料的亲族,必须逐一分析解剖史料,弄清其来历,史家不能采用来历不明的史料。这与某一事业录用一个人必须事先调查清楚其来历,来历暧昧者不能录用是一样的道理。史料不知来历者,十之八九为赝品。史料出现时,比较难的部分是调查史料制作的年代,先讲这一点。

1. 史料的制作年代

大多数史料是以书籍的形式存在的,为了简单说明我们就来谈谈书籍。其他史料原则也是相同的,只要将书籍的原则应用于其他史料即可。

书籍当然是人造物,因为是人造物所以受到人类心理作用的影响。特别要清楚地了解人的记忆力是怎么样的。关于记忆力方面的知识,希望大家在心理学方面的书籍中有所收获,总之人的记忆力是非常薄弱的。今早听到的事情到了傍晚就已经忘了,昨日见到的事今天就记不清了,即便记得也已经变得模糊,已经发生了一些变化,绝非耳闻目睹当时留下的原本印象。而且作为人类的情感,所有痛苦的事情都会自然地忘记,即使不忘记,也会将痛苦的程度减少来记忆。与之相反,开心的事往往会记住,甚至可能夸大程度来记忆。简单来说,痛苦则遗忘,开心则铭记。

如果不这样做,人就不能在这个艰难的社会中生存下去。人在社会中的经验,痛苦的方面往往很多,快乐的方面很少,如果诚实地按苦乐原本的程度记忆,那么社会中的每个人都会变成厌世主义吧,继而构成社会衰败的基础。然而大多数人都是乐天主义,只有显著的不平才会导致厌世主义,这是人类生存上极其重大的原则。人的感觉、人的感情作用都是这样运作的,如果要正确地把获得感觉之际的印象、产生感情之际的印象传达给他人,必须在得到感觉的瞬间即时记录下来。恰似光线打到底版上马上就会产生印象,如果不尽快想办法留下这个印象,照片就拍得不好,我想这是同样的例子。

在史学上这个原则意义重大,大凡史料的制作年代,以其证明的史学事项发生的时代为参照,必须是在最接近那个时代的时间制作的。制作年代如果远离史料证明的时代,越是远离,可然程度越低。所以在其他方面完全相同的情况下,制作时代越早价值越高。

2. 史料的制作场所

接下来是制作的场所。制作场所必须是在史料所证明的史学事项所发生的土地。这一点不必多说,如果制作场所远,即使是同一个报告、同一个见闻,到达之前已经经过一定时日,经过一定时日就意味着印象已经发生了变化。话虽如此,即使地点距离很远,也会因为某种特殊理由,要将现场的见闻即同一件事传达到其他地点。比如在镰仓时代,因为京都和镰仓的关系非常紧密,所以在京都获得的印象,应当直接传达到了镰仓。江户时代也是如此,在京都获得的印象应当如同在江户之所得。但即使在这种情况下,也至少经过了一两个人脑海的印象,因此,与现场的亲身见闻相比,必然发生了一些变化,终究不及现场获得印象的价值。所以研究《东鉴》等记载的京都发生的事时,要多加注意。

根据上述理由,史料的制作场所只限于其证明的史学事项发生的土地。距离越远可然程度越低,极其偏远又没有任何关系的地方出现的史料,从史学的角度来看没有任何参考价值,无异于低劣的杂说。

3. 史料制作的人物

最后是史料制作的人物。所有史学事项都是人的工作,所谓人的工作并不是人类一般的工作,也不是全社会的人总体的工作。即使是全社会的人所做的工作,组成社会的每一个人也不能万事皆参与商量、万事皆参与指挥,事实上也不可能,其中必然有指导者或指挥者或主任。这个指导者、指挥者或是主任作为大家共同的代表,贯彻大家共同的意志而工作。因此,即使是全社会的人所做的工作,也没有比其代表者所制作的史料更精密之物。况且事项往往并非与全社会的人都有关系,若只是一部分人的工作,直接负责事项的人所提出的证据是最为确实的。

举个极其简单的例子,比如我们观察一场战争。敌我双方都有主将、参谋长,各自手底下又有军官、士卒。主将以下的人物,全部都参与了实战,但能着眼于全局的只有主将、参谋,其他人只能看到听到其中的一部分。更何况旁观者、一般的人民,更不可能知道这场战争的具体情况。因此,在这种情况下,主将或参谋长自己制作的史料是最正确的。当然敌我双方都会制作史料,所以史家会调查双方的证物。比如1866年德国与奥地利的战争,双方都决定由陆军负责人编写战争史。史家只要对照两国的战争史,就能马上做出判断。

然而毕竟是古代的事迹,即便是战争中比较简单的事项,也难以进行精密的调查。比如延元元年(1336)凑川之战,足利军的参谋官写下《梅松论》记载战况,又有与这场战争相关的古文书,那么,可以认为足利军方面具备了证物。至于另一方官军的情况如何,非常遗憾的是因为缺乏足够的证物,至今没有认真地编写过这场战争的战争史。虽然勉强来说大家都知道有《太平记》,但这是三十多年后叡山方面的人编纂的。而且《太平记》执笔者虽然是小岛法师,但搜集材料的除小岛法师之外还有好几个人。他们都是民间的普通编纂者,与南北两方的朝廷都没有丝毫关系，看起来与将军方面也没有一点关系，对凑川之战的记事不可能正确。即便假定他们跋山涉水进行了调查，终究也无法达到《梅松论》的正确程度。因为时代过去了，场所变了，再加上编者又是没有资格写战争史的人。史家已无从获知更多史实，这种情况只能以《梅松论》和古文书为基础立论，《太平记》只能勉强参考不能过度采用，并不是蔑视《太平记》，而是即使想采用，根据史学的原则也不行。

如果是更复杂的情况，则必须更加注意，尤其关涉政治、外交等方面，最重要的是调查史料是由何人所作。对于政治、外交而言，制作史料的必然是当局者，当局者又必然是相关负责人，负责人制作史料后向社会公开发表，由于要提交给主权者必然会有所斟酌，必须要留意到这一点。史家所希望的，是当局的负责人能自觉地，无论多么微不足道，无论多么失态，无论多么耻辱都毫无隐瞒地记述下来。不过这样的史料世所罕见，即使在欧洲也无法准确地知道最近五十年的历史，因为并没有出现如此理想且确实的证物。

史料的制作年代、制作场所、制作人物这三者以上已大致辨明，总而言之要结合三者综合考虑。若是有几件史料，每件都堂堂正正，只有制作年代不同，甲是史学事项发生那天的东西，乙是数年之后的东西，丙是几十年之后的东西，那么三个史料的可然程度为甲乙丙的顺序。又其他的点没有丝毫差别，只有制作场所不同，甲即史学事项的发生地，乙距离二三十里，丙距离数百里，那么与前面一样，可然程度为甲乙丙的顺序。至于制作人物，也是同样的道理，如果制作的年代与场所没有差别，甲是当局的负责人，乙是负责人的属官，丙是民间的学者，那么，可然程度还是甲乙丙的顺序。

年代、场所、人物三者之中，如果只有一条没有问题，其余两者存在异同，则调查工作虽然会很麻烦，但大致还是遵循上面所说的相同的原则。

如果三者各自都存在差别，那就非常麻烦，可然程度也难以判断。但所遵循的原则还是一样的。

根据上述内容，史料的等级划分如下。

一等史料——首先来到第一位的是在史学事项发生的当时、当地，由承担相关事项的负责人自己制作的史料，如负责人的古文书、日记之类或参谋官的笔记之类。这一类史料即一等史料。

二等史料——其次是在距离史学事项发生的当时当地最近的时代场所，或是在当地只是时代稍有差距，由负责人自己制作的史料，即追记类的精密之物，记录记忆的证据。普通的觉书、记录之类，其中上乘者便属于这类史料。古文书者，虽然名为古文书，但往往记述的是比成书时间古早得多的事，在这种情况下，即使是古文书也属于这一类，这一类史料即二等史料。

三等史料——这是将一等与二等史料糅合到一起，与之相关的一类史料，首先最上乘的家谱、传记以及觉书等可以列入这一类。例如年代、场所及制作人物虽然都发生了变化，但编纂的方法是正确的，便能制作出这一类史料，即三等史料。

四等史料——接下来，虽然很难理解，但大体上来说，这一类史料还来不及考虑年代、场所、制作人物的影响，先不论这三者是清楚的还是不清楚的。这类史料经历了翻来覆去的转写，有大量的搀入以及脱漏，更不知在转写中产生了哪些异同。建筑物、地理等多为此类，书籍中也有很多此类之物。这类史料的记事是否确实令人生疑，因为难以明确区分搀入之文与原文，所以究竟采用哪一个丢弃哪一个，取舍上非常困难。

这一类即四等史料。

以上第一等到第四等总称为根本史料。我们使用的根本史料仅限于以上四等史料。以下则可然程度大幅降低，从严密史学的角度来说，聊供参考而已。这一类我们称为五等史料。

五等史料——五等史料即编纂物中上乘之物。编纂物的审查极其困难，编纂者手里持有哪些史料？基于怎样的方针来审查编纂？编纂者有无受到政治、教育或某一方面或特别事情的掣肘，继而想强化某一派的意见？必须认真考察诸如此类的问题。这里所谓"上乘"的编纂物，按照我们的解释大致是，采用的史料仅限于根本史料，审查的方针是科学的，编纂者的立场毫无偏颇。如果是这样编纂出来的史料，我们称为五等。但实际上这一类的编纂物极少。

等外——除此之外可然程度更低的编纂物,传说、美文①、历史书及其他,仅以史学而言,作为参考的备选。根据研究题目,这里所说的等外的史料,可能会有重要的价值。特别是如实描绘当时社会的戏剧、狂言、流行歌、川柳②、小说一类,是研究一时代社会不可或缺的证物。社会写实的作品如戏剧、狂言及其他,也不一定必须是美文,往往也包括所谓的俗文学,甚至是粗鄙之物,所谓玷污君子之眼的东西,总之作为社会的写照,有时是非常必要的。这一类的上乘之物,在调查一时代社会面貌之际,可以作为一等史料。只不过要编纂出这样的上乘之物非常困难,所以在一般的史学研究中,先不使用这一类史料。

以上所述是史料等级的大致情况,但正如所说证物的可然程度千差万别,不是每一个证物都必然明确地符合以上等级中的某一个。往往是处于一等和二等之间,或三等和四等之间,或五等和等外之间。像这样模棱两可的情况在所有类别中都是不可避免的,这是没有办法的。接下来我们谈谈史料的分析。

丙、史料的分析

所谓史料的分析,大致如下所述。一般有关一个历史事项的史料即证物有几个,而且其中每一个都不是唯一史料,所谓唯一史料的情况以后再说,先从有几个证物的情况开始说明。

如果有几个证物,必须逐一对其进行充分审查。制作的年代、场所、制作人物等必须全部审查,在此基础之上,要调查每一物品能为历史事项提供多少证据,这是非常复杂困难的事。如果证物的数量多,就必须充分比较证物所提供证据的程度高低。在这个过程中,要时刻考虑这些证物的可然程度。像这样调查证物的性质,称为史料的分析,这与化学中定质定量的分析法非常相似,毕竟分析这个词就源自此。

---

① 美文,广义上指明治二十年代以后逐渐固定下来的与口语体相反的文体,以传统的和文与汉文为基调,以平安时代古典的语法、用语、文体为范本,适合音读富于韵律,又叫作美文韵文、文语体、拟古文。代表者如森鸥外《舞姬》《即兴诗人》、樋口一叶《青梅竹马》等。狭义上,指基于反欧化运动而产生的国粹主义、日本主义而创作的拟古典文,以明治二十八年(1895)创刊的《帝国文学》为中心,以大町桂月、盐井雨江、武岛羽衣等为代表的文学流派。

② 川柳,日本杂俳的一种。

要而言之,不以实例说明的话终究难以理解,但如果仅列举一两个实例,直接以此来分析其他所有情况也不妥当,这终归是一种熟练的东西,也可以称为一门技术。

1. 二个以上史料的情况

第一例:

羽柴秀吉天正十年(1582)包围高松城,顺利攻下城池,继而毛利家与作为织田家代理的秀吉达成和议。这份和议的书面日期是同年的六月四日,即根据和议原文的日期,断定两家和议达成之日是六月四日。但是和议达成之后,毛利家的军队、织田家的军队即秀吉的军队,原本应该各自离开阵地踏上归国之路,结果只有毛利军回国,织田军却并非如此。当时诛伐惟任光秀[①]是首要目标,归途刻不容缓,但在如此迫在眉睫的时刻,秀吉哪一天离开高松却存在疑问,关于此有两说。我们所说的是主将羽柴秀吉的离开,不是织田军全体的离开,织田军的离开是另一个问题,这里讨论的是主将何时离开。关于此有大量证物,如下所示九种:

一、《梅林寺文书》;

二、《松井家谱》所载文书;

三、《古今消息集》;

四、《毛利家日记》;

五、《秀吉事记》;

六、《丰鉴》;

七、《备前军记》;

八、《浦上宇喜多两家记》;

九、《太阁记》。

第一《梅林寺文书》指位于摄津国茨木城中川家的菩提寺即梅林寺的文书,记载了天正十年(1582)六月五日,在冈山市正西方向的一处名为野殿的地方,羽柴秀吉寄给中川濑平清秀的回信。也就是说,秀吉离开高松之后来到冈山正西方向的野殿,接到清秀来信之后立刻回信,应

---

① 明智光秀(1528—1582),日本战国名将,织田信长麾下的重要将领。“惟任”是赐姓。天正三年(1575),光秀获赐姓“惟任”,被任命为从五位下日向守,故也称惟任光秀、惟任日向守。

当是在行军之中在马背上写的回信。根据我们的原则这当然是第一等史料。

第二《松井家谱》所载文书,是指细川家的家臣松井家的家谱。自侍奉细川家祖先藤孝以来的谱代[①]的大部分家谱都收录其中。看起来是文化年间[②]的编纂物,家谱本身虽然不能成为更早时代的证物,但幸运的是,家谱中列举了大量与家族有关系的古文书。在这些古文书中,记载了天正十年(1582)六月八日即秀吉回信之后三日,一位叫杉某的人送达的书信。根据我们的原则,这是第二等史料,书信的执笔者杉某是何人至今尚无充分调查,总之一定是实际看到了秀吉行军情况的人,所以在三天之后写了这封信,仍是记忆程度较高的时刻。这里所谓的行军情况并不具备其他深意,几天左右谁的军队通过哪里,这样的事即便是旁观者也能明白。虽然不是主将或参谋长也能明白,但严格来说还是不能称为第一等,正确地说应该是第二等史料。

第三《古今消息集》收集了自古以来有名的古文书,展示了各式文书的文体,以前曾作为消息[③]类文集的教科书。该书一通伪作也没有收录,是一本非常有用的书。其中天正十年(1582)十月十八日,羽柴秀吉给织田信孝的家臣,一个叫作齐藤某的人寄去了一封书信。这是一封收信人为齐藤某,但实则意欲向织田信孝披露内容的书信。秀吉在九月、十月的书信中,极力强调自己的功勋,可以视为一种宣言书,或者也可以称为檄文,这样的书信大量存在,现在羽后国那边也有。

诛伐光秀之后,秀吉写给诸人的书信都是如此,如果有远方的大名寄送书信给秀吉,秀吉会立刻回信附以此宣言书,这是一种蒟蒻版摺[④]的宣言书或檄文。寄给齐藤某的书信便是此类,这一类权谋性质的文书,作为证物时要谨慎考量。当然对于秀吉的抱负而言这是第一等的史料,但是对于讨伐光秀以前的事项而言,并不见得十分重要。

---

① 谱代,原作谱第,指从父亲到儿子、从儿子到孙子这样在同一血统中正确继承的家族,以及证明该家族姓氏、系统正确性的系谱。日本历史中又指代代侍奉特定主家的家臣系统,也被称为"谱第之臣""谱第之人"。中世以后多使用谱代。
② 文化,日本年号之一,"享和"之后,"文政"之前,指1804年至1818年期间。这个时代的天皇是光格天皇、仁孝天皇,江户幕府将军是德川家齐。
③ 消息,古文书学中指以假名为主的书信。
④ 蒟蒻版摺,平版印刷的一种,一般称之为 Hectograph,即胶版印刷。

　　根据我们的原则，这是第四等史料。

　　第四《毛利家日记》是毛利家的祐笔①编纂的记录。当然是作为公务编纂的，其中可能有一些错误，也可能有一些斟酌，但也不必过多顾虑，关于重大事件的部分应当记述正确，姑且算编纂物中的上乘者。所以为第五等史料。

　　第五《秀吉事记》是由有名的秀吉的祐笔大村由己执笔，当然也是编纂物。虽然肯定不是事件发生之日写的，但编撰者是立于秀吉左右参与机密的祐笔，还是作为公务而编纂的，所以是第四、第五等史料。

　　第六《丰鉴》著者不详，一般说是竹中重春之子重门编纂，年代是宽永中期，与《毛利家日记》《秀吉事记》相比资格当然有所下降。制作年代、制作场所、制作人物皆下降了，虽然价值大幅下降但并非是常见的编纂物，算不上是上乘，也很难说是尚可，准确地说介于五等与等外之间，兹假定为五等中。就编纂物的性质而言，年代的优劣不能看得太重。当然年代越古老越好，但并非总是如此。总之，材料是根本史料、审查方针是科学的、编纂者立场客观，满足这三个条件就可以了。相较于古老的编纂物，反而是新的编纂物更好，这从史料的角度来说也是可能的。《丰鉴》有少许错误，也有些敷衍，所以在五等和等外之间，但大致上认为是五等也无可厚非，兹假定其为五等。

　　第七、第八、第九是普通的战记，当然不能一概而论称之为杜撰，但也并非重要的证物，即属于等外。不过在等外之中，资格比较高，也可以称为六等。

　　以上九种史料等级的划分大致如上。接下来，第一应该着眼的是《梅林寺文书》。根据这个文书，羽柴秀吉六月五日离开高松，归途在野殿写信。野殿在归途的路线上，距离高松只有二里，如果归途是急行军，应该两个小时左右就到了。而且五日晚上秀吉在冈山东面的沼泽过夜，沼泽距离高松只有六里左右，从这一点考虑的话，秀吉一定是五日下午离开的。如此看来，秀吉六月五日离开高松的说法来自《梅林寺文书》。

———————————

① 祐笔，指中世纪、近世在武家担任秘书的文官。以前表记为"右笔"，近世以后表记为"祐笔"。也被称为"执笔""佑笔"。

第二是杉某的书信，是看见秀吉行军仅仅三日之后，记忆还非常新鲜之时，记载了秀吉在六日进入姬路城。对照《梅林寺文书》在沼泽过了一夜，这里说第二天归城，两者是吻合的，合乎条理。

《毛利家日记》《丰鉴》两者也持六月五日离开高松说。对这个日期出现异议的根基，来自《古今消息集》中秀吉的书信。按书信记述，六日为止在高松逗留，七日一日一夜赶了二十七里路到姬路城，与上面的说法不同。另外支持六日离开高松的还有《秀吉事记》以及另外三个六等史料。这三个六等史料不再更多介绍，必须要考虑的是《古今消息集》与《秀吉事记》的异议。

如上所述，《古今消息集》中秀吉寄给齐藤某的书信是一种宣言书，流露了秀吉夺取天下的野心，行文并非是明确地陈述事实，而是通过狂言壮语意图威吓他人。考虑到这一点，现在连四等史料的资格都失去了，即使说是六日离开也不值得深究。另外《秀吉事记》的记述不可小觑，但多为浮华的文体，动辄就是夸张的腔调，很难相信全是严谨的记述。而我们探讨的问题是主将秀吉离开之日，并非全军离开之日，当时情势紧急，全军准备好以后随后再出发亦无妨，正因为此，秀吉只带了随从和身边武士匆忙返回，大部队留在后面，所以大部队是六日出发的。如果是这样的话，攻打高松的织田军离开的日期，应该就是六月六日，不过在《秀吉事记》中并没有将全军离开之日与主将离开之日分别记述。军队的士兵是否知道主将先离开而自己留下来的事？恐怕是不知道的。手下的一些军官也有可能认为主将是和自己一起出发的。

考证的结果便是如此。我们对本题的答案是，羽柴秀吉离开高松城的日期是天正十年(1582)的六月五日。

如果想更多了解关于此事的精密考证，请参考《史学杂志》第九编第十二号内藤马藏以《关于梅林寺所藏秀吉书信》为题的论文。

第二例：

关于欧洲人最初来到日本这一年，有各种各样的说法。不仅在日本有各种说法，在欧洲也有各种异说。

兹列举两三个例子，日本的说法中，一说文龟元年(1501)，一说永正七年(1510)，一说天文十二年(1543)；欧洲方面的说法中，一说1535

年,一说 1542 年,一说 1548 年,有各种各样的说法。这件事在日本史上关系重大,不仅作为与欧洲交通的开端,也关系到步枪传来的时间。为了准确地确定年份,学界进行了各种相关研究,幸而已有定论。

先从日本的说法开始,列举相关的证物六种,大致如下:

一、《铁炮记》;

二、《种子岛家谱》;

三、《重编应仁记》;

四、《北条五代记》;

五、《中古日本治乱记》;

六、《阴德太平记》。

欧洲方面如下:

一、安东尼奥·加尔班(Antonio Galvano)的《世界发现记》;

二、库托(Diogo de Couto)的《葡萄牙人发现与征服印度记》;

三、门德斯·平托(Mendes Pinto)的《世界巡回记》;

四、沙勿略(Francisco de Xavier)的书信。

重要的为以上四种。以此进行分析,其中存在很大的难题。

第一《铁炮记》出自鹿儿岛大龙寺文之和尚的《南浦文集》,文集中不仅包括文之和尚的学术研究,也可以看到政治方面的内容,据说岛津家的外交文书等多由他起草。和尚在庆长年间①用汉文写了以《铁炮记》为题的记录,是关于铁炮传来最确实的记事。但是,庆长年间距离欧洲第一次传来铁炮,已经过了相当长的时间,尽管是仔细调查史料之后撰写的,但不言而喻仍是编纂物。和尚的记述非常细致,史料搜罗甚勤,先把《铁炮记》列作第五等。

第二《种子岛家谱》是普通的家谱,属于等外史料。强分等级的话,可以列为第六等。

《重编应仁记》《北条五代记》《中古日本治乱记》《阴德太平记》等,都是与这个问题相关的低劣的等外史料。算不上六等,但也必须参考这些通常的口碑传说,所以勉强可以算第七等。

___

① 庆长,日本年号之一,“文禄”之后,“元和”之前,指 1596 年至 1615 年期间。在日本史的时代划分上跨越了安土桃山时代和江户时代,这个时代的天皇是后阳成天皇、后水尾天皇,江户幕府将军是德川家康、德川秀忠。

欧洲方面的史料，第一是安东尼奥·加尔班（Antonio Galvano）的《世界发现记》，1541 年至 1557 年间编纂，是不可小觑的证物。加尔班是有名的葡萄牙马鲁古群岛（Moluccas）的知事，是葡萄牙历史上大放异彩的大人物之一。他因为谗言而被免职，回国之后不被起用，没有赐赏，最终因赤贫住进了国立慈善院，晚年的最后十七年过着养老院的生活，在此期间就手边所有的材料，如身在印度的朋友等寄来的书信，或与熟人的谈话等，采用各种材料进行书写。加尔班并不是那种虚伪地撒谎、自负于自己功勋的人，他所记述的亲自经手的事，应当有充分的信用，但那些他自己没听说过而是从熟人的书信中得知的事，他本人不能完全地承担责任。不知道《世界发现记》中有没有这样的错误，所以遗憾地将其列为第六等。

第二是库托（Diogo de Couto）的《发现与征服印度记》。这是非常重要的证物。他 1556 年到印度，担任葡属印度记录局局长，处理各种公文，他将自己经手处理的公文文书作为材料，写作了有关印度的书，16 世纪末即在他生前就已出版，书中记述的内容是不容易获得的证据，所以全部列为五等。

第三平托（Mendes Pinto）《巡回记》是非常有名的书，可惜评价素来很差。平托以前是一个绰号为"骗子大将"的男人，人们都对他的书大笑了之，没人认真阅读，直至最近我们才对他的内容进行了精密地分析。的确平托是大吹牛皮，而且那些事迹都是无伤大雅的吹牛，无论说什么都几乎抓不到他的把柄，但我认为其中也掺杂着完全基于事实的记述。关于种子岛漂流的事、铁炮在日本传播的事等，记述得非常详细。无论是怎样的大诗人或大小说家，也不可能凭空写出这样的作品吧。所以即便《巡回记》整体勉强说也只能算七等以下，但其中种子岛漂流和铁炮传播这两件事，我认为必须列为六等。

第四的沙勿略（Francisco de Xavier）原是清正的高僧，虽然不是会说谎的人，但是来日本几年后连日语也说不好，不太与大名交往，与学者们也全无往来，而是致力于感化普通下等社会人的工作，不一定能听到正确的历史事项。所以沙勿略的书信对于本题而言，是低劣无用的等外之物。

综上所述,日本的证物中首先应当注目的是《铁炮记》,虽然只有五等,但现状如此没有办法。根据其记载,天文癸卯秋八月二十五丁酉之日,种子岛西村的海滨,来了一艘陌生的船,其人物外形非常奇怪,语言也完全听不懂。幸好其中有一个叫作五峰的中国人,这个人和西村叫作织部丞的人,在海滨的沙子上稍微用棍子进行了笔谈。然后织部丞告诉他,这个海滨并非拴船的地方,请到赤尾木来,于是去了赤尾木,这是二十七日乙亥的事。在赤尾木有个往乘院的和尚,又和五峰进行了笔谈。船上的中国人虽然数量不多但还是带了货物,后来便兜售货物。葡萄牙人则无所事事出去打猎,所以种子岛的人们几乎都看到了这个叫铁炮的东西,都十分吃惊。岛主种子岛时尧听闻此事后立刻把葡萄牙人叫来,询问清楚之后,很快在九月九日进行了试验性的射击,深为惊叹个中精妙。因此不惜以极高的价格,购买了葡萄牙人所带的两挺铁炮。这后来便成为所谓种子岛枪的标本。以上是根据文之和尚的记述,这是我们已知的,更详细的内容读完《铁炮记》便知。

所谓天文癸卯秋八月二十五日丁酉,即 1543 年 9 月 23 日。如此说来,这是与此相关的日本史料中最好的史料,因此欧洲人最早来日本,同时将步枪传来,即在 1543 年。

接下来根据《种子岛家谱》,天文十二年(1543)八月二十五日南蛮人来时,时尧第一次见到铁炮这种有趣的武器,并学习了此物。这与《铁炮记》的记载是同一天,恐怕《铁炮记》是参考了《种子岛家谱》吧。《种子岛家谱》也好《铁炮记》也好,可以视为基于同一个史料的记述。

《重编应仁记》和《北条五代记》中记载永正七年(1510)铁炮第一次传来。然而永正七年是 1510 年,葡萄牙人当时还未到暹罗,更万无可能来到日本,这个记述当然不能采用。这大概是后世杜撰之说。

《中古日本治乱记》和《阴德太平记》中记载的是文龟元年(1501),文龟元年是 1501 年,距离达·伽马(Vasco da Gama)首次到印度那一年仅仅三年后,根本不可能来日本。这比永正七年(1510)杜撰得更加离谱。

如上所述,日本证物中得出的唯一说法是天文十二年即 1543 年。

回过头来看欧洲方面的史料,第一,加尔班《世界发现记》是比较好的证物，但这是加尔班回国之后听说的传闻："1542年三个葡萄牙人从暹罗到宁波的航海中，经历了一场暴风雨，数日之后在东面北纬32度看见了一个岛屿，这个岛就是马可·波罗（Marco Polo）所谓的日本国。"葡萄牙人记载宁波在北纬30度，又记载在32度看见种子岛，应该是看见了种子岛的南端（西村）吧，为何会有两度左右的误差，大概是因为观测相当困难，当时处于暴风雨中而非安静平和的状态，所以未能进行精密的观测。

这是加尔班记述的传闻，因为不是本人的见闻，所以价值是六等。

第二，库托的《发现与征服印度记》，这是日本漂流的记事，库托自己没有做任何调查，而是完全照搬相关的记述或传闻，其中提到有三个人在1542年因为暴风雨，从暹罗到中国的途中被吹到了日本。

库托记述的不过是传闻，也不知道是否属实，库托的书整体有五等的价值，但就日本漂流这件事而言六等的价值都算不上，实在让人为难。

总之加尔班与库托两人听说的都是1542年的事，1542年是天文十一年。但是要补充的是，库托提到了马丁·阿丰索·德·索萨（Martim Afonso de Sousa），这位葡属印度总督1542年赴任，1545年卸任，所以葡萄牙人来日本是在1542年以后1545年之前的事。

第三，平托在晚年闲居之际写的《巡回记》，是彻头彻尾地把四十年前的事托付给记忆，然后适当加工而成的记述，所以记述的年代等非常不可靠，只能抓取他所说的要点，大概的情况如下。

1545年1月12日，平托等从交趾附近出发，13日到达广东要地三灶岛。本来计划在此处寻找便船，但不巧没能搭乘，不得已拜托了一位名叫萨米波谢卡（Samipocheca）的海盗，请求搭乘他们的船。

平托一行原本是八个人，但只有平托等三人乘坐的是海盗自己指挥的船，其他五人乘坐的是这个海盗麾下的其他船只。船只由此出发向着福建省的海岸前进，中途遇到了其他海盗，船队被打得七零八落四处分散，平托等乘坐的船没能赶到预定的港口，第三天又出现了暴风雨，船只漂流到了距离陆地很远的海面上，看不到海岸，漂流了二十三天后终于看见一个岛，这就是种子岛。岛上的人乘坐两艘小船来到船上，询问他们来自何处。船长回答说是为了交易从中国而来，当地人回答说，如果按照规则缴纳杂税，很快就能得到种子岛领主的许可，请到某某港口来，于是就到了叫作宫岛（Miyajima）的这个城市的某个海角后面下了锚。

平托所记述的，与文之和尚《铁炮记》相吻合，最初当地人乘坐两艘小船前来询问之事，与西村外来了外国船只，村长织部丞与其在海滨的沙子上笔谈，继而指定赤木尾港口的事，两者相当一致。

停泊之后，不到两个小时，岛的领主就带着许多商人来到船上进行商品交易。领主见平托等三人的样貌非常引人注目，就向船长询问。船长于是回答说，平托等来自一个叫作满剌加的国家，几年以前，从一个叫作葡萄牙的世界强国去到那里。领主又进一步问到，这些外国人是在何处发现的，又带他们来日本做什么。船长又回答道，平托等人是正直的商人，遭受暴风雨后，非常悲惨地漂流至此地。领主就将平托等人招至身侧，让他们明天去府上。

在船长的回答中，平托等人几年前从葡萄牙到满剌加，年代错得厉害。那个有名的阿方索·德·阿尔布克尔克（Afonso de Albuquerque）占领满剌加是1511年夏天的事，应该是30多年前的事。然而这样的错误对于平托的记述而言，是很常见的事。

平托等人没有任何可以交易的货物，便出去打猎，参观寺院。寺院的和尚非常亲切地接待了他们。

三人当中有一个叫作迪奥哥·扎依莫托（Diogo Zeimoto）的人，擅长铁炮，打猎的时候猎得了许多鸭子。日本人原本没见过这种叫作铁炮的武器，对其效力非常吃惊。因此立刻将这件事向领主报告，领主传唤扎依莫托见面，见面之后对其极为尊敬，这次见面另外两人也相伴左右。之后作为礼物，扎依莫托某日把铁炮进献给领主，领主非常高兴地接受了，并返赠其两千两。

接着领主说，就算有铁炮但没有弹药也束手无策，顺便教授弹药制作的方法吧，扎依莫托按其要求传授了弹药制作的方法。日本人于是开始了铁炮的制造，没过多久，岛上就出现了六百多支步枪。

平托记述中在种子岛传授铁炮的事，与《铁炮记》中的记事不可思议地吻合。《铁炮记》中往乘院寺院的主持忠首座与五峰进行了笔谈，

提到有两位葡萄牙人带着奇妙的事物,原文如下:

> 手携一物,长二三尺,其为体也,中通外直,而以重为质,其中虽常通,其底要密塞,其傍有一穴,通火之路也。(〇中略)其为用也,入妙药于其中,添以小团铅,(〇中略)而自其一穴放火,则莫不立中矣。其发也,如掣电之光,其鸣也,如惊雷之轰,闻者莫不掩其耳矣。(〇下略)

如上所述,日本人最初见到铁炮感到惊讶,种子岛时尧如愿以重金购得两挺铁炮,然后筱川小四郎学习了弹药的制作方法,又唤来了锻造屋的几个人,锻造了新的铁炮等,全部被《铁炮记》记述下来。完全没有关系的两个史料,如果非常吻合,那只能承认双方都是确实的。只不过根据平托的记述,1545 年这个时间颇使人为难,这个时间与《铁炮记》相差两三年,考虑到《巡回记》中提及的年代是他人的转述,应该是作者记错了。

那么,终于到了本题作答的时刻,要决定三名葡萄牙人漂流到种子岛究竟是哪一年。

根据上述内容,第一加尔班的是传闻,第二库托的是传闻,第三平托记错了,第四沙勿略记述了错误的传闻,必须注意的是,加尔班和库托两人所记传闻都是 1542 年。那么日本方面的证物中,必须认真阅读的是《铁炮记》和《种子岛家谱》。《铁炮记》是在史学事项发生之后,大概过了六十年才编纂的;《种子岛家谱》按照惯例是六等。这样一来《铁炮记》和《种子岛家谱》所记述的也是传闻。如此,与这件事相关的证物都只是传闻,作为证据来说非常薄弱。

但是,《铁炮记》的记述虽然属于传闻,但对于种子岛家族而言这是最重要的事件之一,因此是非常重要的证据。况且何年何日都清楚地记载着,必须予以重视。另外必须考虑到,加尔班也好库托也好,他们的记述与《铁炮记》的记述大致符合。即此二人所说的是三名漂流者经过暹罗附近的年代,《铁炮记》所说的是到达种子岛的年月日。综合来看,假设暹罗到日本要花费半年多的时间,三名漂流者经过暹罗是1542 年年末,来到中国海岸是第二年春天,到达种子岛是秋天,那么加尔班、库托和文之三人的说法都能满足条件。

基于此我们判定葡萄牙人第一次到达种子岛,即欧洲人第一次到日本的年代是 1543 年,即天文十二年。

虽然考证的着眼点是年代,但还是要说明一下最初到达的三个人是何人,稍微说一下他们的姓名。前面为了方便起见称为某某、某某,特意省略了姓名,其实三人的姓名判定,比年代判定更为困难,很难事先明确说明,我认为称为未详更稳妥。简单说明原委,如下所示。

据加尔班所说,三个人的姓名是安东尼奥·达·莫塔(Antonio da Mota)、佛朗西斯科·扎依莫托(Francisco Zeimoto)、安东尼奥·佩肖托(Antonio Pexoto);根据库托所说为安东尼奥·达·莫塔(Antonio da Mota)、佛朗西斯科·扎依莫托(Francisco Zeimoto)、安东尼奥·佩伊肖托(Antonio Peixoto)以上三名。第三人的姓稍微不同,其他两人完全一致。文之提到有"贾胡之长二人",列举了两个人的名字,列举这两个人是因为他们与铁炮传来有关系,并不意味着漂流到种子岛的只有两个人。即《铁炮记》中漂流者的总数不明,其名字为:

一曰牟良叔舍,一曰喜利志多侘孟太。

这两人的名字,总归是听五峰用马来语或其他语言讲述的,两个名字都是用汉字来音记极其生硬的马来语,没有显示两个人的完整姓名。

所谓牟良叔舍,据推测应该是听到佛朗西斯科(Francisco)这个名字后,用汉字写了下来。第二个看起来好像姓与名都有,喜利志多应该是名字。但其实喜利志多的名字并不存在,我认为大概是 Cristóvão 的奇怪的音译。侘孟太可以确定是达·莫塔(da Mota)。如前所述,《铁炮记》中的两个人,一个的姓是佛朗西斯科(Francisco),想必佛朗西斯科·某某说过自己的姓,但是五峰不知道这个姓,所以缺了姓。另一个姓名应该是比较常见的,但是这也可能是与三个人中其中一个的名字混淆而来,必须要考虑到这种情况。的确五峰的马来语不太好,葡萄牙人等也可能听不太懂,在这基础之上再用汉字来音译,是极其不确定的。

根据平托的说法是三个人,除了平托自己之外还有两个人,分别是克里斯托万·博拉略(Cristóvão Borelho)和迪奥哥·扎依莫托(Diogo Zaimoto)。然而博拉略和平托这两个人,除《巡回记》以外完全没有史料。克里斯托万(Cristóvão)这个名字,虽然《铁炮记》中出现了,但除此之外亦再无史料。另外,虽然平托提到扎依莫托(Zaimoto)的名字是迪奥哥(Diogo)，但加尔班和库托提到的名字是佛朗西斯科(Francisco)。

　　按上述情形，扎依莫托(Zaimoto)的后面站着加尔班、库托、平托三个证人，与之相比，其他名字的证人情况都不太理想。达·莫塔(da Mota)有加尔班、库托、文之三位证人，但是文之提及的是喜利志多侘孟太，即达·莫塔(da Mota)的名字是克里斯托万(Cristóvão)，与加尔班、库托不同。文之还提到姓氏不详的佛朗西斯科(Francisco)。这样来看，首先只有达·莫塔(da Mota)和扎依莫托(Zaimoto)是成立的。然后，第三个人的姓名非常困难，加尔班称之为佩肖托(Pexoto)，库托称之为佩伊肖托(Peixoto)，但这两个差不多是同一个姓，暂先存疑。不幸的是文之、平托都没有提到这个姓氏，文之从一开始就只提及两个人，所以不知道第三个人的名字，平托虽然提到有三个人，但除平托自己这本书以外，找不到博拉略(Borelho)和平托自己名字的其他出处。我们私下想一想，博拉略(Borelho)或许是排印错误，那时葡萄牙领印度的财务监督叫作思矛·博特略(Simao Botelho)，博特略(Botelho)和博拉略(Borelho)仅仅只是 t 与 r 的区别。原本假名中 t 与 r 就极其混杂，所以我想可能是排印错误。如果真的是博特略(Botelho)，恐怕是当时的财务监督家族的人。但是其他提到这个人到种子岛的证物一个也没有，所以无法就此进行论述。至于作者平托，除了本人以外没有一个证人。不仅他本人的姓没有出现过，他姓名中的费尔南(Fernão)、门德斯(Mendes)，都未曾在其他记述中出现过。平托完整的姓名是费尔南·门德斯·平托(Fernão Mendes Pinto)，至少应该出现其中一个，但如上所述，从未在他人著述中出现过，真的非常可疑。

　　这么说来，对于平托，虽然的确像是过分的告发，但我们怀疑的是，平托从安东尼奥·佩肖托(Antonio Pexoto)那里听闻了种子岛的事迹，在当事人死了之后暗自庆幸，便将其事迹作为自己的事迹大加吹嘘。不可思议的是在《巡回记》中，著者的姓名从来没有出现过，这是无论如何也难以理解的。平托原本是海贼，应该是对欺诈、抢劫毫不在意的人。即使我们把疑问告诉他本人，本人应该也不会特别生气，毕竟对于那个时代的葡萄牙人而言，杀人抢劫为武士风气，是轻而易举的事。这也是我们如此怀疑的原因之一。

假设事情果真如此,也就是综合加尔班、库托、文之三人的证言,达·莫塔(da Mota)、扎依莫托(Zaimoto)、佩肖托(Pexoto)这三个人到达了日本。但是文之提及达·莫塔(da Mota)的名字不是安东尼奥(Antonio)而是克里斯托万(Cristóvāo),没有提及扎依莫托(Zaimoto),列举了一个叫作佛朗西斯科(Francisco)的人;至于平托,文之从头到尾都没有提及,加尔班和库托也佐证了这一点。

大体便如上所述,至于文之为何说达·莫塔(da Mota)的名字是克里斯托万(Cristóvāo),这一点尚未辨明,还须更进一步研究。总之本题是从六等乃至七等史料中推论,结果称为"未详"是最正确的。所谓未详,的确让人遗憾,不过正如前面所述,未详原本就是指难以决断的程度。

关于西洋人来日本的事,我曾经以《铁炮传来考》为题在《史学杂志》第三编二十九号、三十号、三十一号连续刊载,当时还没有看到加尔班的《世界发现记》,观点与现在稍有不同。而且《杂志》刊载的论文中,葡萄牙人的姓名等也有错误的读法。兹在此顺便订正,敬祈拨冗垂阅。

2. 唯一史料的情况

对于史学事项而言,有相当多的唯一史料的例子,必须特别注意相关心得。所谓唯一史料,即无论地理、建筑物、物品还是书籍,证物都只有一个。这种情况下,第一步要对这个唯一的史料进行彻底的研究。本来就是唯一的物品,必然没有其他可以比较之物,如书籍是否为误脱等,无法校订,辨别非常困难,因此首先必须彻底地研究这个物品的性质。

如果以尽可能简单的情况为例,首先是书籍。兹有一篇关于某个史学事项的记事,但这个记事只有一篇,其他书籍中没有类似的记述。那么,就要对这篇记事的制作年代、场所、著者进行极其精密的调查。假设发现年代、场所、人物存在疑点,就要对疑点仔细斟酌后再阅读记事。如果作者非常可疑,就要从根本上抛弃这则史料,虽然根据情况的不同,有时也可以作为参考,但这则史料已不再重要。

因此,唯一史料能被纳入史家研究的情况,只限于这则史料是"确实"的前提。如果这一类的史料,事先已完全确认可然程度,那么当前只能接受并以之作为论述的证据,按此流传下去。他日如果出现新的史料,提出新的证据,那么到那时才会出现不同的说法。如果最后不得不变更说法,对史家而言也绝非耻辱,一切都是科学研究的结果,都是万不得已的决定。

如果可然程度再下降几分,如果还有些许怀疑的余地,务请再仔细斟酌,也做好日后新史料出现的准备。

心得大体如此,究竟应当如何,视当下的具体情况而定,不能预先提出精密的方针。接下来列举一两个实例来进行说明。

第一例:

居住在意大利南方的部落,与拉丁姆(Latium)人大致属于同一人种,又与罗马人往来极为密切,被称为桑尼特斯人(Samnites)。根据一般历史书所写的内容,他们是非常纯朴的武士,以游牧为业。即便是罗马人,也要服从于桑尼特斯人,否则就要被他们灭亡,为此经历了很长一段时间的苦战。翻阅常见的教科书,也能很容易地了解这方面的内容,然而,桑尼特斯人的文化程度究竟是怎样的,一向都不太清楚,甚至在有的记述中他们是未开化的状态。

关于桑尼特斯人的文化,有唯一的史料。那是位于南意大利帕埃斯图姆(Paestum)附近,即桑尼特斯人的占领地,那里有桑尼特斯人的坟墓。近年发掘之后得到了几张壁画,因为非常古老,剥落得很厉害。壁画是油画,应该是当时希腊式的画,画面的内容是军人凯旋,既有骑马的也有徒步的,还有妇女站在家门前等待军人回来庆祝的身姿。

从他们的武装来看,完全是希腊式的甲胄,拿着的长矛是先前固有的东西。希腊式的甲胄在南意大利屡屡被发现,有实用和仪式用两种,精巧的程度差别很大,但形式上是固定的。桑尼特斯人的壁画上是实用的甲胄。又从妇女的服饰来看,是纯粹的希腊服饰。这么来说,桑尼特斯人虽说生活在内地,但必定与移民到海岸边的希腊人有交通往来,所以很早就接受了希腊文化,以至于服饰都是完全的希腊审美。如果服饰是希腊审美,其他方面也必定受到希腊的影响,绝不可能是未开化的文化。这是基于唯一史料壁画的考证。

第二例:

关于瑞士共和国建国于何时,只能根据唯一一份古文书,即瑞士共和国建国的盟约书。令人不可思议的是只留下了这样一份史料，而且只有一份原文没有其他任何写本。这个盟约书一直到百余年前都被秘密藏于施维茨（Schwyz）的记录仓库中，瑞士建国后的五百年间谁都不知道它的存在。瑞士共和国的古文书、古记录中完全没有提及这份盟约，更遑论外国的古文书、古记录。这背后的原因错综复杂，调查一下的话其实不足为奇，但第一次发现这个古文书之时，当时人们惊讶的程度，以今天的立场几乎无法想象。

　　这份古文书的日期是 1291 年 8 月 1 日，这是一份记载了施维茨（Schwyz）、乌里（Uri）、翁特瓦尔登（Unterwalden）三个地方结为同盟，为了不被奥地利家族吞并而谋求自立的宣言书。基于某种原因，宣言书没有任何抄本，被极秘密地保存着，与之相关之物也被视为国家大事，谁也不对外提及此事，坚守秘密。因此如上所说在瑞士的古文书、古记录中完全没有泄露这个秘密。

　　当时这三州的重要人物如此坚守秘密的重要理由，无疑是忌惮奥地利家族的威势，防祸于未然，担心公开发表会导致事情失败。1291 年 8 月 1 日这一天，从其他方面来说也是需要注意的一天。之所以这么说，是因为神圣罗马帝国皇帝鲁道夫一世在这一年的 7 月 15 日驾崩，他的嗣子阿尔布雷希特（Albert）没能顺利地继承帝位。阿尔布雷希特（Albert）这个人，不仅是人中豪杰，不失时机地扩张奥地利家族领地，招降纳附，而且政治方面也相当老练。所以施维茨等三州因为势力弱小，不得不暂时隐匿盟约。1298 年阿尔布雷希特终于登上帝位，皇帝阿尔布雷希特比之前的奥地利公爵阿尔布雷希特威势更涨，三州于是更着力于隐藏秘密，这是显而易见的。这是瑞士共和国建立的盟约书即宣言书被秘密埋葬，直至百余年前才为人所知的原因。

　　1308 年皇帝阿尔布雷希特遇害，接着神圣罗马帝国出现内乱，直到 1314 年巴伐利亚公爵路易斯即位，三州才得以喘息，公开与奥地利家族为敌。特别是在 1315 年 11 月 15 日莫加藤（Morgarten）大败奥地利大军之后，瑞士共和国对奥地利家族更无忌惮，公开地发表了详细的宣言书，而之前的秘密宣言书，因为没有再发表出来的必要，自然地作废了，或者说已经沦为废纸。所以只是郑重地保管起来，没有抄写任何抄本,更遑论印刷,就这样一直流传到后世。

关于瑞士共和国建国的情况,近四十年来,瑞士的史家一直呕心沥血地研究着,承受着来自教育学界以及社会层面的各种猛烈抨击。幸而在严谨的科学调查基础上,现在已明确了瑞士建国的历史。1891 年8 月1 日瑞士首次举行了建国六百年大典,公开承认建国的年月日,这是基于各种研究之后的结果,也就是说,那唯一一份的古文书,提供了不容辩驳的证据。与之相随的是,三百年来流传着的各种荒诞不羁的传说、杂说被一扫而光,不再出现于严肃的著作之中。

像这样唯一一个古文书给一个国家的历史带来如此巨大影响的例子屈指可数,目前以这个例子最为显著。兹附写真图如下,敬请观阅,并作为欧洲古文书的一个标本。

这是古文书作为唯一史料的考证。

第三例：

正庆元年（1332）即元弘二年年末，大塔宫护良亲王从摄津国向山崎街道进军，计划占领山崎①，切断京都的咽喉。这件事证明了亲王作战计划之宏大，不过综合其他事情来看，这其实是楠木正成的谋划。这一事实只有唯一一个古文书，也就是重大事实只有唯一一个古文书才能证明的案例。

这个古文书是一封书信，由叫做日静的和尚寄出，收信人姓名的地方破损而看不到姓名，但是日期残留下来，是12月16日。信保存在上总的茂原町藻原寺，背面写着《金刚集》的经文，已证实是普通的《金刚集里书②》之一。作为经卷装订之时，因为要裁切书页下方，有一个字到两个字的部分被裁切掉了，导致文字无法完整识读，但大体明白其含义。信的开头没有破损，总之是一封很长的信，写了很多事情。这里只择取观察与本题有关之处。

> 九日起，京中以外地方发生骚动，阿贺川朝敌满目，正攻入山崎之间，宇津宫③、赤松入道④派遣射手立刻反击，（朝敌）于是转移至仁定寺（忍顶寺）武装城廓以笼城，结果在宇津宫的猛击之下，昨日即十五日陷落，死伤惨重。此乃大塔宫所为，是时京都各处每天抓捕的人不计其数。

这也是古文书作为唯一史料的考证。

第四例：

同样是大塔宫的事迹，与第三例有一些关联，亲王在同年夏天，以熊野为根据地，遭到伊势的袭击。这件事记载于光严天皇《宸记》中，是在具注历行与行之间的简单记述，⑤只能知道大概要领，所以下面只摘

---

① 山崎，大山崎町，位于京都南部。
② 里书，这里指在经文背面书写注释、说明。
③ 宇都宫公纲（1302—1356），原名高纲，镰仓时代后期到南北朝时代的武将，宇都宫氏第九代当主。被名将楠木正成评价为"坂东第一弓取"，以令人害怕的英勇而著称。"宇都宫"又写作"宇津宫"。
④ 赤松则村（1277—1350），法名圆心，镰仓时代到南北朝时代活跃的武将。
⑤ 《光明天皇宸记》，北朝第二代天皇光明天皇的日记，从建武四年（1337）到贞和五年（1349）。这里所谓具注历，与中国的具注历相似，历法以阴阳五行为基础，注明吉凶判断。日本自奈良时期开始形成在具注历上书写日记的习惯，至平安时代具注历为便于记事余白部分扩大，代表者如藤原道长《御堂关白记》即书写在具注历之上，《宸记》亦是如此。

录必要的部分。

> 自熊野山执进,大塔宫令旨相凭当山旨云云（〇正庆元年六月六日条里书）。

> 宜阳门院御忌日,佛事如例不向六条院,世间不静之故也,大塔宫等隐居京中旨风闻,仍武家楚忽超帽子云云,依是所所多喧哗云云（〇同八日条）。

> 传闻伊势国有枭恶之辈成乌合之众,追捕所所,其势甚多云云,仍武家差使者令实检云云（〇同廿六日条）。

> 势州凶徒尚以兴盛旨风闻,或云,合战地头等多被诛戮之后引退云云（〇廿八日条）。

> 武家差捡使上洛,申词不违风闻之说,凶徒合战之间,在家多烧拂,地头两三人被打取守护代家所被烧了,其后凶徒等引退了,云云。是自熊野山带大塔宫令旨,竹原八郎入道为将军袭来云云,惊叹不少（〇廿九日条）。

这是记录作为唯一史料的考证。

史 料 的 整 理

以上大致讲述了考证的心得。当然,如果要详细说明,各种类的史料都要一一列举实例,逐一阐述其批判的方法、分析的方法,但是讲义终究以简单为宗旨,所以概述到此为止。接下来开始对已经结束的批判部分进行整理。

所谓批判部分已经结束,类似于对已经彻底了解其出身、经历、品质的人物,知晓每个人的作用,将他们分配到适合他们的各种重要职务上,有了完全委托的觉悟,没有任何怀疑。

然后,对批判完成的史料进行整理。为了便于取出,最简便的做法是将每个史料都写在分散的纸上,或按照时代,或按照地点,或按照事项等类别暂时装订起来。完成这样的工作之后,当需要唤出证物时,就是非常便捷的分类。

在分类的方法中,最常见也最常用的是所谓时代的分类,据此而整理出来的结果称为编年史料；选定研究问题进行调查时，事项的分类就非常有用，这种情况下，从编年史料中选出与此问题相关的部分，将其归纳整理即可，如果硬要给它命名，应该称为本末史料；又研究一个地方的历史时，需要按照场所的分类来进行整理，这种情况下，选取编年史料中与目的地关联的史料归纳整理，整理出来的史料即地方史料。正如所见编年史料是所有分类的基础。所以编年史料又可以称为史料的总账。

不论编年、本末、地方有何差别，整理好的史料一般简单地总称为"史料"。帝国大学《大日本史料》所谓的"史料"就是这个意思，即日本有关的编年史料的意思。仅仅是史料，完全没有对事情是非曲直的观察，也没有做任何推论。虽然附有概要，但只是列举几条史料的要点，对于原本的史料而言，没有概要也无妨，不过是为了研究者方便，可先将其视为与索引同等之物。

一旦整理好史料，就达到了考证的目的，接下来应该着手于历史的编纂。历史编纂并非易事，要按照脑海中的顺序逐步推进，每一步都不容疏忽。

《考证编》先到此结束，接下来进入《史论编》。

史论编

总　　论

　　所谓"史论编"，效仿"考证编"之例使用了通俗的说法，确切来说，称之为"解说编"更好。解说是指，在已取得的各个零散的、已被证明的事实的基础之上，对其相互的关系进行详细的调查。看似零散的事实之间，是否存在实际的联系？基于联系而构成的整体揭示了怎样的事实？国家、社会的发展有哪些路径？如果顺利地揭示了国家、社会的发展路径，那么由此可以大致确定未来的发展道路。

　　当然，在作为活物的国家或社会之中，不知何时会发生什么样的变化，不知会蒙受周围环境什么样的影响，实际情况非常复杂，所谓预测未来的发展道路几近于空想。但一般而言，在作为活物的国家或社会之中，应当不会有突如其来的重大变化。因此，仅就大致而言，可以预测未来的发展道路。诚如前已提及，这是极其大胆的事，史家不太喜欢预测，不得已而为之才设定条件，针对需求进行预测。

　　将史学应用于实际的政治家们，总是会预测国家、社会未来的道路，并据此进行规划，这便是所谓政治家的经纶。如果没有史学的经验，所谓政治的经纶就不会出现。最近在某个场合上，听闻大隈伯爵①曾在这一方面引起当时政治家们的警戒。正如所说，预测本身危险至

①　大隈重信（1838—1922），日本政治家、教育者。幕末佐贺蕃武士出身，维新后因外交手腕展露长才，成为明治政府中央首脑之一。历任参议、大藏卿、内阁总理大臣（第 8、17 代）、外务大臣、农商务大臣、内务大臣、枢密顾问官、贵族院议员等，对明治初期的外交、财政、经济产生了重要影响。同时作为教育者积极活跃，创立东京专门学校（早稻田大学前身），担任第一任校长，并参与了日本女子大学的创立，推动了立教大学的早期发展。

极,现实的发展往往出乎预料、事与愿违。果真出乎预料的话即是预测的大失败,这是非常可怕的事,有时候会对国家、社会造成极大的危害。正因如此,平庸的政客们只会做眼前的工作,根本不会谈及所谓的经纶。总之,没有史学心得的人妄作经纶不堪设想,这样的人倒不如坦率地说:所谓经纶是我等无法企及之事,我等微末渺小,只是做好每日工作的小人物。

刚才说到了史学的应用,但这属于另一个问题,接下来谈谈"解说",即史论如何达成。

史论同考证一般,有各种复杂的步骤,绝不是一边抽烟一边空想就能推论出来的。首先,如上所述,我们必须设法把分散的各个事实按某种方式排列起来,以便发现它们彼此之间的联系。这个步骤叫作解释。其次,如果事实以某种方式组合在一起,大势会显现出来吗?表面上看起来是千状万态的各种小事,如何才能揭示出潜藏在其底部的重要事实?这个步骤叫作综合。再次,如何运转如同化石一样只残留形骸的事实?换言之,要设法把已成为化石的东西,变成原来活着的动物,还原其活动、工作、衰败、死亡的实况。这个步骤叫作复活。

除此之外,还需要其他步骤。无论是什么史学事项,都是发生在国家、社会中的现象,对于国家、社会的发展而言,这些事项究竟占据怎样的位置?对整个国家会产生怎样的影响?影响整个社会的势力又是怎样的,是昙花一现,不久就发生势力的转移,最终变为其他势力?还是数百年之后依然存活的势力?必须对这些方面进行观察研究。到这一步,问题已然非常深邃,几近于哲学,即史学与哲学的联络点。因此,哲学领域对如此深邃的问题插手是被允许的。或者不如说是史家的希望,请哲学领域对这些深邃的部分倾注其力所能及的力量。

大致过程的讲述便到此结束,接下来就以上所说的各个步骤,分别来谈一谈。

解　释

所谓解释是指什么,在《总论》部分已经说明,此处无须赘述,总之所谓解释,从搜集材料开始之时就已经存在。一般得到一个材料,如果想知道它是否能成为"材料",就必须思考这个材料所能提供的事实。这在《考证编》中已有详细阐述,《材料编》中也有大致调查。纵使没有专门讲述,但实际上不知不觉间已经涉及。史家的头脑中原本已有许多知识,即使没有留意,只要看到材料,头脑中的知识就会自然地、不知不觉地将其与之前出现的材料联系起来,解释在此刻便已经出现。到《考证编》所提到的批判时,需要明确地做出解释,根据情况,有时还需要给出极为深刻的解释。例如极其复杂的赝品的场合,史家不得不做出细致的解释,否则便无法对其进行批判。因此,到了《史论编》,解释又被重新推戴出来,但实际上解释早已开始,《史论编》中不过重新陈述解释的心得。

关于解释,最重要的心得是,经过考证而确定的事实都是基于人为的证物而成立的,因此,必须注意到每个事实的情况都各有不同。正如常常提及的社会中的人,虽然在一个时代里都有着大同小异的思想,但这是平均的说法,如果具体到每一个人,思想则千差万别。所以不得不假定每个事实都是千差万别的状态,决不能取其平均基于演绎法来进行推论。这正是解释困难之所在,必须一一调查每个事实特殊的性质。

例如极简单的情况,即根据书籍获得的事实,必须预先了解书籍即证物制作年代的固有社会情况,必须预先知道制作场所的固有社会状态。另外,作为制作者的人物是怎样的风格,与同时代平均的人物风格相比有哪些不同。慎重起见,必须考虑到还有一种情况,即在众多时代里也完全没有先例的人物风格,总之存在各种错综复杂的困难情形。

如语言便因人而异。有人不使用同时代一般通用的语言,而是使用自我任性的语言,写出同时代的人也应该看不懂的文章。书写方式也是如此,有人写出让同时代人都吃惊的文字。大久保忠教①就是此类人物的其中一员,写了非常奇怪的文章,使用了奇形怪状的汉字、不可思议的假名。粗略阅读的话,写的东西几乎不能理解,但若仔细调

① 大久保忠教(1560—1639),战国时代至江户时代前期的武将,江户幕府旗本,德川氏家臣,作为《三河物语》的作者而广为人知。《三河物语》是大久保为予子孙的家训,记录了主君德川氏天下一统的事迹,以及大久保一族的历史与功绩,揭示了江户初期谱代武士的生活及思想。书中使用混杂假名的独特表记、文体,是研究该时代口语体的珍贵资料。

查,也没有那么奇怪,还是可以解释的。原来这是从室町时代到江户时代僧侣们习惯使用的一种奇妙汉字,并非大久保的新发明。但是用三点来代替普通的浊音符,我想是大久保的个人创造。这一类人在任何时代都可能存在,需要逐一进行调查。调查要参考当时社会语言使用的一般情况,阅读同时代的所有文献,几乎是不可能完成的任务。幸运的是这一类人无论在哪个时代都不多见,普通人一般使用同时代通用的语言,所以大致可以把那个时代的通用情况作为标准来进行解释。当然有时会出现例外,给史家增添了不少麻烦。

至于古文书,与一般书籍不同,例外的情况太多了,几乎每人每家都各有特色。有人文章流畅,有人字句佶屈聱牙。又从书法风格来说,有人书法风骨独特,也有人书法好似没有生气的铅字。因此古文书的解释,比记录的解释更加困难。

仅仅是文章、用语、书法已如此困难,如果考虑更多方面,则解释也更加困难。所以,学识越是渊博,解释越不容易出错;反之,用不成熟的想法来迂阔地解释,实际上是非常危险的。

至于物品,解释起来比文献更麻烦,即使相当老练的人也容易犯错。如果是物品,首先必须广泛搜集备齐同类物品。然而要将同一类物品备齐并非易事。必须先找出问题相关的物品在什么地方,然后就要出去搜寻物品,就得去旅行,既要耗费时间,又要花费金钱,光靠热心是不行的。如果是文献,可以依靠在各个地方的朋友,通过书信或者其他方式联络取得,在书桌上花费一些时间就可以搜集到资料,物品则完全不能使用这样的方法。朋友写来的报告文章,几乎是无益的,必须亲见事实,实地调查,因此非常麻烦。

前面讲到的铜鼓,鼓面中央是光线形成的星星模样,人们一直颇感为难如何解释,这便是一个例子。如果见过几个铜鼓的光线是十二条,便立即认为这是太阳的形状,十二条光线表示十二个时间,然后基于这个推论认为这就是祭祀太阳的祭器,其实是相当错误的,这就是没有广泛搜集器物而出现的类似错误。

又同样的例子,如日本古坟出土过几百个曲玉,曲玉穿了孔,为了让细绳穿过,孔通常是圆锥形。之所以如此,是因为使用了某种坚硬的石材钻孔,应该是用非常粗糙的锥子钻出来的孔,两侧的锥形都是自然的结果,圆锥形孔的顶点连在一起,使中轴成为线一样的风洞。由此可以推论,曲玉的孔应该就是这样的形状,如果后世的赝造品不是这样的形状,便很容易解释其何以为伪。一直到最近为止,我们的认知都是如此,认为孔的形状是鉴定真伪的关键之一。然而根据最近的发现,曲玉的孔未必都是上述的形状,比如在芝丸山古坟中出土的曲玉便是圆筒形的孔,这是一个让考古学专业人士震惊的标本。

因此,如果想要安心,对于一类物品必须力所能及地搜集。当一件不落搜集齐全的时候,尝试对其进行解释自然没有问题,但是正如刚才的例子,想要达到一件不落的程度是不现实的,如果要一直等待那一刻的到来,那么即使再过几百年,也解释不了。

所以在不得已的情况下,虽然搜集尚不完全,也只有抱持他日再做订正的觉悟,以假定的方式提出解释,除此之外别无他法。因此,通常基于今时今日的程度来进行解释,这不仅是考古学方面的原则,也适合于所有史料解释的原则。一切都基于今时今日的知识限度。

更进一步,古传说的解释困难程度又更上一层楼。倘若捏造理由来进行解释,就会出现各种歪理,十个人诡辩的话,就会出现十种解释。所以什么解释是最好的,完全无法判断。正确地说,对古传说的解释,显示了一个时代的平均智识,随着时代的变迁,随着平均智识的提高或降低,每每旨趣都会发生变化,解释各不相同。

例如《日本书纪》神代卷中,有一个叫作泉津平坂的地方。所谓泉津平坂,是指从显国到泉国的关口。根据神代卷的意思,只能解释为太古人认为在实际地理上确实存在这样的一个关口。然而,古往今来的学者们却不采取这样的解释,而是牵强附会地说"所谓泉津平坂者,不复别有处所,但临死气绝之际是之谓欤"。这终归是因为既没有仔细研究过神话的性质,更不知宗教学的学问,即是说,以王朝①汉学者的平均智识,捏造了一个听起来有道理的说法。另外时至今日,也有一派学

---

① "王朝",指与武家政权时代相比,由天皇统治的"王朝"。王朝时代即日本历史上天皇拥有政治实权的时代,包括奈良时代与平安时代,狭义上多用作平安时代的别称。近代以降主张 10 世纪到 11 世纪的国家体制(摄关政治、院厅政治)有别于王朝国家的律令制,因此,王朝时代又主要指律令制时代,所指时代区间发生了些许变迁。

者将神代卷打扮成真实的历史来予以解释，在我看来，这种做法仍然在王朝时代的平均智识上止步不前。如果稍稍调查一下印度、埃及、希腊、德国、俄国、南洋流传的神话、古传说，当即便知。

事实上，没有比解释古传说更难的了。但是，如果是真实的古传说，如果是从时代不明的太古流传到今天，那就是太古时代国民的平均智识所显示出来的东西，国民心理的渊源实蕴含于其中，有必要对其进行深入的研究。但解释起来是非常困难的，且举一两个实例。

第一例：

《史征墨宝考证》第二编第二卷①，太田资长入道道灌②筑造江户城的目的如下所述：

> 江户筑城之初长禄元年（1457），涉川义镜为征讨成氏而东下之时，义镜在武藏国蕨城，持朝在川越，资清在岩付，资长在江户同时筑城，《镰仓大草纸》中记载四城连接横断武藏国，以抵挡成氏。而《永享记》《小田原记》诸书中，或称因神灵托梦而筑城，或称因名为九城的鱼寓意吉祥，而筑造江户、川越、岩付、钵形等九城，这些都是妄诞之说。又《落穗集》中称其地为千代田、宝田、祝田三村，但在《关东古战录》中千代田等是筑造奉行的姓氏，因此又有千代田城等称呼，其事不确。德川氏开府后，有好事家托故祥瑞，开始称之为江户，根据《梅花无尽藏》《江亭记》等，又略称为江城，（长状、桥场总泉寺文书）又称为平河城（《平河天神栋札③》），其地在江户太郎重长的馆址。

这里看到的持朝是上杉扇谷持朝，资清是道灌的父亲。④ 根据《镰仓大草纸》，这是为了防止足利成氏而修建的城寨之一，这个解释理所当然，

---

① 参见《太田道灌笔》，帝国大学编年史编纂挂编：《史征墨宝考证》第 2 编第 2 卷，大成馆 1889 年。

② 太田道灌（1432—1486），资长为讳，入道为尊称。日本古代公家、武家出家者众，多以"入道"为尊称，即出家入道之义。入道多用来指在家出家者，或位阶三位以上出家者。道灌是室町时代后期的武将，武藏守护代扇谷上杉家的家宰。因建造江户城、川越城等名城而享有盛名，同时也被视为当时一流的学者，尤擅长和歌，最后因死于谋杀而富于悲剧意味。

③ 栋札，即上梁记牌，日本称栋札。指东亚建筑在举行上梁仪式时放置在屋内高处的牌子，或嵌刻在栋木上的木牌，记载工程缘起、年月、建筑者和工匠姓名。既有简洁的，也有详细记载的，也有图案的，种类繁多。

④ 成氏，足利成氏（1438—1497）；持朝，上杉持朝（1416—1467）；资清，太田资清（1411—1488）。

从地理上看确实如此。当时的利根川与现在不同,沿着川俣、今天的会之川、古利根川、古隅田川向南入海,恰巧成为上面列举的四座城寨的天然外壕沟。从之后太阁秀吉的城寨设计图来看,与德川家康城寨的目的完全不同。

第二例:

有一本略称为《日本灵异记》①的古书。原本是虚构的故事,如标题所示是为了向信徒灌输佛教的灵异而写就,不是为了讽刺批判当时的社会。然而这本书是弘仁年间奈良药师寺的僧侣景戒所写,正好是窥探奈良末期平安初期社会真实情况的史料。下面且看看这本书当中的一个故事。

> 第廿四《阎罗王使鬼得所召人之赂免缘》

> 楢磐岛者,诺乐左京六条五坊人也。居住于大安寺之西里。圣武天皇世,借其大安寺修多罗分钱卅贯,以往于越前之都鲁鹿津,而交易以之运超,载船将来家之时,忽然得病。思留船单独来家,借马乘来。至于近江高岛郡矶鹿辛前,而眷之者,三人追来。后程一町许。至于山代宇治桥之时,近追附,共副往。磐岛问之:"何往人耶?"答言曰:"阎罗王阙召于犹磐岛之往使也。"磐岛闻问:"见召者我也。何故召耶?"使鬼答言:"我等先往汝家而问之。答曰:'商往未来。'故,至于津而求。当相欲捉者,有四王使,誂言:'可免。受寺交易钱,而奉商故。'故暂免耳。召汝累日,而我饥疲。若有食物耶?"磐岛云:"唯有干饭。"与之令食。使鬼云:"汝病我气,故不依近。而但莫恐。"终望于家,备食飨之。鬼云:"我嗜牛肉味,故牛肉飨。捕牛鬼者我也。"磐岛云:"我家有斑牛二头。以之进故,唯免我也。"鬼言:"我今汝物多得食。其恩幸故,今免汝者,我入重罪,持铁杖,应所打百段。若有与汝同年之人耶?"磐岛答言:"我都不知。"三鬼之中,一鬼议言:"汝何年耶?"磐岛答云:"我年戊寅也。"鬼云:"吾闻,牵川社许相八卦读,与汝同有戊寅年人。

---

① 《日本灵异记》,全名《日本国现报善恶灵异记》,日本最早的民间故事集,药师寺僧景戒所著。据序及本文,一般认为是弘仁十三年(822)成书,以变体汉文记述,上中下3卷共计116话。初衷仿中国之《冥报记》《金刚般若经集验记》记述日本民间故事,但仍有部分故事源自中国。故事宣扬佛教精神,围绕着因果循环、善恶有报撰写,强调"善有善报,恶有恶报"。

宜汝替者。召将彼人。唯汝飧,受牛一头也。为令脱我所打之罪,
呼我三名,奉读金刚般若经百卷。一名高佐麻吕,二名中知麻吕,
三名槌麻吕。"夜半出去,明日见之,牛一死也。磐岛参入大安寺南
塔院,请沙弥仁耀法师,未受戒之时也。语欲奉读金刚般若经百
卷。仁耀受请,经二个日,读金刚般若经百卷讫。历三个日,使鬼
来云:"依大乘力,脱百段罪,自常食复倍饭一斗而赐。喜,贵。自
今以后,每节为我修福供养。"即忽然失。磐岛,年九十余岁而死。
大唐德玄,被般若力,脱阎罗王使所召之难。日本磐岛,受寺商钱
脱,阎罗王使鬼追召之难也。"卖花女人,生忉利天。供毒掬多,返
生善心"者,其斯谓之矣。

　　正如所见,这是圣武天皇时期的故事,当时的大寺与实业家之间的关
系、僧侣们弘扬佛教的手段、当时的社会理想等,被赤裸地讲述出来,非
常有趣。即便我们不费口舌,读者想必也能领略其意。圣武天皇时期,
佛教势力初次大规模地对日本社会产生影响,这个故事显示了当时社
会的真实面貌。

　　一切新宗教,在一国国民中开始传播之时,都显示出相似的社会面
貌,欧洲亦如是。

　　例如伦巴第人(Langobardi)在意大利北部建立国家,逐渐南下的
时候,开始信奉基督教,成为非常虔诚的信徒。与此相同,法兰克人建
立国家之后,受到基督教的感化,以惊人的热情倾注到这个信仰中。又
如罗马的城外有一个圣塞巴斯蒂亚诺地下古墓(Catacombs of San
Sebastiano),在地基之下遍布如同矿山的矿道,挖掘出了三层的、五层
的地下空间,墓穴的两侧挖出了好几层的横穴,这里是埋葬很多人的共
同墓地。

　　圣塞巴斯蒂亚诺地下古墓作为史料非常有趣,此处暂先不论,总之
是罗马时代即 4 世纪以前基督教教徒的共同墓地。为了信仰而舍弃性
命的所谓殉教者的遗骨,相互交错在一起。罗马僧侣的坟墓也在其中。
当时认为基督教中有名教徒的遗骨是非常珍贵的遗物,所以遗骨被毕
恭毕敬地安置于寺庙中以供信徒参拜,成为吸收香火钱的重要道具。
其中价值高昂者,有名信徒的一片骨头就价值数千金。

伦巴第人虽然是虔诚的信徒,但也认为这是一项赚钱的工作,将这个地下古墓视为金库,大量输出遗骨。先是出口到了欧洲,特别是法兰克人兴高采烈地大量买入。不管是谁的骨头,只要取最尊贵的人的名字即可。所以胡乱附会高僧的名字,煞有介事地开龛,向参拜者展出。这样一来,尊贵的高僧遗骨们集中在一起,声势浩大,开龛的香火钱用手都数不过来。这种说法极其夸张,但我认为里面有几分事实。诚然有各种虚构的故事、地狱的传说、愚蠢的说法,但是都不及上面引用的这个故事如此残酷无情。

同样地,从奈良兴盛时期到平安初期的日本社会的真实状况,如果用今日流行的语言来说,极端腐败,遍布蛀虫,委实令人吃惊。如果读一读久米邦武氏的《古文书学讲义》第廿二节,题为《辨明古代财产》,就可以清楚地知道《日本灵异记》上面的故事绝非虚假。

综　　合

如果解释已经结束,接下来的顺序,就是要对已完成解释的分散的事实,进一步地精密调查。虽然在解释之际已经多少将事实联系起来,但总体而言事实仍是分散的,还未被归结到一起,还未组合为一组事实,所以必须将其汇总组合起来,尽可能地汇总为一组更大的事实。然后,仔细留心在这一组事实的底部,是否还隐藏着重要的事实。

要实施这个计划,首先需要学术的直觉。所谓学术的直觉,即学问上的机敏,对于没有练习过的人来说一下子注意不到的事,能一看到就留意到,即所谓洞悉其意或读透字里行间,这一点对于任何学问而言都是必要的。举一个极近的例子,牛顿见到熟了的苹果自己落到地上,解释说苹果不是自己落到地上,而是大地吸引苹果落地,同理,进一步联想到各种行星都受太阳的吸引。即基于对苹果落地的事实解释,首次综合出行星受到太阳引力牵引。像这样一旦有了想法,剩下的事就很轻松了。

史学的解释综合也是如此,必须要有高明的认识。这需要熟练,但不管如何熟练,也并非是谁都能做到,一定程度上还必须要有特别的才能。因此，即使想要如实地说明综合的步骤，也很难实现，兹列举实例以说明，希望大家熟读实例，逐步练习。

第一例：

所有战争史都是以比较单一的研究步骤完成的，但其中也有因为缺乏史料或因为史料出现分歧而难以知晓真相的情况。这种情况，古战场的实际地理是一等史料，然后调查当时的战术是怎样的，将其作为二等史料，进一步挖掘主将、参谋长等人物，研究这些人的谋划、策略，将其作为五等史料，普通流传的史料被视为六等乃至七等史料，最终形成观点。如此复杂的战争史情况，日本可能没有，但欧洲有。

登载在《史学杂志》第七、九、十号上箕作元八氏《森帕赫（Sempach）战争的真相》的论说，便是非常复杂的综合，是极其困难情况下的战争史考证的最佳范例，希望大家读一读。又我们曾说到过的莫加藤战役，有相关论文刊载于同杂志第八编的九号、十二号，第九编的三号，也是非常复杂的战争史考证，史料残缺不全，各种说法分歧不一，更糟糕的是经过年代变迁，一个古文书都没有留下来，实在让人为难，其困难程度丝毫不亚于森帕赫战争。那么考证的结果是什么呢？奥地利军队的作战计划是包围攻击施维茨、乌里、翁特瓦尔登，不幸的是最先在莫加藤就受到了重创，计划于是泡汤。这与普通流传的莫加藤战役的说法大大不同。这也是综合得非常好的一个例子，请大家读一读。

这两个都是战争史方面综合的范例。

第二例：

久米邦武氏《明经学在政治上的结果》，登载于《史学杂志》第九编十二号，第十编一、二号，很好地解释了分散的事实，并将之作为一组事实来思考，继而揭示出潜藏于其中的社会大势。这是非常有意思的实例，值得一读。

第三例：

夏德博士题为《Volga Hunnen 与匈奴》的论说，刊载于《史学杂志》的第十一编的八、九号。夏德博士的说法是否符合事实暂且不论，但是作为综合的实例，的确是屈指可数的好例子，希望大家可以精读。

除此之外，《材料编》中关于铜鼓的论述，也可以作为综合的例子来读。关于综合的步骤,原本想详细说一说,但实际上没有写出来,既不得已,只好就讲到这里。

复　活

　　所谓复活,正如前文所述,事实徒留形骸,要设法感知其复活,目睹其活动,这需要有相当的想象力。说到想象力,史家的想象与诗人、小说家的想象不同,是限于证物范围内的想象,不是随心所欲天马行空。

　　想象听起来像是空想,但想象与空想不同,空想是完全没有证据的凭空思考,而学术上的想象是复活证物之后的思考,即以证物为基础,在其上搭造建筑。虽然是建筑,但作为材料的木材、铁材、石材、屋顶瓦片等,都是实际的史料,而材料的切割组装、堆积方法、修葺方法等都是史家的想象。史家的想象不是从天而降,而是从现在的社会出发进行推断。所以即使是建筑,也不是史家建造的空中楼阁,不是海市蜃楼,而是基于实物建造的。

　　最接近史学复活步骤的是古生物学的复活步骤。古生物学者能抓住几万年、几十万年以前的化石,将之复活并进行思考。如果有一片重要的骨头,古生物学者就能想象出动物的整体,如果有一片叶子的印痕就能想象出植物的整体。其想象也不是海市蜃楼,而是详细地调查了动植物重要的分类,各个分类的特点,动植物整体的组织、生理,在此基础上感知其复活、其活动,继而清楚地知道必须具备怎样的器官、机能。最终,以这样的智识将每一片骨头、每一枚叶子综合起来。

　　从史家的视角来看也是如此,要预先知道一个国家历史的各个时期的特色,这个国家历史的大体脉络,要预先知道让过去的事实复活需要怎样的条件,需要设计怎样的方案。正因为是这样的想象,所以没有任何理由说这是痴人说梦。

　　关于复活,同样难以给出各个详细的步骤,终究还是希望大家精读重要的实例,各自练习,除此之外别无他法。下面列举一两个实例。

　　第一例:

　　久米邦武氏《古文书学讲义》第二十七节题为《天平资财的文书》,

作为复活的例子有精读的价值。

第二例：

《本朝世纪》①天庆元年（938）的记事中，记录了同年十二月十五日晚的月食。这是一篇很缜密的记事，虽然当时星象学还未衰落，但世人头脑之中显然毫无对科学的思考。不仅是这一方面，即使从其他事情来推究，日本人自以前起科学方面就极其迂阔。最近三百年多少知晓了科学的滋味，全是欧洲文化东渐的功劳。

> 十五日戊子（中略），今夜亥刻月蚀也。先是权历博士外从五位下葛木宿祢茂经进勘文云，今年十二月十五日戊子夜，月可蚀五分之四（半强），亏初亥一分，蚀甚亥一刻三分，复末初亥二刻四分。蚀所起，月在阳历，初起东北，甚于正北，复于西北，但十五分之四者，仅及三分之一，其蚀甚少。所谓天道虽玄远，而经术之妙，不差毫厘者也云云。爰时之好事者，依件勘文，通夜效验之，毫厘无差，悉叶勘文，当时以件茂经宿祢为贤有识之者（《本朝世纪》）。

上文中提到"时之好事者"②"通夜效验"等，实在是令人吃惊的记述，所谓观察月食的"好事之人"，多少对科学有点兴趣，可以理解为俗话所说的茶人。堂堂外记都厚颜无耻地做出这样的评价，更难以想象当时社会中的庸俗之人会对科学家作何议论。另外，虽然写着"通夜效验之"，但此处"通夜"是不合适的、夸张的说法，将稍晚一点的时间称为通宵，这不应当是朝廷史官的用语。归根结底，这是轻蔑科学才说出的话。

据我们的推步，这次月食是基督纪元 939 年 1 月 8 日晚，初亏是 20 点 53 分，食甚是 21 点 16 分，复圆是 21 点 39 分。也就是说从大约 21 点开始，40 分钟左右结束。从 21 点前一点到 21 点半过一点，在二楼或是某处观察月食，一点也不辛苦，不知道是哪个爱睡早觉的在 21 点前就已经睡下。因此，将此称为"通夜效验"非常地不负责任。当时

---

① 《本朝世纪》，平安时代末期的史书。鸟羽上皇为延续六国史之例，敕令信西法师（俗名藤原通宪）编纂，又称为《史官记》《外记日记》。自 1150 年开始编纂，至平治之乱（1159 年）信西法师兵败自尽仍未定稿，有很多内容佚失。原书以编年体记述了从宇多天皇到近卫天皇的事迹，以太政官外记局日记为主，依月日先后排次，辅以诸家公卿日记、系谱原文补其阙，现仅存 935 年到 1153 年间的一部分，是研究平安末期历史、宫廷仪式与生活、社会风俗的重要史料。

② 好事者，又称好事家，既可指收藏家，也可泛指雅好风流之人。

作为朝廷史官外记的头脑,正如所见如此地粗放,如何能对国家社会进行深入观察呢,显然,这还是当时比较聪明的一群人,他们都如此认为,实在令人可叹。

第三例:

欧洲的讽刺歌,日本的落首①等一类,都有非常有趣的复活。这一类的东西免不了夸张,但一定是基于社会的真实情况而写的。因此,想要观察一个时代的社会,这是非常好的材料。下面列举的是建武时期有名的落首,毫无保留地描绘出建武元年(1334)一统之际京都的情况。

　　　去年(建武元年)八月涂写于二条河原②

　　　此时京都流行之物,夜袭、强盗、假纶旨③。
　　　召人④,快马,引起无谓的骚动。
　　　生首⑤,还俗,自由出家⑥。
　　　突然成为大名者,迷失街头的流浪汉。
　　　安堵⑦,恩赏,虚军⑧。

---

① 落书,又称落首,历史学和民俗学中的落书以讽刺政治、批判政治、揶揄为目的,是匿名发布、分发的打油诗。

② 镰仓幕府灭亡后,后醍醐天皇重新即位,1334 年改元“建武”,史称建武新政。建武政权政厅位于京都二条富小路,二条河原就在此附近。二条河原当时悬挂有许多批判政治与社会的涂鸦,其中之一作为抄本流传下来的即《二条河原落书》。《落书》作者不详,虽署名为京童,但多认为是对建武政权不满的京都僧人或贵族模仿中国《尚书》《说苑》的文言所作,写于建武二年(1335)八月,也有建武元年(1334)之说。收录在日本南北朝时期的记录书《建武年间记》中,此书作者、成书时间不详,一说为《建武记》的作者太田时连(1269—1345)。《落书》以八八节、七五调的方式讽刺了建武新政时的混沌世态,不仅批判了建武政权,亦全面批判了混沌、新鲜而充满活力的风俗、文化,被评价为落书的最高杰作。

③ 纶旨,藏人所接受受天皇之意发行的命令文件。“纶旨”原本是“纶言之旨”的略称,指天皇之意,平安时代中期以后,以天皇的口传为基础,指藏人制作、发行的具有公文性质的奉书。也叫“御纶旨”。“藏人所”是日本律令制下的官衙,近似于天皇的秘书。

④ 召人,在贵人身边服侍的人。

⑤ 生首,刚砍下来的人头。意指刚砍下来的人头四处可见。

⑥ “还俗,自由出家”,意为法纪混乱,僧侣自由还俗,俗者自由出家。日本古代、中世,僧尼犯罪会被剥夺身份,故南北朝战争年代,许多僧人因加入战争自动(被动)还俗。这里还影射护良亲王。护良亲王(1308—1335)为后醍醐天皇第三皇子,6 岁作为尊云法亲王入天台宗三门迹之一的梶井门迹,少时即得比叡山众徒信赖。20 岁成为天台座主,通称大塔宫。1331 年,后醍醐天皇发动第二次讨伐镰仓幕府的战争即元弘之乱。1332 年大塔宫还俗改名为护良亲王,在吉野起兵,向各地发出号召讨幕的令旨,领导山门(延历寺)势力,成为后醍醐天皇倒幕计划中的重要力量。

⑦ 安堵,允许领有。指日本中世和近世,将军对武士,或主君对家臣,支配者(统治者)对被支配者(被统治者)保证、承认所领土地的知行权。

⑧ 虚军,指捏造战功以获得领地或恩赏的武士。

为了夺回本领的诉讼人，携带装着文书的小箱。①

追从②、谄人、禅律僧③，下克上④的成功者。

不问有无能力、草率裁断的裁判所。⑤

戴着罕见的帽子，拿着罕见的勺，内里⑥的奇人。

装作贤者⑦的样子上奏，巧妙地说着愚蠢诈欺之言。

收集珍品美物⑧，歪戴乌帽子⑨，装扮时尚的京都武士。

到了黄昏时分，脚步虚浮的好色者，数量众多，又名"内里拜"⑩。

打量已为人妻的游女⑪的眼神，不堪入目。

手上停着尾巴翅膀折损的小鹰，徒作装饰不捕鸟。

得意地佩戴着比太刀更大的铅制大刀，似要失去平衡。

婆娑罗扇的五骨，⑫大轿，瘦马，薄小袖。

---

① 此句意为为了通过诉讼以夺回领地，而离开领地的诉讼人，随身带着装有文书的小箱。

② 追从，权力者身边的随从，含有奉承、逢迎之意。

③ 禅律僧，指平安末至镰仓的僧侣，无视戒律加入战争的僧侣，又被称为恶僧。当时有观念认为，为何战争频频，为何和平时的祈祷无效，原因是破戒。神佛不会回应破戒僧的祈祷。于是镰仓以后，戒律再度兴起。以禅宗临济宗的僧侣为代表，临济宗的宗师荣西曾言"王法是佛法的主"，认为佛教是为王权服务的。为了排除私利私欲，贯彻禁欲，禅律僧得到了朝廷和幕府的支持，积极地致力于修建寺院和交通道路。

④ 下克上，下位者在政治、军事上打倒上位者，颠覆身份秩序（上下关系），夺取权力，否定传统权威和价值体系的行为或风潮。

⑤ 后醍醐天皇为谋求乱后恩赏的公正而设置处理领地诉讼的杂诉决断所，公家、武家诉讼混合在一起。这里指任命裁判所官员不问有无能力，导致官员草率处理诉讼的现象。

⑥ 内里，皇宫。

⑦ 贤者，讽刺的是建武新政中颁布的传奏轮班制度。"传奏"是日本平安以后的官职，负责向院、天皇转达亲王、摄关家、武家、社寺的奏请。武家时代是公武之间传达声息的重职。

⑧ 后醍醐天皇成立新政府后，发布本领安堵的谕旨，出现大名返回领地的风潮，大量各地特产名物上贡到京都，美物这里指食物，特别是美味的鱼、鸟一类。

⑨ 乌帽子，平安时代到近代穿着和服礼服时成年男性戴的帽子。

⑩ 指这些人变成这样是因为得到了天皇的特别关照。

⑪ 游女，指艺妓、歌妓，或妓女、娼妓。

⑫ 婆娑罗，语源是梵语 vajra，又音译伐折罗、巴贾拉，金刚石、钻石之意。平安时代在雅乐、舞乐领域，打破传统演奏法的自由演奏被称为婆娑罗。取自用钻石般的硬度打破常识印象之意。南北朝时代至室町初期用以指称当时的社会、文化风潮，指无视身份秩序的实力主义，轻视公家和天皇的挂名权威，对其予以嘲笑和反抗，以及喜好奢侈行为和华丽服装的审美意识。婆娑罗扇是绘有风流画的华丽扇子，这一句意为，华丽的扇子是至今没有过的五根扇骨。

抵押贷款的旧铠甲,肩舆①出行的关东武士。

不分下众上臈,②质地精美的大口袴。

铠甲、直垂③还未扔,弓却拉不动了的犬追物④。

落马次数多过射箭数量,不知师从于谁。

遍地皆是新近流行的小笠悬⑤。

混合了京都与镰仓的流派,不协调的伪连歌。

处处都是连歌会,人人皆欲成点者⑥。

谱第与否没有差别,自由狼藉的世界也。

斗犬与田乐⑦自古谓为关东之物,但田乐现今也很流行。

茶香十炷寄合⑧起自镰仓,最近京都倍增。

町里建造的篝屋⑨,是三间、五间板的简陋建筑。

用幕布围起来的官署类的建筑物,一个接一个地建,数不胜数。

---

① 肩舆,一种小轿,竹制或木制,将人乘坐的部分吊在一个长柄上,从前后开始扛着搬运,在江户时代广泛普及。

② 下众,身份卑贱的人。上臈,江户时代大奥中女中的职务名称。此处指不论身份尊卑,大口袴都非常流行。

③ 直垂,主要用于武家社会的男性服装,是日本的装束之一。

④ 狗追物,是从镰仓时代开始的日本弓术的礼法之一,在名为"马场"的竞技场,骑马的武士比赛在规定的时间里射中狗的数量。为了不让箭射穿狗,使用了叫作"犬射引目"的特殊射箭。与流镝马、笠悬一起被列为骑射三物之一。

⑤ 小笠悬,指在一根木棍顶端挂上一块四寸见方的小木板,射手须在飞驰的马背上射击这个靶子。

⑥ 点者,评点连歌、俳谐,判定其优劣的人。

⑦ 田乐,是始于日本平安时代的传统艺能,原本是在耕田礼仪中演奏的歌舞,后来成为贵族为了游兴而举办的活动之一。包括使用腰鼓、笛子、铜钹等乐器的群舞,以及使用品玉、投掷刀剑等器具的杂技。这里影射北条高时(1303—1333)。《太平记》中记载镰仓幕府第十四代执权北条高时沉湎于斗犬、田乐而荒于政务。后世多倾向于塑造高时的暴君形象,反之包含了使足利尊氏形象正当化和美化的用意。

⑧ 日本斗茶始于12世纪末,茶香十炷寄合是指其中判别十种茶香,竞技闻香的斗茶会。"炷"这里通"种"。

⑨ 篝屋,由镰仓幕府设立,近似于警备所。当时为了京都治安,据说夜间在十字路口燃起篝火,并分配武士看守。

诸人却居无定所,半作之家许多。①

去年火灾②的空地,托灾祸之福得以重建。

偶然烧掉的家家户户,却被扣押放置。

无业的士兵增加,路遇也不打招呼,失却礼仪。

花山③桃林寂寞,牛马遍布京城。

以武威镇四夷,镰仓赖朝时期的高级武士现已沦落。

朝养牛马,夕侍左右的功臣,没有出人头地的机会。

没有忠功亦会飞黄腾达,有过失则马上被罚,唯有曲意逢迎。

天下一统以来,建武时代之见闻种种,不可思议至极。

以上只不过透露了京童哼唱传闻的十分之一。

如果继续搜寻实例,还有大量的例子,或是极隐微的事实,或是极大的事实,不胜枚举。要仔细考证出字面上看不出来的深处的真相,如果无法做到这一点,就无法复活事实。

史学的根本条件

地球表面的某个地方,一群人组织了社会,不久成为国民,经营着国家,经年累月,渐渐地在社会上出现了五花八门的现象,史学研究的便是这些现象。这些现象是从人的心理作用中产生的,极端一点来说,这种心理作用时时刻刻都因应着周围的情况而发生变化。然后,在各种条件之下,史学事项出现了。其中几个根本条件必须阐明,列举如下:

第一,物理条件;

第二,心理条件;

---

① 诸人,意指平民百姓;半作,指盖了一半的房子。

② 火灾,指1333年的镰仓之战,北条高时率领的镰仓幕府势力和新田义贞率领的反幕府势力之间进行的合战。

③ 花山,京都的山,又被称为春日山的后山。

甲、个人心理条件，

乙、社会心理条件，

丙、国民心理条件；

第三，文化条件。

概括起来是以上三大条件，它们支配着人类的心理作用，使之无法自由发展。

人类原本是任性的动物，随意地行动，任意妄为，但周围的情况却不允许。如果强烈地抵抗周围的情况，随心所欲地的话就会死，所以基于生存竞争、适者生存的原则，不得不违背自己的意愿，屈服于周围的情况而活下去。由此想来，周围的情况即上面概括的三个根本条件，是非常重大的势力，如果可以正确计算出这些势力的比例，就可以计算出人类的意志在何种场合以何种程度实行。然而不幸的是，心理条件非常复杂，如设想那般的计算力所难及。但心理学也在不断进步，且尝试稍加说明。

一、物理条件

关于物理条件，自古以来就受到学者的关注，特别到了近世，孟德斯鸠、赫德、孔德、巴克尔、达尔文、利特尔①等，研究日益深入。最近拉采尔②创立人类地理学（人种地理学），开始了这方面的研究。如果我

---

① 利特尔（Moriz Ritter，1840—1923），德国历史学家。父亲是德国古典语言学家弗朗兹·里特（Franz Ritter），1857 年开始在波恩大学学习历史、文学和哲学，1860 年、1861 年在柏林大学度过冬季学期，遇见兰克并深受其影响。1862 年开始在巴伐利亚科学院的历史委员会工作，在德国教会历史学家卡尔·阿道夫·科尼利厄斯（Carl Adolf Cornelius）的领导下编辑联邦历史的资料，培养了历史研究的能力。1867 年开始在慕尼黑大学执教，1873 年得到波恩大学的教授职位。其代表作是贯穿其研究生涯的《反宗教改革和三十年战争时期的德国历史（1555—1648）》，三卷本分别在 1889 年、1895 年、1908 年出版。反对文化史的概念，认为国家是历史生活的核心，只有那些与国家直接相关的事物才属于历史写作的范围。完成德国历史的写作后，他开始研究历史理论，并发表了一系列文章，主要集中于 1919 年发表的《从各主要著作来看历史学的发展》。

② 拉采尔（Friedrich Ratzel，1844—1904），德国地理学家。原本在海德堡大学、耶拿大学、柏林大学学习动物学，1868 年被海德堡大学授予了动物学博士学位。毕业后成为《科隆日报》的旅行记者，渐渐转向地理学的研究。1876 年他以在北美、古巴和墨西哥的旅行调查，撰写了《北美城市及其文化概况》，这成为他职业生涯的转折点。1886 年开始在莱比锡大学执教。其代表作两卷本的《人文地理学》分别出版于 1882 年和 1891 年，奠定了人文地理学的基础，也因此被质疑为环境决定论者。1897 年又发表了政治地理学的著作《政治地理》，首次使用了"生存空间"（Lebensraum）这一概念，对社会达尔文主义颇有影响。

们按照拉采尔的方针,慢慢推进研究进度,相信物理条件相关事情终会完全明确。拉采尔对物理条件进行了分类,如下所示:

甲、对人类状态的影响

1.生理的作用

比如在热带皮肤松弛,妨碍蒸发,使身体变弱。

2.心理的作用

比如雄伟壮丽的山水,属于触动人情感的一类。这一类的影响,在一个人的活动中,其势力是不明显的,但渐渐地会影响到更多的人,至全部国民都受其感染触动时,就会出现史学的事项。

乙、对人的意志的影响

一、对事情的作用

1.驱动作用

比如沿海地区的人民,最初从事渔业运输业,在此基础上逐渐经营商业。

2.压制作用

比如大山脉、大沙漠、大山林这些地方,交通阻断,使人无法自由往来,即是说,将人闭锁在某个地方。

二、对状态的作用

1.风俗的作用

例如季节直接影响衣食住行的情况。为了适应或抵抗季节,人们做了各种各样的努力。热的时候设法消暑,冷的时候设法防寒,土地不好就注意施肥,人口少就设法利用水力、风力等天然力。工艺发达的渊源即在此类。

2.社会的影响

比如由于气候、土地的因素,国民聚集到一处,想方设法谋求生存。实业的发达就是在这个作用刺激之下促成的,如果自然力比较弱,人类的抵抗力最终取得胜利,促成实业的发达;反之,如果自然力非常强,人类最终无法抵抗,则社会完全不发达。

拉采尔关于物理条件的分类,如上所述。如您所见,要按照这个方针来进行研究,首先必须以人类学、地理学为基础。拉采尔之所以命名为人类地理学,大概就是出于这样的考虑。

受制于物理条件,按某种既定路线发展起来的国民的显著例子是希腊人。希腊人原本从小亚细亚沿岸移居到希腊,小亚细亚、希腊都是离海岸很近的山国,山的岬角撕裂成千姿万态,形成错综复杂的海岸线以及大量的岛屿。居住在这块地方的人们,耕地面积极其狭小,所以一个地方集中居住的人口极其有限,即便渴望社会有所发展,也只能闷居家中束手无策,最终不得不从这个地方走出去。因此从太古时代开始,希腊人便到黑海的北海岸边,或是克里米亚半岛的南岸栽培葡萄,酿造葡萄酒,烧煮咸水湖的潮水制盐,研究生存的方法。可谓是天生的商人,是不适合农业的国民。现今依然如同往昔,虽然是小国,但商业、运输业却很兴盛,自然没有其他的产业。

希腊人的国家观念也随之产生,作为古希腊人,理想的国家是怎样的? 是成年男子中具有组织社会、维持国家能力者,全部集中一堂集体商议国事。然后,附近必须要有足以养活人口的田地。只靠田地所产的食物便能自给自足自然最好,除此之外,要勇往直前地到世界各地去,使自己更加丰足。

这样的理想,即希腊人的国家,在我们看来,实际上是规模非常小的简单组织。其所谓的社会,也是非常单纯的动物体。如果召集人们集中一堂共同商议,那么成年男子最多五百人吧。无论实际情况如何,姑且先假定为五百人。不知道附属的妇女是多少、附属的孩子是多少。假设一家有五个人,那么就有二千五百人。二千五百的人口,五百口灶的数量,先视之为一个村子。这个村子的中央设置了国防用的城堡,村子的周围筑起了坚固的城墙,城外有必要的田地。因为在希腊人看来,必须在这样的地形建立这样组织的村子。场所大致由如下内容组成。第一,有海岸地,控制着应有的港口。第二,如果拥有必要之外的田地,反而很麻烦,最好是由山延伸到海里而形成的小谷地。第三,进入村子中央的城堡,其平原突起处要有一个高台,四面应是悬崖,要建造可以登上高处的人工石阶。军事要塞置于此处,要塞的建筑物中,必须有镇守的神殿。平时作为镇守的神殿参拜,也可以说属于公园一类,但一旦有事,立即成为军事要塞。所谓雅典卫城(Acropolis)便是如此。罗马人称之为阿卢克斯（Arx），德国人称之为城堡（Burg），俄国人称之为克林姆林宫（Kremlin）。

二、心理条件

所谓心理条件，须待心理学发达之后才能明确说明，以今日心理学的水平而言，令人遗憾的是尚不能做出完满解释。但即便是粗略的程度，这里也还是有必要谈一谈。

甲、个人心理条件

先说个人心理，每个人都有自己固有的意志感情，如果仔细观察，则每个人都略有不同。但平均来看大同小异，人们相互之间多少都能推察出他人的意志感情。事实上人类能够组成家庭，更进一步发展为一个社会就是基于这个原理。如果不能互相察知彼此的意志、感情，就无法做到两个人在一起工作。当然有意见不合的时候，也有某事达成一致的时候，所感受到的感情显然是不同的，但大体上，自己痛苦的时候别人也会痛苦，自己开心的时候别人也会开心，于是才会达成互相让步。这其间，重要的条件就是必须很好地知道俗话所谓的人情，即人情练达。

人原本有血肉有神经，不是运转理论的机械，不是传播理念的铁丝。因此，以书桌上的空洞理论，全凭道理去探究人的意志感情，当然是无法计算的。正因如此，越是通达人情，越能推察人的意志、感情，一言蔽之，老于世故才能洞悉人情。老于世故的话，多少也得上点年纪，不过也有年轻而历经艰辛的人，也能很好地知晓人情，反之生活安乐者，即便老年人也不懂得人情，所以不能一概以年辈而论。前面是基于每个人经历平均的艰辛和喜悦而设立的假说，社会上的大多数人，都处于这样的平均状况下。历经艰辛的年轻人，粗枝大叶的老年人，无论在哪个时代都应该是少数。

以此为基础，距离立论就不远了。当然也有例外，对于例外的情况，额外进行特别的研究即可。例如看起来疯狂的人，即精神病学意义上的精神病患者，精神病患者必须作为精神病患者来解释。又如千年一遇的圣人，当然也是例外，也要进行特别的研究。比如宗教的教祖即属此类，是什么促使其意气激昂，抛却自身荣辱而谋求人类普遍的利益，进而谋求社会改良及国民统一？揣摩其个中心得体会，便能明白教祖的心理。教祖们的教，往往百世之后仍被遵奉，毕竟教祖们创立了洞穿人类普遍希望的学说。洞悉人类的普遍希望，即是这些人的大才能所在。

乙、社会心理条件

兹称为社会心理，通俗也称为时代心理。在一个时代中，这是平均的社会的人们所持有的心理，称为时代心理也没有差别，但所谓时代，本来就不是动物，也不可能有心理。所谓时代心理，意思是构成那个时代的社会的人们心理，因为是缩略语，所以最好还是明确说明是社会心理。

组织社会的人们，每每周围的情况发生变化时，要适应周围的情况改变自己的心理。大多数人的心理改变了，整个社会的心理也随之变了，即所谓时代不同，人们的想法也完全不同。因此，社会心理是可以无限变化的。但是周围情况的变化大抵是有限的，并没有非常离奇反常的变化，所以社会心理变化的路径，也不可能是毫无逻辑的胡来。如果对周围情况多少能有所计算，同时代的社会心理便能多少测量出来。

在史学上，测量社会心理非常重要，如果测量不出来，史学就不会出现了。我们首先要相信多少可以被测量出来。在史学立论之时，首先要测量社会心理，然后以此为基础展开进一步的研究。没有接受过史学训练的人，往往完全不考虑社会心理的变迁。不考虑一个时期的社会心理，这在我们看来，犯了极其严重的错误。

譬如厩户皇子何以不处分苏我马子？山背大兄王何以未能取得王位？山背大兄王又为何要说将其自身及一家赐予苏我入鹿这样令人吃惊的愚蠢的话？对于不了解社会心理变迁的人而言，这些事完全无法理解。当时的人奉行坚定不移贯彻佛教理想的方针，并不考虑其他事情。即在佛教的博爱主义中，自我牺牲是理所当然的事，如果仅仅牺牲自己就能实现众生的安乐，那就心怀满足地赴死。因此，如果要处分影响力很大的佛教信徒马子，那就妨碍了佛教的传播，这当然不是厩户皇子的本意。

虽然也有很多人提出其他不同的见解，但都是由于不了解社会心理变迁。

丙、国民心理条件

所谓国民心理，是一种无论社会心理如何变迁，在所有时期都经常存在的心理，即一国国民的固有心理。即便社会心理发生了很大变化，但变迁总有一定的限度，不可能从根本上颠覆。将变化的部分与不变的部分区分开来，把没有变化的部分抽出来，就是所谓的国民心理。

那么，日本人有固有的心理，英国人也有固有的心理，俄国人、法国人亦然。这样的国民心理是基于周围的情况主要是在物理条件之下形成的。正因如此俄国人的心理是大陆的，如同深山大树般宽厚而博大，中国人亦是如此；日本人的心理是岛国的，如同盆栽一般机敏而促狭，英国人与之相似；印度人的心理被喜马拉雅山的融雪冷却，超然物外，几乎不考虑现世，总是思考超自然的事情；法国人居于欧洲四通八达之冲，海路、陆路都很便利，既能向北走又能向南走，交通自由自在，结果就是性好变化，无论何种境遇，国民也不会长久地隐居，或是蛰居在房间里。

如上述种种，如果以物理条件推量，国民心理便自然呈现出来，比社会心理容易得多。历史地理学要注意这方面的研究。

三、文化条件

最后是文化条件。所谓文化，是人类意志情感活动逐步积累而成的产物，涉及多个方面。其中重要的方面大致有如下几项：

学艺[①]；

制度；

经济。

甲、学艺

第一，学艺对国家社会的影响，古人已经进行了相当充分的研究，似已深有体会，但仔细想来，其中还有不足之处。古人只研究了学艺的沿革，并未对照各个时期的社会心理进行研究。如同行走在云端之上，没有接触到"实际的社会"这个大地，脱离了实际。如果只研究学艺的理论，以这样的方针研究无甚差别，但如果追问何以一派的美术发端萌芽，何以一流的教育出现问题，以这样的方针来研究就无法窥见事实的端绪。

---

① 学艺，此处指学问、艺术、技艺的综合，见《晋书·文苑传论》："玄度学艺优赡，笔削擅奇。"

　　大凡所谓学艺,从某种意义上来说,可以理解为装饰品。如果用一所房子来比喻,那就是家中的书院,端严美丽,展示着这家主人的理想。住在这样的家中的人,必然意味着有一定余裕。因为按照当时的经济水平,一般来说不能住在这样的家里,只要看看简陋的长屋①马上就能明白,既没有茶室也没有书房,既没有奥向也没有表向,②六叠和四叠半榻榻米的两个房间承载了一切功能。社会也是如此,如果按照当时的经济水平,就不得不满足于简陋的住居,表向也好奥向也好,茶室也好书院也好,都不能搭建。所以前面比喻的书院,已经是社会有一定余裕之后,在余裕之上才出现了学艺。

　　古希腊人虽然以学艺而闻名,但在与波斯大战之前,社会还非常贫困,没有耽于学艺的闲暇。直到这场大战之后,商业经营开始迅猛发展,财富逐渐积累起来。有了余裕之后,学艺很快就大受欢迎,出现了有名的所谓伯里克利的黄金时代。对任何一个国家的国民来说都是如此,所谓"学艺大受欢迎",本来就不属于国民心理。

　　但是,如果经济能持续发展下去,经历多次这样的时期,就会形成一种习性,呈现出来几乎像是国民心理的一部分,不过一旦社会衰败,不久就会恢复到原来的样子,成为原来的木阿弥③。恰如野生的树木,精心细致地培养,修正其姿态,几年之后成为漂亮的庭院树。作为庭院树来观赏,必须注意花费心力维持其姿态的美。但是,如果离弃两三年,大部分就会衰败,离弃十年就完全变成木阿弥了。如果等这样的树结出果实之后再栽种,再结出果实再栽种,历经几十代,最终其种类会产生变化。这里所谓种类,与动物是一样的。如红叶有百余种,山茶也有数十种。社会也是同样的道理,如果经济能持续几千年的发展,当然最终学艺会成为国民心理,不幸的是古往今来这样的国家社会,一个例子也没有。也就是说经济这种东西,不断轮替,难以持久。

---

① 长屋,一栋房子隔成几户合住的简陋住房,大杂院。
② 江户时代,大名、旗本等武家宅邸中,以户主为中心处理家政和对外接待等的地方称之为"表向",以户主的妻子、子女们的家庭生活为中心的地方称之为"奥向"。
③ 木阿弥,比喻经历一番苦心或努力,最终化为泡影,又回到原来的状态。日本战国时代,大和大名筒井顺昭临死之际召集家臣,令其发誓对其儿子顺庆忠诚。同时为了欺骗敌人,把和自己很相似的唤作木阿弥(或默阿弥)的奈良盲僧立为影武者,假扮自己,三年(一说一年,一说直至孩子顺庆成年后)后才公布死讯。木阿弥在替身期间过上了奢侈的生活,公布死讯后回到奈良,恢复了僧侣的生活,由此产生了"元木阿弥"的故事及成语。

总而言之,学艺对国家社会的影响,仅限于经济持续发展的时期,明显属于社会心理,因而往往会发生很大的变化。例如奈良朝的学艺,揭示了当时社会的现实,是隋唐与日本的化合物。王朝藤原时代以降,隋唐的成分渐渐消失,工艺方面已表现为日本的社会心理,但在学术方面来看,承袭了唐的恶弊,说得难听一点,完全是寄生虫的状态,不断孳生着条虫。到了镰仓时代,学术上也摆脱了寄生虫的状态,开始适应日本的社会心理,这就是所谓武家风格的学术。室町时代以降这种武家风格的学术又发生极大变化,受宋元影响甚大,到了江户时代,完全是将南宋学术移植到日本的国民心理上的状态。工艺方面则相反,室町时代完全移植自宋元,江户时代则完全显现了日本特色。

无论是哪个国家,如果要调查学艺的条件,应如上述这般调查,否则就失却了史学研究的价值。

乙、制度

第二,制度指包括法令在内的各种制度,主要属于国家方面。这一点自古以来就有人研究,无论哪个国家,大抵都有研究,即所谓的制度史。以前研究制度史是从法令开始,阐述各种制度在时代变迁中经历的变化,与所谓社会相距甚远。但我们所着眼的,既不是阅读空洞的法令,也不是阐述其精神的变迁,而是关心在怎样的社会心理之下,实行着怎样的制度;随着社会心理的转移和变迁,制度会随之发生什么变化;又或者社会心理转移了,制度却未有改变,最终成为一纸空文,在实际社会中行不通;又或者社会心理相对而言没有变化,制度却频频改易。也就是说,将制度和社会联系起来,研究两者关系的沿革。当然,近来的史家都以这个方针来研究制度史,应该不久就能见到成绩,不过前路漫漫,还有很长的路要走。

总之,这方面的研究对史学有着重大意义,这已为世所公认,无须赘言。

丙、经济

第三,关于经济,不幸的是以前的学者对此漠不关心,即便稍有关心,因为不懂经济原则,其学说也毫无用处。不独日本如此,欧洲也一样,以经济情况作为条件观察社会心理发生了怎样的变化,即调查经济与社会关系的沿革，这是直到最近为止，经济学家和史家都没有放在眼里的东西，不仅没放在眼里，而且完全没有察觉到。回想起来何其迂阔，但事实如此，所以也没有办法。最近经济情况之于社会开始成为极其重大的事情，德国的施莫勒（Gustav von Schmoller）和英国的罗杰斯（Thorold Rogers）等竭力鼓吹，这一流派的人逐渐增多，吾等深感欣慰。

但是在日本，研究经济条件的人极少，总是被世人嫌恶，甚至有人质疑为何喜欢此等旁门左道之物。经济条件的研究绝非旁门左道，如果用人的身体来举例，就是将消化器官的组织、生理、机能的学术理论，应用到一个人的身体上，观察其健康的程度，这是非常重要的事。医生接诊病人时，经常要关注到这一点，对于恢复期的病人来说，这也是最常听到的事。对于一个人尚且如此，对于社会、国家更当如是，必须注意到消化器官的组织、生理、机能，所谓经济学就是这样的学问。有人将研究经济学原则与社会关系的沿革视为旁门左道，这是我们不能理解的，这种主张近似于认为没有必要研究国家或社会的生存方法，两者并无二致。

如果要扎实地研究历史，就必须好好地研究经济条件，否则无法知道社会的运行情况。例如研究罗马共和政治时代的历史，轻蔑经济条件就一无所知；研究中世纪衰败的制度史，枉顾经济条件就会陷入一片漆黑；日本的武家历史也是如此，忘却经济条件则完全无法解释。在这三个研究之中，研究者很早就知道经济条件的重要性。即便其他情况也是如此，乍看觉得没有必要考虑经济条件的情况，仔细想想，果然还是有着重要的关系。就像一个人不吃东西就无法生存一样，国家也好社会也好，如果没有经济，就无法生存下去。

对于国家、社会来说经济运行良好，恰如对于一个人的身体而言，消化器官运行良好。如果一个人的身体消化器官紊乱，食物就失去营养价值，即血液减少，血液的质量也会下降，全身的各种机关都不能正常运转机能。最终导致全身衰弱，即所谓的贫血症。国家、社会也是如此，经济紊乱必然导致衰退，国家、社会的各种机械就不会顺利运转，不管是国家还是社会都会一起走向衰败。长此以往，国家灭国、社会衰亡。例如西罗马,衰老的结果便是消化机关无法运转,导致食物缺乏陷入贫血,最后因全身衰弱而死去。

希望大家能够特别重视文化条件中的经济事项,认真体味上述的内容。

理 论 史 学

所谓理论史学,即通俗所说的历史哲学。称此为俗语也许有人不满,但我们坚决主张这是俗语。世间往往讲到理论一类的东西,习惯性地加上哲学二字,这是 18 世纪学风的遗留,在当今社会是陈腐陋习。按这样的做派,物理学是自然哲学,理论化学是含密(chemi)哲学,法理学是法律哲学,最终滥用哲学这个词的结果是出现了处世哲学、色道哲学等滑稽的词语。正因为此,名称并不滑稽,也没有误解之虞,所以我们想明确地称之为理论史学。

这一方面是从根本上研究国家、社会与史学的关系,希望探询国家社会的发展基于怎样的原则,遵循怎样的规律。如果以这个希望中的两三问题为例来阐述,即人生是否有一定的目的? 如果有目的,是否五千年以来始终如一,在史学上又如何体现? 社会到底有着怎样的目的? 如果有目的,是否也是五千年以来一以贯之? 国家也是如此,是否应当一如既往抱持着前进的理想? 提出类似的问题进行研究,从史学方面展开研究很好,从哲学的角度来思考亦佳,也就是说,这是史学与哲学共有的领域。

史学是日新月异的学问,上述所说只是基于今日史学发展的程度,他日史学倘若取得极大进步,理论史学也有可能全部划入纯粹的史学范围。但史学的研究方针是科学的,应该仿效自然科学之例,在理论史学的问题上,我想现在的史学尚不能开口,因而劝诱了哲学,希望哲学能协助这方面的研究。

基于上述情况,就今日史学的程度而言,不讨论理论史学也无可厚非。当然,原本热心于这方面的各位,锐意于此项研究,但作为史家,在还没达到这一目标的旅途中,还有许多许多需要研究的事物,委实心有余而力不逮。

按照以往的经验,理论史学如名称所示,是从专门的哲学的方面,由哲学家进行研究,其研究方针也是专门的哲学的。诚然,史家也可以将已知的确定的事实适当地组合起来,在此基础上立论,但是台基或许太小,或许太脆弱,建筑物刚一立起来,马上就会七歪八斜,甚至到很严重难以处理的地步。毕竟史学没有发展到相应的程度,想要跃进地建造一座大建筑,在我看来为时过早。

人类的意志情感一旦产生,如果有幸暗合了大多数人的意志感情,那就会成为一种社会势力,往往持续几百年,所以有必要深入研究这股势力对社会的作用。哲学方面特别注意到了这一点,进行了理论史学的研究,较之史学家而言,这是一个哲学家更容易进入探讨的问题,所以我们深愿哲学能够进行这方面的研究。如果这项研究完成并得出确定的结果,就能立刻将其投入教育应用。从这方面来考虑的话,我认为教育学专业的各位也应该注意到理论史学的研究。

但这一研究也有弊端,即往往被抛至云端,将社会现实置之度外,这是我们深感遗憾之处。

以上的内容非常简单,所谓理论史学,究竟是什么性质,我原本打算大致谈谈。然而,如果想更详细地说明理论史学,势必要从古代到最近的时代,逐一列举理论史学研究学者的学说。要完成这样的工作,必须开设专以"理论史学"为名的课程,作为"史学研究法"的课程,如果只是为了参考而讲述,似乎没有这样的必要。那么,作为研究法的课程,就到此结束。

附　录

关于史学

坪井九马三

《史学杂志》第 5 编第 1 号

　　吾辈所谓史学，是指日本、中国、安息、高丽诸国通行的史官的记录学，并非指希腊、罗马盛行的称为私撰的记录学，其名称东洋称为"史"，西洋称为"Historia"（希腊罗马）。此为惯用语，其原本的意义七十年前既已消失，吾辈今日赋予的意义，实则受到了晚近科学分工发展大势之引诱，取自西洋学者的提案，是以无论东西，今日关于史学定义的议论皆甚嚣尘上，盈千累万。举凡天下事物，如果具有一定形态即被给予一定名称，如果包含一定内容即被委以一定范围；未定的形态未定的内容互相作用，终将确定为一事物，被给予名称、被委以范围，定义于是被确定下来。然而，以吾辈之见，作为史学的学问尽管由来已久，但其尚不具备形态，尚不确定范围。史家整理其形态、范围以将斯学置于科学的位置的同时，语言、博物、社会、政治、伦理、美术诸科学竞相扩张各自专业的科学的范围，削弱史学，其状宛如战国乱离时期群雄割据，各自扩张分国、蚕食式微的邻国。幸而在东洋，诸科学竞争不及西洋之盛，语言、博物以下诸新科学各自满足于各自的分国，于是原本出身高贵又极度衰微，到了最近才逐渐迎来再兴机运之我东洋之史学，尚未被蚕食，这是吾辈为斯学庆幸之所。

　　吾辈窃以为，诸科学皆具二相，史学亦具二相，二相究竟为何，纯正、应用是也，纯正史学是斯学之表面，应用史学是其里面，诸科学皆具此表里两面方为完璧。倘若探究其分科发展之由来，则无论哪个科学都从其里面开始,即迫于社会、国家发展之必要而发展时,其里面的发展与社会、国家的发展成正比同步进行,发展达到一定程度之后停止,发展超越一定程度之后开始促进其表面的发展,这里的"一定程度"是指"一个时代中的人"的平均智识水平。如此一旦其表面开始发展,则与其里面相互提携,与社会、国家的发展一同骎骎前进。然而国家与社会却并不一定同步发展,有国家大步发展而社会依然保持旧态,有国家灭亡而社会仍骎骎乎发展,亦有国家与社会各自向相反方向快速发展。蒙古国家曾一度大步发展而其社会停留于旧态,波兰灭亡时其社会发展迅速,罗马自提比略·格拉古(Tiberius Gracchus)时期至灭亡为止,国家朝一个方向发展起来,社会却非常迅速地向着相反的方向发展而去。科学分科的发展亦不得不根据国家、社会的异同而发生变动,根据科学的性质,或是与国家有直接关系的如法学、政治学、伦理学、史学之类,或是与社会有直接关系的如农业、工艺诸科学之类,所以农业、工艺诸科学与社会共发展,法学、史学类与国家共发展。社会仰仗国家的保护同时也受其压制,但实为独行自立之物,故农业、工艺诸科学也是独行自立之物,只受制于一时代的人的平均智识水平。史学类则处于国家直辖之下,是以一举一动皆仰其鼻息,更不用说像中国那样,国家设置史官记录国史,上至天子起居下至孝子顺孙德行。因此,在以一部国史作为政治唯一金科、教育唯一玉条的时代,史学唯有其里面,而其里面没有发展的能力。当然,像司马迁一般被称颂为脱离二典三谟范围而记述货殖、佞幸、刺客、诸传等的史家暂且不论。要之,立宪政体不兴起,则史学的表面不显露,在日本,纯正史学渐渐萌生,在中国、朝鲜,情形却并非如此,道理显而易见。

由是观之,不论东洋西洋,旧时代的史学都是应用史学,特别以有资于政治、有资于德育(旧时代的教育即是德育)为目的的编纂物占据了其中大部分。希腊的希罗多德有政治论的意味,修昔底德则断然有资治的目的;罗马的李维、塔西佗都是学习自希腊史家,故亦以资治为目的;英国的萨维尔(Henry Savile)、格罗特(George Grote)、休谟、麦考莱等为自己所属的政党而著述。又罗马的普卢塔克(Plutarch)、塔西佗等为了有资于德育而写,爱德华·吉本(Edward Gibbon)以耶稣教的破灭为目的而写,吉塞布勒希特(Giesebrecht Wilhelmvon)为中世纪德国,特赖奇克(Heinrich Gotthard von Treitschke)为孛罗西(普鲁士),奈波列翁(拿破仑)三世为自己而撰,而最甚者为瑞西(瑞士)的彻奇(Clive H. Church)、穆勒(Johannes von Müller)等,虽然是出自爱国之情,但从纯正史学的角度来说,不得不称之为历史事实的制造家。

西洋史学发展的状况如斯所示,而日本纯正史学今日方才萌生,因此,对西洋的史学定义议论纷纭,正是事理所致,不足为奇。吾辈所见,纯正史学开始于德国的利奥波德·冯·兰克(Leopold von Ranke),大约是在七十年前,历经这七十年的事实调查、评论、批判,史家仍有一些悬而未决的问题,或因史料不足导致事实调查的结果不确定,或因史家受爱国情感的束缚,无法虚心冷静地解释自己国家的历史事实,两者兼而有之。诚然,大凡史家最费心力的是编纂国史,国史固然要以爱国之心来写,是以国家之耻不得不回避,外交相关的事实则必须慎重再慎重地记述;君家之凶德不得不隐讳,乱臣贼子的事迹却必须周密又周密地著录。如果要全部避忌国家之耻、君家之凶德,史家势不得不削改事实,削改事实则非良史所为,是以写国史的史家往往左右为难,叙述事实时踌躇不决。尽管如此,奋发撰写国史之士,能摈除鲁莽的爱国心和Chauninisme,慎重对待过去事实的调查,在解释记录、文书、遗物中能应用社会学、心理学的原则,在耻辱悖德的场合能详尽地了解其人情时论,采用宽宥主义,抑遏建立新说的欲望,以至公至明为着眼点,虚心冷静地评论事实,庶几得出妥当的论断,使国民满足。因此,将国史作为纯正史学是极难的事,据吾辈所知,这样的史家难能可贵,墺地利亚(奥地利)的克朗斯(Franz Krones)[①],法朗西的圣西门等都是非常难得的国史家。由是得知,纯正史学的发展不在于一国的国史,而是通过万国的国史才得以成立,即深思熟虑之后应当明白,自万国史开始史学才得以进行科学的研究。一国的国史实际上只不过是将纯正史学的原理适

---

① 弗朗兹·克朗斯(Franz Krones,1835—1902),奥地利历史学家。先后求学于维也纳大学、奥地利历史研究所,毕业后在格拉茨大学任教,曾出任校长。撰述有《奥地利历史手册:从最古老到最近的时间》等多部奥地利历史著作,同时也是《通用德语传记》(*Allgemeine Deutsche Biographie*)中 172 部传记的作者。

用于一国的社会、国家而已。

　　纯正史学素来以人类为目的物，而人各自独立，互相争夺食物的蒙昧时代是没有史学的，史学是从个人聚集到一起，组织形成一个社会，共享产业、交通的利害，从这一时代开始。如果共享产业、交通的利害，就要维持与扩张此利害，于是乎产生政治的机关，政治机关运转产生费用，费用必须由社会承担，社会则依靠产业、交通、土地而有所得，即是说，主权、租税、疆土三者是国家的三要素，国史从这个时代开始。虽然史学以形成国家的人类为目的物，但人类却绝不可能成为一个国家，而是分裂为许多国家，在作为国家分子的身份上，彼此利害不同，常常互不相容，太古个人的竞争转移到了今日国家的竞争中。社会却不同，贯通古今横亘东西，由于共享利害，越发展则同感之情越密切的是社会。盖因利欲构成了分子引力，形成了稳固的团体，此团体历经年所，越是成长，越是巩固。过去的社会不过包含两三个国家，观之今日则已成为包含全世界的一大社会，因此，人类社会发展的全相要向社会寻求而不向国家寻求，社会中的人类才是史学的目的物。

　　史学不是以人类的肉体为目的物，而是以其智能情感多发的现象为目的物，不是讨论一时一处的现象，而是讨论从人类组织形成社会至今，贯通数千年横亘全世界，作为社会细胞身份的人类发挥其智能情感的作用，最终呈现于社会上的种种现象。收集整理此种种象、观察不同的发展时期，据此而得发展之全相，并加以论述，即纯正史学的本色。虽然纯正史学是对如斯发展之全相进行研究，但绝非漠然的历史哲学论，其论据必须确实其论述必须精详，即必须得到确实的证据必须详细调查事实，必须虚心冷静地解释，如此每一发展时期都得到确实的结论，研究多个时期的发展，层累地观察发展的全相，以史论补益政治学。好比地质学家依次调查从始原岩到冲积层的地层，从而对一国的地质立论。

　　要而言之，史学最注意的是一时代之大势、一事件之全局。反之，只关注琐碎的逸事或微不足道的一个人的品行之类，过分讲求细节、吹毛求疵则非史家本色。一个人之于社会的势力，无异于一滴雨落入大河中；极少数的时候，才有贤士豪杰耸动于一世二世，宛如骤雨时河流的水量增加一般。把一个人比喻成涓滴，一国的小社会就是河流，国家是治水工程，世界的大社会就是万河涌入的大海，而无论是雨滴还是河流，大海中的水分子都是一样的，一个人在社会中也是如此，只是作为一国的小社会的分子，必然受国家抑制。国家和社会相互提携发展时，犹如治水工程整治河流，使河流中的每个人都安居乐业，互不侵犯，日夜汲汲营生，却没有过分竞争的欲望和非法的举动，是以国家安泰社会昌盛。世世代代出贤相的国家的国史，便呈现如斯的河流景观。

关于社会大势和个人品行的关系，如前段所述，史家所注意的问题当然不止这一件，还有很多，试列举二三。例如必须正确地理解发展一词，发展就如花木的种子开始发芽，长出干枝，生叶开花，如此按照一定规律遵循一定方向依次变化移进，无论其规律方向是怎样的，史家都要从事实上进行论断。如有的向君家衰亡的方向发展，有的向豪族崛起方向发展，有的向中央集权方向发展，也有的向国民自治方向发展，总之，根据时间与地点，可以得出各种各样的发展方向。至于规律也有急剧的、缓慢的，也有波动起伏着前进的，根据时间与地点，也可以得出各种各样的规律，即便最后史家的论断失诸正鹄，政治家和伦理家也可以从中汲取素材。

又社会的现象，吾辈使用此语不仅指政治、战争、党争、商业等，还将法制、宗教、世教、学问、文学、美术等纳入此词之中，即人类智能情感的作用显示于社会的百般事物的总称，一言以蔽之，发端于心理的社会现象。如斯现象必然有复杂隐蔽的原因，史家须怀此觉悟，如果只是直接捡出一个显著的原因，并将其推测为现象的原因，就完全失却了逻辑，之所以要应用自然科学、社会学的学术理论，我想旨趣即在于此。

历史地理是什么

坪井九马三

《历史地理》第 2 卷第 9 号

本篇记述了坪井博士在上个月例会上的演讲大意，已经过博士校阅。

历史地理是地理的一部分。地理学因其研究范围颇广，包括各种五花八门的学科，故为研究之便，通常分类如下。

一、数理地理学

地壳上出现的地理现象，与数理有着重大关系。数理地理学是主要研究其中与天文学相关部分的学科，即以地壳与天体之间的关系作为主干进行研究，是地理学中运用理论最多的一科。

二、物理地理学

综合研究在地壳上发生的各种现象，例如空气、水的作用，或根据地球承受光线倾斜度不同而导致气候差异之类现象的学科。物理地理学又名地文学。

三、物产地理学

地壳上产生的各种产物因土地的位置、性质等而产生差异。研究这些现象即称为物产地理学，亦可简称为物产学，或生产地理学。

四、历史地理学

在地壳上出现了人类，形成了社会，组织了国家，其生活状态逐渐从单纯到复杂。不仅社会制度变得复杂,国家制度也随之呈现出复杂的现象。这些现象是基于古代地壳表面的性质及变化而产生的,对此进行研究即历史地理学。

五、政治地理学

研究在地壳上活动的社会制度、国家制度的现在状态的学科。

以上各学科均是地理学的一部分,研究地壳上的各特异现象。可根据各人的喜好以及天性,选择各自擅长的学科进行研究。然而,要独立研究这些学科几乎是不可能的事,如果不具备有关地理学的整体的知识,就不可能进行充分的研究。因此,这些学科只是分类的研究,以一部分为基础,向整体延伸。即地理学是这些学科的综合体。凡学科者,并非单独地无关系地孤立,地理学中各学科相互关联,其综合体的地理学也与其他学科相互关联,如同与史学的关系一般。作为地理学一部分的历史地理学与史学有关,这是毋庸赘言的。所谓历史地理学,以地理学为父,以史学为母,不能与史学分离而独立,始终借助其辅助。因此,历史地理学的研究是史学的一部分,也是地理学的一部分。毕竟,这是史学和地理学的共有领地。

此等关系,在其他的学科中亦有,如在物理学中有力学、光学、热学、电气学、磁气学等类别,力学更进一步细分为地壳力学、流动力学。虽然各自的研究范围不同,但是名为物理学的综合体,包括了这些学科,如果不具备有关物理学的全部知识,就不能完全地研究各学科。又如林学细分为森林数学、森林利用学、森林植物学、森林动物学、林政学及其他几科。又如果对人类学进行分类,至少可以分为人种学、土俗学、考古学三种。其中,考古学与史学关系最为密切。考古学研究人类遗留在古地壳上的制造品、建筑等物件,调查其性质、来历、沿革,然后结合当时的社会状态或国家形态进行研究。然而,作为人类学的目的,如果要研究从地壳上出现人类到今日人类的进步,其研究时期不得不持续数万年。吾人所专攻的史学,与之相比,时期颇新,即待作为研究根据的证物出现,才进入史学的研究时期。虽然这些证物主要存在于文书中,但文书以外还有其他的证物,在地壳上建造的建筑物及当时社会的其他遗物都是证物。史家有责任从这些证物中临机应变地收集并研究适当的证物,史家绝不局限于某一种类的物件。如果需要研究地壳,就要研究历史地理学;如果需要研究物品,就必须研究考古学,以资于史学。因此有的场合考古学与史学相同,即史家根据场合的需要成为考古学家,只不过身为史家的考古学家研究的是有史以后的时期,有史以前的考古学不是史家的关心所在,而是考古学家专有的领地。所以历史考古学自然是考古学的一部分,又是史学的一部分,即史学与考古学共有领地的一部分,如同历史地理学被视为史学的一部分,又是地理学的一学科一般。

像这样,研究那些证明在地壳上所发生的社会的、国家的复杂现象的遗物,即所谓考古学。但考古学的研究只停留在地壳表面存在的物件上,将地壳本身作为一个遗物进行研究并不在考古学的范围内。将地壳本身作为一个古物,研究并了解其变迁,是历史地理学的任务。因此,虽然将考古学作为独立学科进行研究没有什么问题,但从学科性质来看,是无法脱离人类学的一科,如同将古文书学作为独立学科进行研究也没有问题,但它亦不得不作为史学的一部分。历史地理学以地理为父,以历史为母展开研究,好似一门独立的学科,但其独立并不像物理学和地理学的关系那样是真正的独立,而是像考古学与人类学、古文书学与史学的关系那样,终究还是地理学的一部分。

究其原因,世间所谓的古迹调查通常是研究古战场、古城址、古社寺等的遗迹。对此等物件进行研究则步入考古学,涉及地理本身相关的部分则步入历史地理学,对古迹地理的研究是历史地理学的入门兼基础。然而,世人往往会依据古书来寻求古迹的变迁,由此出现各种架空之说、错误之说。古迹是实物,其研究方针必须基于实地研究。以前不研究地壳,只研究地盘变迁的历史地理学,单凭古图、古记录无异于纸上谈兵,是专家之耻。东京的地盘同地壳一样变迁甚多,故要将地盘与地壳的变迁进行比较研究,制作研究地图,这才算得上是历史地理研究。总之,历史地理学与历史考古学关系至为密切,两者必须相互提携合作以完成研究。

坪井九马三先生的故去

村川坚固

《史学杂志》第 47 编第 2 号

　　昭和十一年一月二十一日,本会理事长帝国学士院会员、东京帝国大学名誉教授、文学博士坪井九马三先生,在东京市本乡区向冈弥生町三番地自宅离世,享年七十九岁。先生和本会的关系,几乎从本会创立之时就已经开始,明治二十四年先生从欧洲留学归国后成为本会委员、评议员,大正六年星野先生去世后又作为评议员长、理事长统率会务,同时先生研究结晶之名论卓说持续地在本志上发表,使本志今日成为斯界之木铎,最高之权威。在这期间,四十五年来,本会砥砺奋进,终于如所见般成为财团法人组织,正是在先生的坚实指导之下。倘天假其年,本会尚须仰赖先生,却未想先生溘然长逝,实是痛惜至极。兹聊叙先生之略历、功绩、风格,以作永思之资,兼代哀悼之辞。

　　先生的祖辈世世代代生活在美浓国的绯斐郡胫永村,到先生祖父那一代搬到摄津国河边郡米谷村。父亲名为与作,移居同国西成郡九条村。先生作为三男出生于安政五年十二月,幼名久米吉,又久马造,后来改为九马三。讳最初为信成,后改为长改。先生的家族和佛门关系密切,父亲的弟弟即先生的叔父幼名铃吉,剃发师从于族中道原和尚(米谷村清澄寺住持),改名为道树,又先生的兄弟幼名政吉,继承道树和尚法嗣,管理着中山寺观音院。先生在庆应元年 8 岁时也去了米谷村清澄寺,在寺北林间的草庵中长大。明治元年 11 岁进入洞边郡中野村医生山田柳斋的私塾学习句读,翌年在大和国高市郡土佐村游学。明治四年正月 14 岁丧父,从那年秋天开始被送到大阪远亲谷义信先生府邸,在那里求学。到是时为止,先生的教育是由叔父道树和尚照管,道树和尚后来晋升为后权少僧正,明治三十三年十二月九日圆寂。先生爱重道树和尚的训戒,长久感念其恩情,所以在先生手记系谱中的"和尚示寂"条下如此写道:"(道树)和尚晚年惧予盈满切。方予升叙从五位报之也。复曰:足矣慎哉! 和尚示寂。亦无赐训者矣! 悲夫!"

先生到大阪之后,专心在谷义信先生的指导下学习。故此不得不略记这位谷义信先生与先生之间的亲缘关系。先生的曾祖父信衡,其弟弟信之另立门户。信之的长子与一在近江国长滨八幡妙觉院出家为僧,改名为道原。这个道原和尚即先生叔父道树和尚的老师。而在道原和尚的弟弟里,有一位坪井信道先生。这位便是在非常贫困的境遇中坚持学习兰学和西医,最终在深川冬木町开设私塾,门生众多的诚轩先生,大正四年十一月被赐予正五位。坪井家的西洋学传统从信道先生开始。嘉永元年诚轩先生病重,其亲生子尚幼,以门人中的佐渡良益(越中国射水郡人)为养子,婚配先生之长女,以托付后事。良益改称坪井氏,改名为信良(这就是以人类学和考古学闻名的已故的理学博士坪井正五郎先生的父亲)。诚轩先生的亲生子袭名信道,绍介父亲的学统,学习荷兰法医学,被山口藩雇佣为好生堂(长门国、周防国医业录所)教员兼大医院总管。其二男后来被赐予男爵即海军中将坪井航三先生。

收养九马三先生并管理其教育的谷敬三先生,是第二代信道先生的弟弟。所以从血缘上来说,虽然与先生相距甚远,但谷氏的伯父道原和尚与先生的叔父道树和尚师徒关系密切,所以才收养并照顾先生吧。敬三先生在庆应三年成为谷家的养子,明治初年开始被任命为大阪造币役。先生到大阪之后的第二年,明治五年二月进入大阪开成所,兼在造币寮设立的日进学舍上学,但是不久大阪开成所闭所,一度只在日进学舍上学。第二年明治六年开成所以大阪开明学校的名义重新开放,于是入学新学校,同时继续日升学舍的学业。

明治七年三月谷敬三先生辞去官职回到东京,先生随之东迁,同年四月进入东京外国语学校,第二年明治八年七月从同校的英语学部(这一年改名为东京英语学校)初等教科毕业,九月进入东京开成学校。后

坪井家略系谱

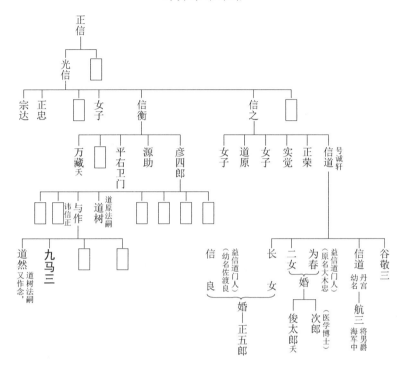

来开成学校关闭，与他校合并建立东京大学，于是继续在那里学习，明治十四年七月从文学部的政治理财学部毕业，获得文学学士学位，之后九月进入同大学理学部，专攻应用化学专业，十八年七月毕业获得理学士学位。应当注意的是，先生在理学部上学，但在明治十六年十二月以后，被委托为文学部学生授课。先生在大学里的教职从是时开始。

理学部毕业那年十二月先生被东京大学录用，翌年被委任为文科大学讲师，同时作为教授东京大学预备门学生的经济学教授。明治二十年六月为了修习史学获得留学德国的为期三年的任命，同年十月被派往柏林大学，在此学习到明治二十二年八月，十月转学到布拉格大学，第二年二十三年三月退学，获得一年留学延期的许可，同年四月进入维也纳大学，七月退学，十月进入苏黎世大学，第二年二十四年七月退学，同年八月二十四日被授予文学博士学位。十月九日归国后，十一月四日被任命为文科大学教授。大正十二年三月三十一日，从东京帝国大学离职退休,到退休为止的三十三年间一如既往地为研究和教学贡献心力,其研究有许多著名论文,主要在本志发表。先生在大学里的课程,涉及诸多方面,难以一一列举,其中对史学界影响最大的、别开生面的是史学研究法的课程,先生综合了欧洲各大学各家的研究心得,灵活地援引日本及西洋实例,彻底地考察与批判,无论日本史、东洋史还是西洋史的专家都受此启发,我国对历史的科学研究从这里开始。其他课程多涉及西方诸国,像蒙古史便是先生得意的讲台,课程持续了几年。此外,先生还多次担任以天文学知识为基础的年代学课程。

先生在留学欧洲前明治二十年被任命为教职工学力试验委员,归国后从明治二十五年到三十一年继续担任该委员。明治三十年十一月,文科大学校长井上哲次郎先生出差法国,先生出任校长代理,同年十一月被任命为大学评议员,次年三十二年十月被派往在意大利罗马召开的万国东洋学会出任委员,发表了著名的论文,我邦史学由此扬眉吐气。是年起,先生每年都被任命为大学附属图书馆商议委员,并屡屡出任委员长,致力于该图书馆的完备充实。是时,先生在学界功绩日益彰显,名声日隆。明治三十三年六月荣膺成为本邦硕学团体之东京学士会会员;明治三十九年六月帝国学士院刚成立就成为其会员;明治三十六年被荷兰国王授予奥兰治-拿骚(Orde van Oranje-Nassau)勋章;明治三十七年三月三十一日被任命为文科大学校长,到大正元年三月十八日为止的九年间,一直恪尽职守,统率全校,同时明治四十一年到大正元年还承担了法科大学政治史的课程。

以上是先生在职期间的主要经历,先生大正十二年三月返聘大学后,一天不曾懈怠,其成果有时在本志有时在其他专业杂志发表。大正十三年三月,被宫内省任命为临时的历史事实审查委员会委员,先生辛劳其事,直到昭和元年十月才完成这项工作。另一方面,受财团法人启明会的委托,从大正十四年一月开始写作《最近外交政治史》,到昭和三年十一月为止正续四册的大著问世。昭和二年十月六日荣膺御前进讲。昭和四年,帝国学士院的提案得到了万国学士院联合会的批准,作为帝国学士院的事业,开始了日荷交通史料的调查,先生担任该项工作,收集整理荷兰及其殖民地的史料,贡献良多。

纵观先生在学界的事业,可谓贯穿古今,学贯东西,博大精深。实际与先生接触的人,无不惊讶于先生之博闻强记,无不钦服于先生之学养深到。而先生之所以能够到达如此专精的境界,我想正是由于强烈的知识欲和绝伦的记忆力。是的,先生无限地热爱着知识本身。因此,埋头研读作为知识源泉的书籍自不必说,只要能增益知识,即使是前辈友人的谈话也悉心倾听,然后长久地记住。不,即使是后进学生的谈话也不放过。那种记忆力是惊人的,说话的当事人过了一段时间后再遇到先生,被先生提起自己已然忘记了的事情,然后想起来,这样的事屡屡发生。

先生毕生都是研究者,他全部的精力都倾注于研究中,恬淡名利,毫不浪费时间。为了回避无用的交往,没有什么特别的爱好。要说兴趣的话,应该是有机会就到各个地方去参观有助于研究美术史的考古资料。先生在刀剑品鉴方面的热爱与造诣,也是这一兴趣的延伸。

先生的研究态度始终是科学的。我想这是来自先生在大学理学部学习自然科学的影响。因此,先生对历史事实的考察和批判始终是客观的。这样的研究态度,在先生的待人及物上也得到了印证。无论对谁都不设壁垒也不带爱憎,公平阔达地接触,任何问题都根据条理裁断,厌恶被感情束缚。因此,往往有人认为先生冷酷无情,那是不理解先生率直本性的人。即使在学问上的争论场合,也看不到一句涉及个人的攻击,足以窥见先生是多么的公平无私。他对待学生的态度也如此,先生的考试有大量不及格的人,他们对先生很是惧怕,但是从先生的角度出发,这只是为了鼓励学生,培养他们的实力,所以落榜只是努力不足和实力缺乏的自然结果。

先生是善辩的。他在讲坛上的授课流畅而充满生气,如果聆听的话就会忘记时间的推移,但是对学生记笔记来说很难。特别是讲述历史上戏剧性的场景时,登场的人物言行举止皆栩栩如生,学生沉浸其中如亲临其境。法科大学的政治史课特别值得一提,当时听讲的人们到现在也总是提起。我想这是先生研究细致入微,将历史事件的情景清晰地映射到头脑中,以其记忆力丝毫不漏地记下来,那个记忆又在先生口中作为课程内容呈现出来的结果。

先生壮年时极其嗜酒，大正八年开始历经了十年大病，之后就戒了酒。先生的病从大正七年十月左右开始，腹部时常隐隐作痛，到了第二年八年九月，脸、腰、腿等严重浮肿，恳请入泽达吉博士诊断后得知肝脏特别肥大，从十一月开始进入大学医院入泽内科住院。不久肝脏的肥胀大幅减退，所以十二月暂时出院了。然而在那个冬天，他经常被肠炎折磨，身体因为疼痛而十分衰弱，大正九年三月再次入院。这一次谢绝一切世事，决意住院专心致志静养，直至完全康复。之后逐渐恢复健康，医院批准出院后，先生仍希望继续几个月的医院生活，直至满一年后的大正十年三月末方才出院。在这方面也能窥见先生的性情。

后来先生没有患过重病，读书研究也一如既往地继续，大学退休后，大正十三年四月接受国学院大学的邀请，每周去讲一次课，直至昭和十年。然而，从昭和九年的夏天开始，视力逐渐衰退，诊断的结果是内障，医生禁止先生读书。对于像先生那样把读书视为唯一快乐的人来说，这无异于精神上的大打击，实在令人同情。健康水平在那之后没有什么变化。昭和十年十二月底，患了轻微的感冒，没有发烧也暂时治愈了，但从昭和十一年一月十五日开始发烧，食欲减退，十九日开始病态严重。稻田龙吉博士诊断除了心脏性哮喘外，肾脏也出现故障，向先生家人下了病危通知。二十日凌晨笔者得到通知匆忙赶到时，先生已意识模糊，却大声不断地发出呓语，持续到二十日中午。虽然词句模糊不清，但有时确实是在用德语演讲，可以明显地听到 ich 或 ganz 之类的词。当时先生的脑中在想什么呢？二十日的下午开始完全陷入昏迷状态，第二天二十一日下午四点十五分像睡眠一般地安详而终。于是，明治时代出生的学界至宝坪井先生就这样离开了人世。

下面的著作年表虽然是由委员制作的，但匆促之际恐有遗漏，恳乞诸君宽恕（昭和十一年一月二十九日门弟村川坚固匆促笔述）。

著作年表：

1. 成书

《史学研究法》，明治三十六年，昭和元年改订增补。

《我国国民国语之曙》，昭和二年。

《最近政治外交史》,昭和三、四年。

《西洋史概说》,昭和五年。

2. 论文

《历史研究法适用实例第一位玛代(Media)王迪奥塞斯(Deiokes)
考》,《史学杂志》第 3 编第 26 号,明治二十五年一月。

《甘弗(Kaempfer)氏〈日本帝国史〉考》,《史学杂志》第 3 编第 26
号,明治二十五年一月。

《马可波罗见闻录》,《史学杂志》第 3 编第 28 号,明治二十五年
三月。

《铁炮传来考》,《史学杂志》第 3 编第 29、30、31 号,明治二十五年
四、五、六月。

《平托(Pinto)东洋纪行考》,《史学杂志》第 3 编第 34 号,明治二十
五年九月。

《古朝鲜三国鼎立形势考》,《史学杂志》第 3 编第 35、36、37 号,明
治二十五年十月、十一月、十二月;第 38 号,明治二十六年一月。

《新罗、高句丽、百济三国史》,《史学杂志》第 3 编第 35 号,明治二
十五年十月。

《涉史漫笔》,《史学杂志》第 4 编第 39 号,明治二十六年二月;第 6
编第 8 号,明治二十八年八月。

《佛号的妇人名》,《史学杂志》第 4 编第 39 号,明治二十六年二月。

《六条殿长讲堂考》,《史学杂志》第 4 编第 43 号,明治二十六年
六月。

《元弘以前德政之弊》,《史学杂志》第 4 编第 45 号,明治二十六年
八月。

《妇人的花押》,《史学杂志》第 4 编第 45 号,明治二十六年八月。

《贼徒之首级枭首手续》,《史学杂志》第 4 编第 45 号,明治二十六
年八月。

《天庆之乱的新史料》,《史学杂志》第 4 编第 45 号,明治二十六年
八月。

《柳成龙火炮考》,《史学杂志》第 4 编第 48 号,明治二十六年十一月。

《灵山极乐寺》,《史学杂志》第 4 编第 48 号,明治二十六年十一月。

《关于史学》,《史学杂志》第 5 编第 1 号,明治二十七年一月。

《上野国的古坟》,《史学杂志》第 5 编第 1 号,明治二十七年一月。

《江户幕府的检地手续》,《史学杂志》第 5 编第 4、5 号,明治二十七年四、五月。

《天主名称的出处》,《史学杂志》第 5 编第 5 号,明治二十七年五月。

《三韩》,《史学杂志》第 5 编第 6 号,明治二十七年六月。

《耶稣诞生的纪年》,《史学杂志》第 5 编第 6 号,明治二十七年六月。

《汤浅党》,《史学杂志》第 5 编第 8、9 号,明治二十七年八、九月。

《白蛇的字伽神》,《史学杂志》第 6 编第 1 号,明治二十八年一月。

《从古书、古文书看耶稣教相关的语言》,《史学杂志》第 6 编第 1、3 号,明治二十八年一、三月。

《东洋旅行家门德斯·平托(Mendes Pinto)的大友义鉴遭难之说》,《史学杂志》第 6 编第 3 号,明治二十八年三月。

《根尾山城》(附鸣海泻),《史学杂志》第 6 编第 8 号,明治二十八年八月。

《越后的草水》,《史学杂志》第 6 编第 8 号,明治二十八年八月。

《奈良朝时代的地狱传说》,《史学杂志》第 6 编第 8 号,明治二十八年八月。

《荷兰东印度会社使节的中国纪行》,《史学杂志》第 6 编第 6 号,明治二十八年六月。

《西洋古文书学的由来》,《史学杂志》第 6 编第 5、6、7 号,明治二十八年五、六、七月。

《莫加藤战役》,《史学杂志》第 8 编第 9、12 号,第 9 编第 5 号,明治三十年九、十二月,明治三十一年五月。

《东北地方旅行记》,《史学杂志》第 10 编第 2 号,明治三十二年二月。

《长崎市西胜寺文书所见的外国语解说》,《史学杂志》第 10 编第 5

号,明治三十二年五月。

《葡萄牙僧从日本放逐的原因》,《史学杂志》第 10 编第 7 号,明治三十二年七月。

《三国遗事》,《史学杂志》第 11 编第 9 号,明治三十三年九月。

《海东金石》,《史学杂志》第 11 编第 10 号,明治三十三年十月。

《罗马府巴贝里尼(Barberini)图书馆藏日本古文书》,《史学杂志》第 11 编第 10、11 号,第 12 编第 1、3 号,明治三十三年十、十一月,明治三十四年一、三月。

《历史地理是什么》,《历史地理》第 2 卷第 9 号,明治三十三年十二月。

《大友、大村、有马三家使节向政府递交的感谢信》,《史学杂志》第 11 编第 12 号,明治三十三年十二月;第 12 编第 5 号,明治三十四年五月。

《罗马的起源》,《历史地理》第 3 卷第 1 号,明治三十四年一月。

《石母田文书给南蛮的御案内文中所见的外国语》,《史学杂志》第 12 编第 7 号,明治三十四年七月。

《言语与史学》,《史学杂志》第 12 编第 10 号,明治三十四年十月。

《西洋纸之事》,《史学界》第 4 卷第 2 号,明治三十五年二月。

《东印度诸岛及东南亚大陆的古铜鼓考》[高延(De Groot)著],《史学杂志》第 13 编第 3、4、5 号,明治三十五年三、四、五月。

《明代中国人所知的中国海、印度洋诸国》,《东洋学艺杂志》第 20 卷第 256、257 号,明治三十六年一、二月。

《读历史书的心得》,《史学界》第 5 卷第 2 号,明治三十六年二月。

《理学士小河琢治氏关于〈外国地名及人名的写法及名称调查表〉的评论回答》,《史学界》第 5 卷第 3 号,明治三十六年三月。

《约翰内斯·德·图罗兹(Johannes de Thurocz)的阿提拉(Attila)系图》[夏德(Friedrich Hirth)述],《史学杂志》第 14 编第 8 号,第 15 编第 3 号,明治三十六年八月,明治三十七年三月。

《史家与经济的关系》,《史学杂志》第 15 编第 1 号,明治三十七年一月。

《西罗马灭亡的情况》,《东洋学艺杂志》第 21 卷第 268、269 号,明治三十七年一、二月。

《历史地理杂话三则》,《历史地理》第 6 卷第 4 号,明治三十七年四月。

《外国地名、人名增补及订正》,《史学界》第 6 卷第 10 号,明治三十七年十月。

《关于法隆寺再建非再建的论争》,《历史地理》第 7 卷第 6 号,明治三十八年六月。

《关于桦太地名改称》,《历史地理》第 7 卷第 9 号,明治三十八年八月。

《关于桦太地名》,《史学界》第 7 卷第 9 号,明治三十八年九月。

《宣明历的误差》,《东洋学艺杂志》第 22 卷第 290 号,明治三十八年十一月。

《战后历史教育者的任务》,《国学院杂志》第 11 卷第 12 号,明治三十八年十二月。

《地理与历史》,《历史地理》第 8 卷第 8 号,明治三十九年八月。

《史话杂俎》,《历史地理》第 8 卷第 9 号,明治三十九年十月。

《南洋诸岛关于中国的最古老的史料》,《历史地理》第 9 卷第 1 号,明治四十年一月。

《作为史家的马克思》,《史学杂志》第 18 编第 9、10 号,明治四十年九、十月。

《源为朝进入琉球的最早说法》,《历史地理》第 11 卷第 1 号,明治四十一年一月。

《镰仓时代的胆泽街道》,《镰仓文明史论》,明治四十二年一月。

《朝鲜古地名之二三》,《史学杂志》第 20 编第 1、2、3 号,明治四十二年一、二、三月。

《同尉耶岩条补考》,《史学杂志》第 20 编第 3 号,明治四十二年三月。

《本会纪念出版〈本朝通鉴〉》,《史学杂志》第 21 编第 1 号,明治四十三年一月。

《达达尼尔海峡问题的历史》,《史学杂志》第 23 编第 8 号,大正元年八月。

《法国二月革命之事》,《史学杂志》第 24 编第 8 号,大正二年八月。

《虾夷考》,《考古学杂志》第 4 卷第 3 号,大正二年十一月。

《关于锷的轮廓》,《考古学杂志》第 4 卷第 9 号,大正三年五月。

《关于他里可温》,《史学杂志》第 25 编第 11 号,大正三年十一月。

《18 世纪末法国人常用的蔬菜》,《史学杂志》第 26 编第 5 号,大正四年五月。

《关于意大利现存最古老的金石》,《考古学杂志》第 5 卷第 12 号,大正四年八月。

《18 世纪末法国常用的谷类和水果》,《史学杂志》第 27 编第 9 号,大正五年九月。

《铜铎的测定法》,《考古学杂志》第 7 卷第 9 号,大正六年五月。

《写于气比鹫崎踏查报告之后(杂录)》,《考古学杂志》第 7 卷第 9 号,大正六年五月。

《吉田君的学风(吉田东伍君追悼录)》,《历史地理》第 31 卷第 4 号,大正七年四月。

《读〈国史馆日录〉》,《史学杂志》第 29 编第 4、5 号,大正七年四、五月。

《关于明古写本〈星槎胜览〉》,《史学杂志》第 29 编第 7 号,大正七年七月。

《读喜田博士的〈铜铎考〉》,《考古学杂志》第 9 卷第 1 号,大正七年九月。

《国境的要素》,《历史地理》第 33 卷第 3 号,大正八年三月。

《以毛皮为国本的国家》,《史林》第 4 编第 2、3 号,大正八年四、七月。

《关于鉏石》,《考古学杂志》第 9 卷第 9 号,大正八年五月。

《关于鉏石(补遗)》,《考古学杂志》第 9 卷第 10 号,大正八年六月。

《关于〈庆尚道地理志〉》,《史学杂志》第 30 编第 8、9 号,大正八年八、九月。

《郁陵岛》,《历史地理》第 38 卷第 3 号,大正十年九月。

《太古的九州四国》,《史学杂志》第 33 编第 12 号,大正十一年十二月。

《太古的本邦民族》,《社会史研究》第 9 卷第 1 号,大正十二年一月。

《太古的北方移民文化》,《考古学杂志》第 13 编第 6 号,大正十二年二月。

《太古的中国》,《史学杂志》第 34 编第 3 号,大正十二年三月。

《太古的纪伊大和》,《史学杂志》第 34 编第 5 号,大正十二年五月。

《熊袭考》,《史学杂志》第 34 编第 7 号,大正十二年七月。

《三韩考》,《史学杂志》第 34 编第 9 号,大正十二年九月。

《倭人考》,《史学杂志》第 35 编第 1、3 号,大正十三年一、三月。

《土中之物》,《中央史坛》第 9 卷第 4 号,大正十三年十月。

《东夷》,《东洋学艺杂志》第 40 卷第 54 号,大正十三年。

《三韩古地名考》,《史学杂志》第 35 编第 12 号,大正十三年十二月,第 36 编第 1、3 号,大正十四年一、三月。

《拉格莱族的葬礼》,《考古学杂志》第 15 卷第 5 号,大正十四年五月。

《德国租借胶州湾的动机》,《史学杂志》第 38 编第 3 号,昭和二年三月。

《第二次日英同盟成立始末》,《史学杂志》第 40 编第 10 号,昭和四年十月。

《第二次日英同盟与中亚》,《史学研究》第 1 卷第 1 号,昭和四年十月。

《关于台湾的名称》,《历史地理》第 54 卷第 6 号,昭和四年十二月。

《关于竹岛》,《历史地理》第 56 卷第 1 号,昭和五年七月。

《1914 年 8 月 4 日英国对德国宣战的理由》,《历史地理》第 57 卷第 1 号,昭和六年一月。

《国史学之于太平洋研究的意义》,《岩波讲座日本历史第十卷》,昭和九年二月。

图书在版编目(CIP)数据

史学研究法／（日）坪井九马三著；贾菁菁编译
. —上海：上海古籍出版社，2023.9
（中国近代史学文献丛刊）
ISBN 978－7－5732－0822－4

Ⅰ. ①史… Ⅱ. ①坪… ②贾… Ⅲ. ①史学－研究方
法 Ⅳ. ①K061

中国国家版本馆 CIP 数据核字(2023)第 149082 号

中国近代史学文献丛刊

史学研究法

［日］坪井九马三 著

贾菁菁 编译

上海古籍出版社出版发行

（上海市闵行区号景路 159 弄 1－5 号 A 座 5F 邮政编码 201101）

(1) 网址：www.guji.com.cn

(2) E-mail：guji1@guji.com.cn

(3) 易文网网址：www.ewen.co

浙江新华数码印务有限公司印刷

开本 635×965 1/16 印张 16.5 插页 7 字数 238,000

2023 年 9 月第 1 版 2023 年 9 月第 1 次印刷

ISBN 978－7－5732－0822－4

K·3442 定价：78.00 元

如有质量问题,请与承印公司联系